Marvin Giehl l Ruprecht Mattig (Hrsg.)
Bildung als (De-)Zentrierung – (De-)Zentrierung der Bildung

D1665867

Marvin Giehl | Ruprecht Mattig (Hrsg.)

Bildung als (De-)Zentrierung – (De-)Zentrierung der Bildung

Dieses Buch ist erhältlich als:
ISBN 978-3-7799-7068-2 Print
ISBN 978-3-7799-7069-9 E-Book (PDF)

1. Auflage 2023

© 2023 Beltz Juventa
in der Verlagsgruppe Beltz · Weinheim Basel
Werderstraße 10, 69469 Weinheim
Alle Rechte vorbehalten

Herstellung: Myriam Frericks
Satz: xerif
Druck und Bindung: Beltz Grafische Betriebe, Bad Langensalza
Beltz Grafische Betriebe ist ein klimaneutrales Unternehmen (ID 15985–2104-100)
Printed in Germany

Weitere Informationen zu unseren Autor:innen und Titeln finden Sie unter: www.beltz.de

Inhalt

Bildung als Wechselspiel von Dezentrierung und Zentrierung

Einführende Überlegungen

Ruprecht Mattig & Marvin Giehl

Wir leben in einer von vielfältigen Dezentrierungen gekennzeichneten Zeit. Das wohl markanteste Sinnbild dafür ist der menschengemachte Klimawandel, der uns zunehmend ins Bewusstsein bringt, wie sehr die verschiedenen Teile dieser Welt miteinander verbunden sind. Auch wenn es durchaus regionale Unterschiede gibt, so lässt sich doch kein klares Zentrum weder für die Verursachung des Klimawandels noch für seine Folgen und schon gar nicht für eine konstruktive Reaktion auf ihn ausmachen. So sieht der *Club of Rome* in den globalen Fehlentwicklungen seit der Industrialisierung „die kollektive Zukunft der Menschheit" aufs Spiel gesetzt (Dixson-Decleve et al. 2022, S. 9). Aber auch auf anderen Ebenen sind Dezentrierungen zu beobachten. Die Migrationsbewegungen, die unsere Gesellschaften prägen, sind immer Bewegungen fort vom (bisherigen) Lebenszentrum. Die in letzter Zeit sich zunehmenden Zulaufs erfreuenden Bewegungen des Vegetarismus und Veganismus fordern, dass der Mensch sich in ethischer Hinsicht nicht mehr als den Mittelpunkt der Welt ansehen, sondern auch Tiere berücksichtigen soll (vgl. Giehl 2021). Die Dezentrierungen sind allerdings oft auch mit Formen der Zentrierung bzw. Re-Zentrierung verbunden. So ist die Globalisierung der letzten Jahrzehnte mit der Corona-Pandemie (die auch eine Art der Dezentrierung darstellte) und dann auch mit dem Ukraine-Krieg Russlands anscheinend an eine Grenze gestoßen, so dass viele Länder Strategien der De-Globalisierung entwickeln. Die aktuellen Reflexionen über das Verhältnis von Mensch und Tier oder von Mensch und Maschine fordern letztlich auch neue Reflexionen über den Begriff des Menschen heraus, so dass der Mensch sich, über die Auseinandersetzung mit ‚Nicht-Menschlichem', zu sich selbst in ein neues Verhältnis setzen muss. Schließlich wirft auch die Klimakrise den Menschen auf sich selbst zurück, denn die sie bestimmende Eigenschaft ist ja, dass sie eben menschengemacht ist. Auch sie verlangt nach neuen Bestimmungen des Verhältnisses des Menschen zu sich selbst und zur Welt und damit nach einer anthropologischen Selbstbesinnung.

Der vorliegende Band nimmt derartige ökonomische, gesellschaftliche, geographische, kulturelle, ökologische und anthropologische De-Zentrierungen aus bildungstheoretischer Sicht in den Blick. Der Begriff der Bildung wird hier im

Anschluss an das Konzept der Transformation von Selbst- und Weltverhältnissen verstanden (z. B. Marotzki 1990; Nohl 2006; Koller 2018). Demnach basieren Bildungsprozesse auf Lernschritten, die im Ergebnis dazu führen, dass das Subjekt die Welt und sich selbst gleichsam mit neuen Augen sehen lernt und sich damit auch neue Erfahrungs-, Denk-, Gefühls- und Handlungsmöglichkeiten erschließt.

Aufbauend auf diesem Verständnis wird hier in heuristischer Absicht vorgeschlagen, den Bildungsbegriff mit Bezug auf die Begriffe Dezentrierung und Zentrierung zu fassen. Einige Beispiele mögen zeigen, was damit gemeint ist: Wenn ein Kind lernt, eine Landkarte zu lesen, transformiert es dadurch sein Verhältnis zur Welt. Aus der bislang auf die sinnliche Wahrnehmung, und damit gleichsam auf das Subjekt zentrierten Sichtweise wird eine Sichtweise, die die sinnliche Wahrnehmung überschreitet und mit Bezug auf die Abstraktionen der Landkarte einen ungleich weiteren Horizont gewinnt, welcher es möglich macht, auch Routen in unbekannte Gebiete zu planen. Die Transformation des Verhältnisses des Kindes zur Welt lässt sich in diesem Sinne als eine Dezentrierung verstehen. Ähnlich verhält es sich bei Bildungsprozessen in Auseinandersetzung mit Literatur wie Dichtung, Romanen oder Biographien: Die lesende Person bekommt ,fremde‘ Perspektiven aufgezeigt, identifiziert sich unter Umständen mit den dargestellten Figuren, versetzt sich in sie und ihre Lebenslagen hinein – und entfernt sich dabei imaginativ und gedanklich von sich selbst. Bislang ungekannte Erfahrungsstrukturen, moralische Bewertungsmaßstäbe, historische Kontexte etc. werden dem Subjekt zugänglich, so dass seine bisherigen Sichtweisen auf den Prüfstand gestellt und eventuell auch relativiert werden. Auch hier liegt das eigentlich Bildende dieses Prozesses in der Dezentrierung. Das geradezu klassische Beispiel für Bildungsprozesse im Sinne der Transformation von Selbst- und Weltverhältnissen ist aber das Erlernen von fremden Sprachen: Ausgehend von der Annahme, dass in Sprachen spezifische Zugänge zur Welt eröffnet werden – und damit jede Sprache, wie Wilhelm von Humboldt sagt, durch eine eigene „Weltansicht" geprägt ist – eröffnet das Erlernen einer fremden Sprache die Möglichkeit, eine Weltansicht zu gewinnen, die von der ,eigenen‘ Sprache verschieden ist (vgl. z. B. Koller 2018, S. 11 ff.; Trabant 2018). Das lernende Subjekt nimmt in sprachlicher Hinsicht einen neuen Standpunkt ein und verlässt damit in gewissem Maße seinen durch Enkulturation angeeigneten Standpunkt. Auch hier haben wir es mit einer Bewegung der Dezentrierung zu tun. Diese hat einen umfassenden Charakter insofern als sich die „Weltansicht" einer Sprache sowohl auf Sinnliches (wie die Laute und die ,Melodie‘) als auch auf Kognitives (wie Grammatik und Semantik) der Sprache bezieht. Ein letztes Beispiel macht diesen umfassenden Charakter der Bildung als Dezentrierung noch deutlicher: Wenn gesagt wird, dass Reisen bildet, dann ist damit in sehr konkreter Hinsicht gemeint, dass das reisende Subjekt seinen Lebensmittelpunkt verlässt und sich neue ,Welten‘ erschließt. In fremden Kulturen und Ländern ist vieles anders, vom Essen über die alltäglichen

Gewohnheiten, das Wetter und die Landschaft bis hin zu grundlegenden Werten und Normen (vgl. Mattig/Wegner 2021, S. 211 ff.). Die kulturelle und räumliche Dezentrierung kann so total sein, dass sie das Subjekt – zumindest zeitweise – überfordert, wie der Begriff des Kulturschocks deutlich macht.

Spätestens an dieser Stelle stellt sich die Frage nach dem Verhältnis von Dezentrierung und Zentrierung. Im Diskurs um das Reisen wird diese Frage – allerdings in anderen Begriffen – schon seit der Renaissance thematisiert. Bildungstheoretisch ist dabei Rousseau besonders interessant, der meinte, nur diejenigen könnten mit (Bildungs-)Gewinn reisen, die zuvor einen festen moralischen Standpunkt in ihrer Heimat entwickelt hätten. Ansonsten bestehe die Gefahr, dass sie nur aus Vergnügungs- oder Prahlsucht reisen. Die Reisenden sollen sich nicht in der Fremde verlieren, sondern mit den durch das Reisen hinzugewonnenen kulturellen, politischen und sozialen Anregungen wieder in die Heimat zurückkehren und dort fruchtbar wirken (vgl. Mattig 2022). Man muss Rousseau nicht in allen Punkten zustimmen, um zu sehen, dass Bildung unvollständig konzeptionalisiert wäre, wenn man nur auf den Begriff der Dezentrierung abstellen würde. Bildung, so meinen wir, muss vielmehr als ein Wechselspiel von Dezentrierung und Zentrierung verstanden werden. In diesem Wechselspiel wird nie ein fester Punkt oder ein Endpunkt zu bestimmen sein, Bildung bedeutet eine unabschließbare Pendelbewegung zwischen diesen beiden Polen, die damit auch als grundlegend miteinander verschränkt anzusehen sind. Am Beispiel des Reisens und der Auseinandersetzung mit ‚fremden‘ Kulturen ausgeführt: Wer eine Weile in einer fremden Kultur gelebt hat, wird diese irgendwann auch als ‚eigene‘ ansehen. Gleichzeitig wird die frühere ‚eigene‘ Kultur in diesem Prozess ‚fremd‘, was letztlich zu einem grundlegenden Gefühl der ‚Selbstfremdheit‘ führen kann. Letztlich kann also das Selbst nicht ganz verstanden werden und trägt immer auch ‚fremde‘ Züge an sich (vgl. z. B. Wimmer 2014). Rousseaus Reflexionen zum Reisen machen darüber hinaus auch darauf aufmerksam, dass Bildung immer auch in gesellschaftlich-politischen Zusammenhängen gedacht werden muss. Dezentrierung und Zentrierung implizieren dabei auch kritische sowie konstruktive Momente hinsichtlich der Reflexion und Gestaltung von Gesellschaft, Kultur und Politik.

Anthropologisch gesehen lässt sich der wechselseitige Prozess von Dezentrierung und Zentrierung mit dem von Helmuth Plessner geprägten Begriff der „exzentrischen Positionalität“ des Menschen in Verbindung bringen (vgl. Plessner 1965: 262 ff.; Plessner 1976; Rathmayr 2013, S. 49 ff.; Müller 2002). Der Mensch ist demnach einerseits in seinem Leib zentriert und lebt damit im Hier und Jetzt; gleichzeitig kann der Mensch sich aber im Bewusstsein, mit Hilfe des Denkens und der Einbildungskraft, vom Hier und Jetzt lösen und damit auch zu sich selbst in Distanz gehen: „Es ist das Wissen um sein eigenes Zentrum, das den Menschen zugleich über dieses Zentrum hinaushebt“ (Rathmayr 2013, S. 57). Damit kommt eine grundlegende Doppelheit des Menschen in den Blick, die nicht aufgelöst werden kann, sondern eine Unruhe hervorbringt, die nicht zum Stillstand kommt. Der Mensch muss sein Leben – das ja im Sinne der Zentriertheit unmittelbar *gelebt* wird – *führen* – und sich und seinen Lebenswandel dabei immer auch von außen betrachten (vgl. ebd., S. 60). Das hier vorgeschlagene Verständnis von Bildung als Pendelbewegung zwischen Dezentrierung und Zentrierung knüpft an diese anthropologischen Überlegungen an und versteht Dezentrierung und Zentrierung als zwei untrennbar miteinander verknüpfte Dynamiken, in denen sich Selbst- und Weltverhältnisse entfalten, wobei körperliche, intellektuelle, imaginative, mimetische, emotionale und moralische Aspekte eine Rolle spielen. Aus bildungstheoretischer Sicht eröffnet das Konzept der exzentrischen Positionalität Fragen danach, wie weit die Dezentrierung getrieben werden kann, wie viel Dezentrierung wünschenswert ist und in welchem Verhältnis Dezentrierung und Zentrierung zueinander stehen bzw. stehen sollten.

Der Band möchte aber nicht nur darüber reflektieren, wie Bildung im Rahmen von Prozessen der Dezentrierung und der Zentrierung gedacht werden kann, sondern vor allem auch dazu anregen, das Bildungsdenken selbst in diese Prozesse zu stoßen. Denn auch wenn die beschriebene Denkfigur der Bildung in unterschiedlichen Varianten in der Erziehungswissenschaft zu finden ist, ruht sie doch auf einem relativ feststehenden wissenschafts- und erkenntnistheoretischen Fundament, das als eine ‚westliche' Tradition bezeichnet werden kann. Mitunter wird der Bildungsbegriff gar als ein „deutsches Deutungsmuster" beschrieben (z. B. Bollenbeck 1994). Aus dieser Perspektive erscheint der Bildungsbegriff also wiederum zentriert, was dazu anregt, über Anlässe und Möglichkeiten nachzudenken, bildungstheoretische Positionen selbst zu dezentrieren. Sieht man Bildung als ein deutsches oder auch ‚westliches' Konzept an, so liegt es nahe, hier eine ethnozentrische Perspektive zu vermuten, eine Perspektive also, die eine bestimmte kulturelle Weltansicht für selbstverständlich gegeben hält und damit andere Perspektiven tendenziell ausblendet oder gar geringschätzend diskriminiert. Genau dies widerspricht aber dem humanistischen, an Offenheit orientierten Grundgedanken der Bildung. Gleichzeitig jedoch verweist gerade der humanistische Aspekt des Bildungsbegriffes, so sympathisch er auch sein mag, wiederum auf eine Zentrierung, die sich mit dem Begriff des Anthropozentrismus fassen lässt: Tatsächlich beziehen sich Überlegungen zur Bildung immer auf die Bildung *des Menschen* – Tiere oder Pflanzen spielen da höchstens als Gegenstände, nicht aber als Subjekte der Bildung eine Rolle, ja, ihre mögliche Bildung wird nicht einmal in Betracht gezogen. Die Frage, wie der Begriff der Bildung sich in diesem Zusammenhang de-zentrieren ließe, führt zu dem paradox anmutenden Anliegen, den Anthropozentrismus der Bildung zu überwinden, ohne dabei ihren ‚humanistischen' Charakter aus den Augen zu verlieren. Die Paradoxie löst sich allerdings auf, wenn man bereit ist, den Begriff des Humanistischen entsprechend der Dezentrierung neu zu justieren. Damit sind wir wieder bei der Grundfigur einer nie abzuschließenden Wechselbewegung zwischen Dezentrierung und Zentrierung.

Mit Ethnozentrismus und Anthropozentrismus sind zwei Dimensionen benannt, die auf eine allzu feste Zentrierung des traditionellen Bildungsdenkens verweisen. Der vorliegende Band möchte in diesem Sinne verschiedene Richtungen ausloten, in die der Bildungsbegriff dezentriert werden kann. Auf diese Weise möchten wir zu einem Anders-Denken der historisch gewachsenen und größtenteils noch immer im Diskurs etablierten und reproduzierten Setzungen anregen. Gleichzeitig ist aber im Sinne der Zentrierung immer auch zum Gehalt des Bildungsbegriffes reflexiv zurückzukehren, um zwischen den ‚neuen' und den ‚alten' Perspektiven zu vermitteln.

Der Band geht aus einer Ringvorlesung hervor, die im Sommersemester 2022 an der TU Dortmund stattgefunden hat. Den Beitragenden sei an dieser Stelle ein herzlicher Dank für ihre anregenden Vorträge und die intensiven anschließenden Diskussionen ausgesprochen. Die Beiträge sind in ihrem Duktus heterogen: Während einige sehr differenziert als Aufsätze ausgearbeitet wurden, haben andere weitgehend den Stil des mündlichen Vortrages bewahrt. Wir verstehen diese Heterogenität auch im Sinne einer Dezentrierung der Gepflogenheiten wissenschaftlichen Publizierens. Zudem verzichtet der Band auf eine Zentrierung hinsichtlich des Umgangs mit gendersensibler Sprache. Den Autorinnen und Autoren war es freigestellt, auf welche Weise sie in ihren Texten gendern, so dass hier eine Breite an Ausdrucksweisen zu finden ist, die wir angesichts des bis heute ungelösten Problems des Genderns in der deutschen Sprache für angemessen halten.

Malte Brinkmann weist in seinem Beitrag darauf hin, dass nicht nur die Dezentrierung, sondern auch die Zentrierung in Form des Übens für Bildungsprozesse elementar ist. Damit zeigt er eine Alternative zu der im gegenwärtigen bildungstheoretischen Diskurs prominenten und weitläufig vertretenen Ansicht auf, nach der Bildungsmomente häufig durch negative Erfahrungen oder Krisen initiiert werden. Anhand von geistigen Übungen in China und der Antike und mit dem Verweis auf Forschungsergebnisse aus der Neurophänomenologie verdeutlicht Brinkmann, dass auch routinisierte und repetitive Tätigkeiten von bildungstheoretischer Relevanz sind. So führt der Beitrag letztlich zu dem Plädoyer, dem Üben als elementarer pädagogischer Praxis offen und neugierig zu begegnen und es nicht auf der ständigen Suche nach neuen (äußeren) Reizen zu marginalisieren.

Während Brinkmann Zentrierung und Dezentrierung in temporaler Hinsicht thematisiert, nimmt Yuzo Hirose in seinem Beitrag den Raum in den Blick. im Anschluss an Immanuel Kant legt er dar, welche Rolle der Geographieunterricht im Kontext von *Global Citizenship Education*, Weltbürgertum und Kosmopolitismus spielen kann. Dezentrierung findet für Hirose demnach durch die Vermittlung und Aneignung von Wissen über geographische Gegebenheiten sowie eines weiten und möglichst umfassenden Blicks auf die Welt statt. In diesen Überlegungen zeigt sich eine dezentrierte gedankliche Figur hinsichtlich der Positionalität des Menschen in der Welt.

Was hat Dezentrierung mit Wohlbefinden zu tun? Und was mit den Ergebnissen der noch immer viel diskutierten und polarisierenden PISA-Studie? Jeremy Rappleye geht diesen Fragen in seinem Beitrag nach. Er zeigt, dass Deutungshoheiten und Ethnozentrismen in breit angelegten, quantitativen Studien zu problematischen Ergebnissen und Schlussfolgerungen führen können. Der Autor lädt dazu ein, bestehende, kulturell hochgradig aufgeladene Forschungsparadigmen und Begründungslogiken zu hinterfragen. Er zeigt anhand von Forschungen zum Thema Wohlbefinden in Japan auf, dass diese Studien eigene Perspektiven entwickeln, woraus er eine Differenzierung zwischen *Independence* (Selbst-Zentrierung) und *Interdependence* (De-Zentrierung) rekonstruiert.

Janina Loh markiert eine weitere Dimension der Dezentrierung. Hier geht es nun nicht um internationale und globale Dynamiken und Phänomene, sondern um Technologien des *human enhancements*, die im Trans- und Posthumanismus diskutiert werden. Virulent werden dabei ethische und bildungstheoretische Aspekte des Menschseins im Zeitalter von Digitalität, Cyborgs, Robotern und des nicht erst seit Aufkommen des *Metaverses* prominenten Lebens in virtuellen Welten. Bei der Frage nach der Position und Rolle des Menschen in diesen Kontexten geht Loh insbesondere auf die Frage nach dem menschlichen Körper in den unterschiedlichen trans- und posthumanistischen Denkströmungen ein. Im Zuge der posthumanistischen Infragestellung von gesellschaftlich und kulturell etablierten Dichotomien gelangen dabei auch Aspekte der *Gender-Studies* in den Blick.

Wenn Bildung als Dezentrierung beinhaltet, sich mit nichtmenschlichen Entitäten reflexiv auseinanderzusetzen, dann drängt sich neben der Technik auch die Frage nach dem Verhältnis von Menschen und nichtmenschlichen Tieren auf. Reingard Spannring und Tomaž Grušovnik nehmen die Lesenden mit auf eine gedankliche Reise durch den Zoo und markieren dabei zentrale Aspekte moderner tierethischer Strömungen. Anhand der *Critical Animal Pedagogy* arbeiten sie Schnittstellen und Wechselwirkungen zwischen pädagogischer Praxis und den gesellschaftlich vorherrschenden Umgangsweisen mit nichtmenschlichen Tieren heraus. Schließlich zeigt der Beitrag auch auf, inwiefern im tierethischen Diskurs selbst Uneinigkeiten und Kontroversen bestehen, worin sich auch die Frage nach der Möglichkeit des Verständnisses des ‚Fremden‘, in diesem Fall nichtmenschlicher Tiere, dokumentiert. Somit wird hier schließlich die Überlegung virulent, wie weit Dezentrierung gehen kann.

Christoph Wulf stellt in seinen Überlegungen zu Alterität, Transkulturalität und dem Zeitalter des Anthropozäns dar, inwiefern der Umgang des Menschen mit seiner Umwelt nicht nur ethische Implikationen hinsichtlich des Verhältnisses zu anderen Tieren hat, sondern auch den Fortbestand der eigenen Spezies betrifft. Bildung erhält im Anthropozän dann die zentrale Aufgabe, sich gegenüber dem eigenen Handeln kritisch und reflexiv zu verhalten und, im Sinne der Dezentrierung, ökologische Auswirkungen ernsthaft und handlungspraktisch in den Blick zu nehmen.

Auch Kocku von Stuckrad geht Fragen nach der Bezüglichkeit des Menschen zu der ihn umgebenden Natur nach. Er stellt heraus, dass auch Wissensformen und Epistemologien abseits des ‚etablierten‘ Bildungskanons – wie Spiritualität und Esoterik – bildungstheoretische Relevanz besitzen und entsprechende Anerkennung verdienen. Dezentrierung bedeutet für von Stuckrad dann auch, etablierte und womöglich auch zentrierend wirkende Klischees, Stereotype und Vorurteile kritisch und gegebenenfalls subversiv zu hinterfragen. Dabei spielen die von ihm als Naturspiritualität rekonstruierten wiederkehrenden Bezüglichkeiten der Menschen zur Umwelt eine zentrale Rolle.

Ruprecht Mattig schließt den Band mit der Frage nach den anthropologischen Grenzen der Dezentrierbarkeit. Er verbindet das Konzept der *Global Citizenship Education* mit den Überlegungen des Historikers Dipesh Chakrabarty zur Unterscheidung zwischen Globalem und Planetarischem. Dabei zeigt er, dass Ansätze der *Global Citizenship Education* bislang im Rahmen des Globalen verbleiben und damit einem anthropozentrischen Denken verhaftet sind. Um diese Begrenzung zu überwinden, entwickelt Mattig das Konzept einer Planetarischen Bildung, macht dabei aber auch darauf aufmerksam, dass dieses Konzept auf kaum zu überwindende anthropologische Grenzen stößt.

Literatur

Bollenbeck, Georg (1994): Bildung und Kultur: Glanz und Elend eines deutschen Deutungsmusters. Frankfurt am Main: Insel.

Dixson-Decleve, Sandrine; Gaffney, Owen;Ghosh; anders, Jorgen; Rockstrom; Stoknes, Per Espen(2022): Earth for All. Ein Survivalguide für unseren Planeten. Der neue Bericht an den Club of Rome, 50 Jahre nach „Die Grenzen des Wachstums". Aus dem Englischen von Rita Seuß und Barbara Steckhan. München: oekom verlag.

Giehl, Marvin (2021): Speziesismus (v)erlernen: Haltungsgenesen und -transformationen gegenüber Tieren. Eine bildungswissenschaftliche Perspektive. In: Horstmann, Simone (Hrsg.): Inter-spezies Lernen: Grundlinien interdisziplinärer Tierschutz und Tierrechtsbildung. Bielefeld: transcript. S. 133–157.

Koller, Hans-Christoph (2018): Bildung anders denken: Einführung in die Theorie transformatorischer Bildungsprozesse. 2., aktualisierte Aufl., Stuttgart: Kohlhammer.

Marotzki, Winfried (1990): Entwurf einer strukturalen Bildungstheorie. Biographietheoretische Auslegung von Bildungsprozessen in hochmodernen Gesellschaften. Weinheim: Deutscher Studien Verlag.

Mattig, Ruprecht (2022): Bildung zum Kosmopolitismus. Reisen als anthropologische Methode bei Rousseau, Kant und Wilhelm von Humboldt. In: Knobloch, Phillip D. Th.; · Drerup, Johannes; Dipcin, Dilek (Hrsg.): On the Beaten Track. Zur Theorie der Bildungsreise im Zeitalter des Massentourismus. Berlin: J. B. Metzler, S. 43–56.

Mattig, Ruprecht; Wegner, Axel (2021): Ethnografie und Bildung: Eine historisch-systematische Darstellung. In: Kergel, David; Heidkamp-Kergel, Birte; August, Sven-Niklas (Hrsg.): Handbuch Interdisziplinäre Bildungsforschung. Weinheim und Basel: Beltz Juventa, S. 201–218.

Müller, Hans-Rüdiger (2002): Exzentrische Positionalität. Bildungstheoretische Überlegungen zu einem Theorem Helmuth Plessners. Zeitschrift für Erziehungswissenschaft 5. Jg., Beihert 1, S. 53–61.

Nohl, Arnd-Michael (2006): Bildung und Spontaneität: Phasen biographischer Wandlungsprozesse in drei Lebensaltern. Empirische Rekonstruktionen und pragmatistische Reflexionen. Opladen: B. Budrich

Plessner, Helmuth (1965): Die Stufen des Organischen und der Mensch. Berlin / New York: de Gruyter.

Plessner, Helmuth (1976): Die Frage nach der Conditio humana. Aufsätze zur philosophischen Anthropologie. Frankfurt am Main: Suhrkamp.

Rathmayr, Bernhard (2013) Die Frage nach den Menschen. Eine Historische Anthropologie der Anthropologien. Leverkusen-Opladen: Barbara Budrich Verlag.

Trabant, Jürgen (2018): Befreundung. Für eine gebildete europäische Mehrsprachigkeit. In: Mattig, Ruprecht; Mathias, Miriam; Zehbe, Klaus (Hrsg.): Bildung in fremden Sprachen? Pädagogische Perspektiven auf globalisierte Mehrsprachigkeit. Bielefeld: transcript, S. 171–193.

Wimmer, Michael (2014): Eigenes und Fremdes. In: Wulf, Christoph; Zirfas, Jörg (Hrsg.): Handbuch Pädagogische Anthropologie. Wiesbaden: Springer VS, S. 687–696.

Bildende Wiederholung
Zentrierung und Dezentrierung mit Geistigen Übungen

Malte Brinkmann

1 Geistige und mentale Übungen – Hinführung

Eine Meditierende sitzt im Lotussitz. Sie atmet ruhig. Ihre Konzentration richtet sich auf den Atem. Aber dann schweifen ihre Gedanken ab. Ihr fällt eine Begebenheit des letzten Tages ein und ihre Gedanken beginnen, darum zu kreisen. Plötzlich bemerkt sie, dass die Konzentration auf den Atemstrom verloren gegangen ist. Sie versucht sich wieder auf den gegenwärtigen Moment zu fokussieren und zugleich angespannt und entspannt zu atmen, um zur konzentrierten, fokussierten Atmung zurückkehren zu können. Sie beginnt von Neuem mit der Übung.

Dieses Beispiel, das ich an den Beginn meiner Ausführungen stellen möchte, zeigt wichtige Elemente einer geistigen oder mentalen Übung (vgl. Brinkmann 2021a). Im antiken Griechenland hießen diese Übungen asketische Übungen, im europäischen Mittelalter werden sie Exerzitien genannt. In der Philosophie heißen sie Meditationen. Auch fernöstliche Meditationspraktiken im Yoga, Zen oder im Tai Chi (vgl. Suzuki 2000) sind in erster Linie als geistige Übungen zu bezeichnen. Ihr Ursprung liegt in rituellen oder spirituellen wiederholenden Praktiken, wie sie in archaischen Gesellschaften ausgeübt wurden und werden (vgl. Renger/Stellmacher 2018).

Geistige oder mentale Übungen sind immer auch Leibesübungen. Denn auch geistige oder meditative Übungen basieren auf einem Tun, auf Atmen, Sitzen, Gehen oder Schreiben. Dabei ist der Leib immer beteiligt. Bewegungsübungen sind umgekehrt keineswegs nur auf motorische Fertigkeiten beschränkt (vgl. Brinkmann/Giese 2021). In allen Übungsformen werden geistige bzw. mentale Fähigkeiten und leiblich-körperliche gleichermaßen ausgeprägt, jeweils mit unterschiedlicher Schwerpunktsetzung. Im Üben verbinden sich Wissen und Können, Leibliches und Geistiges (vgl. Brinkmann 2012).

Geistige oder mentale Übungen werden körperlich ausgeführt, betreffen aber Phänomene des Bewusstseins, meist Fähigkeiten der Aufmerksamkeit, der Konzentration, der Polarisation, der Achtsamkeit – wie im obigen Beispiel. Üben hat also immer einen Inhalt, eine Sache oder ein Korrelat (vgl. Buck 2019). Es wird immer etwas Bestimmtes geübt. Im Zen fungiert das Atmen als leibliches Medium, im Yoga sind es gymnastische Übungen, in den philosophischen Meditationen Ideen, Gedanken oder Vorstellungen, die sich auf Fragen oder Probleme beziehen und in einer Praxis (des Schreibens, Gehens, Dialogisierens) ausgeübt werden. In allen wird der Umgang mit dem eigenen Bewusstsein in einer Praxis ausgeübt. Anders gesagt: Um etwas einzuüben, muss ich eine Praxis wie das Atmen, Gehen oder Schreiben ausüben. Etwas einüben bedeutet immer auch etwas ausüben und – wie ich im Folgenden zeigen werde – bedeutet auch, sich selbst zu üben.

Geistige oder mentale Übungen zielen epistemologisch gesehen auf Konzentration, Polarisation, Aufmerksamkeit und ethisch gesehen auf eine Achtsamkeit, auf die erlebte und volle Gegenwart. Letzteres ist insbesondere das Ziel fernöstlicher Übungen im Zen und Yoga. In Griechenland wird diese Aufmerksamkeit und Achtsamkeit mit dem Wort *prosoche* verbunden. In neurophänomenologischen Diskursen, die sich auf östliche Meditationspraktiken beziehen, ist aktuell von *Mindfulness*, also Achtsamkeit, die Rede. Es geht dann darum, eine wache Haltung dem gegenwärtigen Moment gegenüber zu entwickeln und diesem Moment des Gewahrseins eine Dauer zu verleihen, also darum, eine Haltung zu erlangen, die die ganze Person und ihr Verhältnis zu sich und zur Welt betrifft.

Zurück zum Beispiel: Die Meditierende macht die Erfahrung, dass nicht jeder Atemzug dem anderen gleicht. Sie scheinen nur gleich zu sein. Sobald sich die Aufmerksamkeit darauf richtet, bemerkt die Übende, dass gerade in der Wiederholung Veränderungen, Abweichungen, ja sogar Unterbrechungen stattgefunden haben. Die Übende erfährt dies in einer negativen Erfahrung, d. h. darin, dass sie irritiert wird, dass ihr ihr Vorhaben zumindest kurzfristig entgleitet. In der wiederholenden Polarisierung und Zentrierung auf das Atmen, und damit auf sich selbst, findet eine Dezentrierung statt. Dabei zeigt sich zunächst eine vermeintlich paradoxe Struktur: Ziel dieser Meditationsübung ist die Konzentration auf das Bewusstsein bei gleichzeitigem Loslassen und Öffnen für Anderes und Fremdes. Dabei entsteht ein spannungsreicher Zustand, ein scheinbares Paradox, indem sich in der Anspannung (des Sitzens, Atmens, Konzentrierens) ein entspannendes, loslassendes, ja öffnendes Moment ereignet, ein Moment in der geistigen Übung, das in unterschiedlichen Kulturen als Befreiung, Heilung, Erleuchtung oder als Flow beschrieben wird.

Das spannungsreiche Verhältnis von Zentrierung und Dezentrierung, von Anspannung und Entspannung bzw. von Kontinuität und Diskontinuität in der Wiederholung soll im Folgenden genauer in den Blick genommen werden. Die dabei vertretene These lautet:

In der Wiederholung findet eine Veränderung und Verschiebung statt, die Variation und Kreativität ermöglicht. Nicht Krise, Unterbrechung, Diskontinuität, sondern Zentrierung und Wiederholung stehen am Beginn von Lernen und Bildung.

Ich gehe dabei erfahrungstheoretisch und zeitphänomenologisch vor (vgl. Brinkmann 2012), d. h. ich richte meinen Blick auf die subjektiven Erfahrungen in der Wiederholung.[1] Ich werde zudem bildungstheoretisch argumentieren, indem ich die verbreitete These in Frage stelle, dass sich die Bildungserfahrungen vor allem als Dezentrierung beschreiben und erfassen lassen (vgl. Marotzki 1984; Koller/Marotzki/Sanders 2007; Rieger-Ladich 2015; Koller 2016), dass also Bildungserfahrungen ausschließlich diskontinuierlich als Unterbrechung, als Bruch, als Krise, als negative Erfahrung strukturiert sind und sich normativ und qualitativ von kontinuierlichen Erfahrungen (des Lernens, des Übens, der routinisierten und habitualisierten Praxis) unterscheiden lassen. Ich werde im Unterschied dazu versuchen, wiederholende Erfahrungen in ihrem bildungstheoretischen Potential fruchtbar zu machen und zeigen, dass der Dual von Zentrierung und Dezentrierung, von Bildung und Lernen eurozentristischen Ursprungs ist.

Ich beginne mit einem interkulturellen und historisch-genealogischen Zugang, indem ich Wiederholungserfahrungen in China (in interkultureller Perspektive) (2) und in den antiken Sorgepraxen (mit Foucault, Hadot, Rabbow) beschreibe (3) und dabei die eurozentristische Perspektive irritiere. Nach einem Einblick in den aktuellen *Embodiment*- und *Mindfulness*-Diskurs in den Neurowissenschaften und in den Erziehungswissenschaften (4) werde ich mit Waldenfels und Derrida zeittheoretische und zeitphänomenologische Modelle der Wiederholung vorstellen und unterschiedliche Modi der Zeiterfahrung in der Wiederholung unterscheiden und analysieren (5). Diese werden für eine Perspektive auf die Wiederholung als bildende Wiederholung in der Übung fruchtbar gemacht (6). Abschließend gebe ich einen Ausblick auf eine Bildungstheorie im Zeichen der Wiederholung und Übung, die die überkommenen Duale zwischen Wiederholung und Ereignis, Zentrierung und Dezentrierung, Lernen und Bildung hinter sich lässt (7).

2 Üben in China: Zentrierung und Dezentrierung

Üben hat im asiatischen Kulturkreis und insbesondere in China eine lange Tradition und genießt als Praxis- und Lebensform sehr großes Ansehen. Das liegt auch an der lebendigen konfuzianischen Tradition, die Bildung und Erziehung beein-

---

1 Ich werde das am Beispiel geistiger Übungen zeigen. Ich gehe aus phänomenologischer Perspektive davon aus, dass sich ein Phänomen (hier die zentrierende Dezentrierung, die entspannende Anspannung, die diskontinuierlich-kontinuierliche Erfahrung) in der Praxis des Übens zeigt, dass sich also immer etwas als etwas Bestimmtes zeigt (vgl. Heidegger 1927/2006). Ich gehe zudem davon aus, dass dieses Sich-Zeigen (des Phänomens) zum einen durch die erkenntniskritische und skeptische Operation der phänomenologischen Reduktion freigelegt werden muss (vgl. Brinkmann 2021b) und dass sich zum anderen dabei eine ontologische Struktur der Gegebenheit des sich Zeigenden manifestiert, dass also das Phänomen auf einer Gegebenheit dessen beruht, was sich zeigt (vgl. Marion 2015).

flusst (vgl. Peng/Gu/Meyer 2018). Üben und Lernen werden nicht wie im Westen dualistisch getrennt gesehen, sondern als Einheit praktiziert (vgl. Li 2012). Das chinesische Wort für Lernen *xuexi* (学习) setzt sich aus Üben und Lernen zusammen, das Wort für Üben *lianxi* (练习) bezieht sich sowohl auf geistige und mentale als auch auf leibliche und motorische Praktiken. Geübt werden Fertigkeiten beispielsweise in der Kalligraphie oder in den Martial Arts wie Kung Fu, meditative Praktiken wie Tai Chi, aber auch mathematische Formeln, geschichtliche Zusammenhänge oder komplexe geistige Fähigkeiten wie Urteilen und Verstehen. Übungen sind Grundlage einer ethischen Lebensführung und Lebenskunst. Geübt wird also nicht nur in der Schule. Geübt wird lebenslang.

Ich möchte im Folgenden vier Kennzeichen des chinesischen Übens knapp vorstellen (vgl. Brinkmann 2021a, S. 41–50).

Üben ist nach chinesischer Überzeugung erstens verbunden mit Anstrengung, Überwindung und Beharrlichkeit. Negative Erfahrungen, Enttäuschungen, Scheitern, Nicht-Wissen und Nicht-Können gelten als notwendige Bestandteile des Übens. Sie werden nicht nur akzeptiert. Das Ethos des Übens verlangt vielmehr nach einer praktischen Auseinandersetzung und Überwindung dieser negativen Erfahrungen. Viele Beispiele aus biographischen Erzählungen, aus interkulturellen Forschungen und aus meinen eigenen Beobachtungen zeugen von der enormen Anstrengungs- und Aufopferungsbereitschaft chinesischer Lernerinnen und Lerner (vgl. Li 2012; Lee 1996; Peng/Gu/Meyer 2018). Dies hat selbstverständlich auch problematische Seiten, wenn Übungen beispielsweise unter neoliberalen Bedingungen in Selbstausbeutung und Selbstoptimierung umschlagen (vgl. Zizek 2020). Wichtig in diesem Zusammenhang ist die verbreitete Einstellung in China, dass nicht individuelle Begabung, sondern Ausdauer und Beharrlichkeit für Fortkommen, Erfolg und Kultivierung von entscheidender Bedeutung sind (vgl. Li 2012, S. 141; Peng/Gu/Meyer 2018, S. 264).

Üben zielt zweitens auf breites Wissen und Können und gleichermaßen auf tiefes Verstehen und Reflexion. Das widerspricht der westlichen Überzeugung, dass aus wiederholtem Üben kein reflexives und verständiges Durchdringen der Sache erwachsen kann. Daraus wurde das „Paradox of the Chinese Learner" konstruiert (vgl. Helmke/Hesse 2002). In der chinesischen Praxis des Übens wird dieser Umstand jedoch keineswegs als Paradox wahrgenommen. Vielmehr gehören hier Wiederholung und vertieftes Verstehen zusammen. Ference Marton und sein Team haben schon in den 1990er Jahren in phänomenologisch orientierten Studien gezeigt, dass chinesische Lernerinnen und Lerner durch Wiederholung, Auswendiglernen und Variation ein vertieftes Verständnis von Aufgaben erreichen (vgl. Marton/Dall'Alba/Tse 1996; Dahlin/Watkins 2000).

Für Üben ist drittens Konzentration bzw. Zentrierung oder Polarisation (*zhuanxi*) wichtig, d. h. eine polarisierende, kontemplative und achtsame Atmosphäre. Diese wird von Lehrerinnen und Lehrern sowie von Eltern gleichermaßen als bedeutsam angesehen. Ruhiges Arbeiten mit wenig akustischer und visueller

Distraktion sowie Muße, d. h. Zeit zum Durcharbeiten und Wiederholen, gelten als wichtige Voraussetzungen für erfolgreiches Üben und Lernen (vgl. Li 2012, S. 145).

Die Konzentration als wesentlicher Aspekt der Übung wird in der chinesischen Tradition viertens mit meditativen Praktiken in Verbindung gebracht. Atem, Rhythmus und Achtsamkeit im harmonischen Kontext von Yin und Yang spielen eine entscheidende Rolle.

Das oben beschriebene vermeintlich paradoxe Moment von zeitgleicher Anspannung und Entspannung, von Polarisation und Loslassen, von Zentrierung und Dezentrierung wird als Vollzugsmodus des Übens gesehen: So erklärt der französische Sinologe Francois Cheng beispielsweise zur Übung in der chinesischen Malerei, dass die Kunst des Haltens des Pinsels als ein Ergebnis von großer Konzentration gilt. Konzentration ist hier eine „auf die Spitze getriebene Fülle" (Cheng 2004, S. 92). Der Maler darf aber nicht eher zu malen beginnen als in dem Moment, „in dem die Fülle seiner Hand ihren Höhepunkt erreicht und schlagartig der Leere nachgibt" (ebd.). Wenn also der Strich „von Atem beseelt ist" (ebd.), entsteht ein Moment höchster Konzentration, ein Loslassen, eine Dezentrierung, die leiblich erfahrbar ist und im Kontext der Malerei mit dem Begriff des „leeren Handgelenks" (ebd.) umschrieben wird.

3 Blick in die Geschichte der Übung in Europa: Selbstsorge im antiken Griechenland

Nicht nur in China, sondern auch im antiken Griechenland ist Selbstsorge mit der Praxis der Übung aufs Engste verbunden. Foucault (1990), Rabbow (1954; 1960) und Hadot (2005) zeigen, dass die griechische und hellenistische Philosophie nicht als Lehre einer abstrakten Theorie oder als Auslegung von Texten zu betrachten, sondern vielmehr als Anleitung zur Lebenskunst zu verstehen ist (vgl. Foucault 1990, S. 15). Dieses Ziel macht „asketische" Übungen notwendig, die mit einer Aufmerksamkeit für sich selbst, einer „Selbstsorge" (*epimeleai heautou*) einhergehen (vgl. Mortari 2016; Mortari 2022).

> „Dazu gehören die Praxis der Isolation, also der Distanzierung von der gewöhnlichen Welt, der Entfernung von allem Gewohnten, um sich mit sich zu beschäftigen; die Techniken der Sammlung, in der Absicht, die Lebenskraft der Seele zu verstärken [...]; die Technik der Beharrlichkeit, mit der das Subjekt sich in der Auseinandersetzung mit allem Schmerzhaften übt [...]; die Prüfung der Tageserlebnisse, um ein Bewusstsein der eigenen Verhaltensweisen herauszubilden" (Foucault 2006, S. 70).

Ziel der Askese ist *enkrateia* (Selbstbeherrschung) und *sophrosyne* (Mäßigung). Das geschieht in einer Fülle von praktischen Übungen zur Diätetik, Ökonomik und Erotik:

> „[...] in der Diätetik als Kunst des Verhältnisses des Individuums zu seinem Körper; in der Ökonomik als Kunst des Verhaltens des Mannes als Oberhaupt der Familie; in der Erotik als Kunst des wechselseitigen Benehmens des Mannes und des Knaben in der Liebesbeziehung" (Foucault 1990, S. 123).

Grundlage und Kennzeichen der asketischen Übungen ist ihre Wiederholung. Sie werde immer und immer wieder ausgeführt – ein Leben lang. Diätetische Übungen beziehen sich also auf körperliche Betätigung, auf bestimmte Speisen und Getränke, auf Schlaf und Sexualität zur Erhaltung und Steigerung der „Lebenssubstanz" (ebd., S. 131). Sie sind streng geregelt nach Dauer, Intensität, Quantität und Qualität (vgl. ebd., S. 131 ff.). Ökonomische Übungen richten sich mäßigend auf die Leidenschaften, etwa in der Ehegemeinschaft der Güter, der Körper und des Lebens im Horizont einer „Ethik der Macht" und des Ziels von „Enthaltsamkeit" (vgl. ebd., S. 205, 229 ff.). Übungen der Erotik sind Übungen zur Knabenliebe, die eine Praktik des Liebeswerbens, eine Moralreflexion und eine philosophische und praktische Asketik (des Mannes) umfassen (vgl. ebd., S. 272, 310). In und mit ihnen wird nicht nur jeweils etwas eingeübt. Es wird auch ein je anderes Verhältnis zu sich selbst eingenommen, werden Gewohnheiten und Leidenschaften transformiert und umgeformt. Die „großen Selbsttechniken" (ebd., S. 315) des klassischen Griechenland – Diätetik, Ökonomik und Erotik – sind Fundament der griechischen Erziehung (*paideia*) (vgl. Rabbow 1960).[2]

Die interkulturelle und die genealogische Perspektive auf Übungen zeigen eine im aktuellen europäischen Denken verlorene Perspektive auf Üben als Praxis, die geistige und körperliche, anspannende und entspannende Momente gleichermaßen enthält. Das Einüben von bestimmten Inhalten oder Techniken basiert auf dem Ausüben einer Praxis. Diese kommen zusammen darin, dass das Selbst, der ganze Mensch, sich im Üben übt, ausbildet und sich darin „in Form" bringt, sich formiert. Die übende *formatio* betrifft das Verhältnis der Übenden zu sich, zu Anderen und zur Welt. Diese Bildung als *cura* (Sorge) und *cultura* (Kultivierung) hat das Ziel der Kultivierung der Fertigkeiten und Fähigkeiten sowie der Formierung des Selbst. In einer bildungstheoretischen Perspektive hat Üben das Ziel, ein gutes

---

2   Rabbow, Hadot und Foucault machen in einer genealogischen Perspektive deutlich, dass auf der Ebene der Praktiken die christlichen Exerzitien der Mönche und später Ignatius' von Loyola die antiken Methoden übernehmen (vgl. Brinkmann 2008). Die Übungen werden nun von der säkularen Lebenskunst der Antike auf ein transzendentes Heil ausgerichtet. Sie zielen auf die christliche Anthropologie des Sündenfalls und die Reinheit sowie auf das Gehorsamsgebot gegenüber der Autorität der kirchlichen Institutionen und deren Vertretern.

Leben führen zu können. Es geht also um Selbstsorge und Selbstführung. Üben ist damit auch eine ethische Praxis der Lebenskunst – durch und mit Wiederholung.

4 Embodiment, Mindfulness, Awareness – Neurophänomenologische Perspektiven

Auch im Westen haben sich mittlerweile vielzählige Ansätze dem Ziel der geistigen Übung, der Polarisation und Konzentration, Anspannung und Überwindung (Zentrierung) bei gleichzeitigem Entspannen und Loslassen (Dezentrierung) verschrieben. Geistige und mentale Übungen erlangen aktuell auch in den Kognitionswissenschaften vermehrt Aufmerksamkeit. Hier wird das Thema Üben und Selbstsorge mit der buddhistischen Tradition verbunden, in der Meditationen eine sehr große Rolle spielen. Im westlichen Diskurs ist von Mindfulness bzw. Awareness die Rede – Begriffe, die mittlerweile inflationär gebraucht werden (vgl. Francesconi/Tarozzi 2012; Francesconi/Tarozzi 2019). Im Zuge des Paradigmas des Embodiments bzw. der Embodied Cognition bzw. der Neurophänomenologie werden buddhistische Praktiken der Meditation mit phänomenologischen Reflexionen und neurowissenschaftlichen Forschungen in Verbindung gebracht (vgl. Varela/Thompson/Rosch 2017). Der neurophänomenologische Ansatz geht auf Francesco Varela zurück, der die Kognitionswissenschaft, den Buddhismus und die Phänomenologie in einem radikalkonstruktivistischen Ansatz zusammenzubringen versucht.[3]

Der Begriff *Embodiment* hat mittlerweile eine atemberaubende Karriere gemacht. Damit werden einerseits die Kognitionswissenschaften „verleiblicht" und der Körper bzw. der Leib als zentraler Bezugspunkt ausgewiesen. Der Konstruktivist Varela hat als Referenz Merleau-Ponty entdeckt. Der Leib wird als erlebte Struktur und als Raum kognitiver Mechanismen fassbar. Andererseits möchte Varela die Phänomenologie „naturalisieren", d. h. an die empirisch-neurowissenschaftliche Datenforschung zurückbinden (vgl. Gallagher 2005; Gallagher/Zahavi 2008).

---

3   Daraus hat sich ein sogenannter *Contemplative Turn* in den Kognitionswissenschaften sowie ein *Enacted Approach* entwickelt (vgl. Gallagher/Zahavi 2008; Gallagher 2017). Ausgangspunkt ist die ungelöste Frage der repräsentationstheoretisch vorgehenden Kognitionswissenschaften und der ‚alten' Hirnforschung nach dem Zusammenhang von objektiven Daten über das Bewusstsein und der subjektiven Erfahrung. Die Frage lautet also, wie aus dem materiellen Gehirn individuelles Bewusstsein entstehen kann. Dieses sog. „hard problem of conciousness" (Chalmers 1995, o. S.) wird mit phänomenologischen Mitteln beantwortet. Die ‚objektiven' Kognitionswissenschaften mit ihren technischen Apparaten haben die subjektiven Erfahrungen, die Erste-Person-Perspektive, zur Kenntnis zu nehmen und in ihre Forschungsepistemologie einzufügen.

Das Thema der Achtsamkeit (*Mindfulness*), der Praxis und der Übung der Achtsamkeit, wird momentan vor allem im Kontext des von Jon Kabat-Zinn entwickelten Therapieansatzes der achtsamkeitsbasierten Stressreduktion (MBSR) diskutiert und in therapeutischen und pädagogischen Kontexten rezipiert (vgl. Kabat-Zinn 2013; Kabat-Zinn/Williams 2013). Achtsamkeit gilt hier als eine bestimmte Weise, aufmerksam für den gegenwärtigen Moment zu sein und darin nicht zu urteilen. Beispielsweise werden in der oben genannten therapeutischen Methode der *Mindfulness-Based Stress Reduction* (MBSR) Hatha Yoga, Vipassana und Zen mit Achtsamkeitsmeditationen verbunden. Diese wird mittlerweile für achtsamkeits- und mitgefühlsbasierte Weiterbildungen für Pädagoginnen und Pädagogen in Kitas, Schulen, Sozialpädagogik und Hochschulen fruchtbar gemacht (vgl. Altner/Adler 2021). *Mindfulness/awareness* können zudem eine Perspektive auf „embodied learning" bzw. Bildung ermöglichen (vgl. Francesconi/Tarozzi 2019).

Die Konzepte *Mindfulness* und *Awareness* stehen daher sehr eng mit den oben dargestellten Bewusstseinsübungen in Verbindung. Das Paradox zwischen Entspannung und Anspannung bzw. Zentrierung und Dezentrierung lässt sich noch verschärfen, wenn man das subjektive Ziel der meditativen Übungen in den Blick nimmt. Vielfach wird nämlich nicht nur konzentriertes Loslassen oder angespannte Entspannung, sondern auch Befreiung von den Sorgen und Lasten des Alltags, ja schließlich im Sinne einer ‚Erleuchtung' die Freiheit der Person erhofft. Man kann also sagen, es handelt sich hier um Bewusstseinsübungen und Praktiken der Selbstsorge, welche in der buddhistischen Tradition insbesondere durch Sitz- und Atemübungen umgesetzt werden.

5 Wiederholungen: Zum scheinbaren Paradox der Zentrierung und Dezentrierung

Bisher wurde deutlich, dass sowohl in aktuellen Praktiken als auch in historischer Perspektive Übungen, insbesondere geistige und mentale Übungen, nie als einfache Repetition, Automatisierung oder Routinisierung erfahren werden. Vielmehr findet in der Wiederholung etwas statt, das eine Veränderung, eine Überschreitung oder ein besonderes Erlebnis ermöglicht, das als Befreiung, Heilung, Erleuchtung oder als Flow beschrieben wird. Ziel geistiger und mentaler Übungen sowohl im alten Griechenland, in China als auch in buddhistischen Übungen des Zen und des Yoga ist ein scheinbar paradoxer Zustand der Konzentration und Polarisation bei gleichzeitigem Loslassen und Öffnen für Anderes und Fremdes. Dieses Verhältnis von Zentrierung und Dezentrierung, von Anspannung und Entspannung bzw. von Kontinuität und Diskontinuität in der Wiederholung soll nun einer zeittheoretischen und zeitphänomenologischen Analyse unterzogen werden. Ich werde zunächst drei Modelle, Zeit zu denken, unterscheiden. Mit dem phänomenologischen Modell von Waldenfels und dem dekonstruktiven Modell von Derrida lässt sich in der kontinuierlichen Wiederholung eine temporale Differenz ausmachen, in der sich eine Veränderung, Unterbrechung einnistet. Damit kann auch wiederholendes Üben für Bildung und Lernen fruchtbar gemacht werden.

Wir in Europa sind gewohnt, Zeit als Progression, als Fortschritt oder als Entwicklung zu denken. Das ist auch in der Pädagogik sehr populär. Erziehung soll Entwicklungen hervorbringen, Fortschritte ermöglichen, zu Emanzipation und Selbsttätigkeit anregen. Seit Rousseau wird pädagogisches Handeln an einem Ziel, einer Finalisierung der Tätigkeiten ausgerichtet. Mit der ‚Erfindung‘ der *perfectibilité* (vgl. Rousseau 1755/1984) werden Körper, Kinder und Lernende in serielle Zeitregimes eingespannt (vgl. Foucault 1994). Pädagogik hat dann auch viel mit Zeitmanagement, Zeitrasterung, Zeitorganisation zu tun, also mit einer „Chronopolitik" (Zirfas 1999, o. S.).

Abb 1: Eurozentrische Vorstellung der Zeit als Progression, Perfectibilité (Vervollkommnung, Verbesserung, Entwicklung)

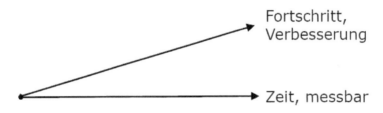

Wir Europäer werten daher wiederholende Lernformen gegenüber dem auf Zukunft, Entwicklung und Fortschritt gerichteten Erziehen und Lernen ab. Wiederholungen werden als mechanische Repetition gesehen, wie in einer Maschine. Dieses instrumentelle Bild wird auf Lernen und Üben übertragen: Wiederholungen gelten als nicht kreativ, als mechanisch, als roboterhaft. Wiederholung wird nur als eine Wiederkehr des Selben gedeutet. Üben gilt als rückwärtsgewandt, als militärisch, als konservativ, ja als rückschrittlich. Gerade das Üben wird daher in Europa als eine unkreative, mechanische Lernform gesehen, mit der man allenfalls einschleift und automatisiert (vgl. Brinkmann 2009) – als schwarze Pädagogik (vgl. Rutschky 1984).

Noch einmal zurück zum eingangs dargestellten Beispiel: Obwohl in einem unaufmerksamen Zustand jeder Atemzug dem anderen gleicht, erfährt die Meditierende in der fokussierten Achtsamkeit auf den Atem, dass jeder einzelne Atemzug ungleich aller vorhergehenden ist. Jeder Atemzug wird als eine Variation der anderen erfahren.

Abb 2.: Mechanische Wiederholung als einfache Repetition des Selben

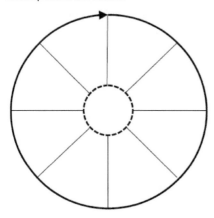

Streng genommen ist also die Wiederkehr des Selben, Identischen im Üben nicht möglich, da in der Zeit schon aufgrund veränderter Kontexte das Wiederholte anders wird bzw. anders ist. Es ist somit die Wiederkehr von scheinbar Identischem, das in der Wiederholung angeglichen und auf die Situation, auf Andere und ihre Absichten und Intentionen abgestimmt wird.

Dieser temporale Kern der Wiederholung lässt sich mit Waldenfels in der Formel von der „Wiederkehr eines Ungleichen als eines Gleichen" (Waldenfels 2001, o. S.) fassen. Es kehrt in der Wiederkehr der Wiederholung also nicht das Selbe wieder, sondern es ist die Wiederkehr eines sich Ähnlichen. Nur deswegen sind Variation und Kreativität in der Übung möglich. Es gibt somit so etwas wie eine ‚temporale Differenz' in der Wiederholung. Diese macht sich auch in der subjektiven Erfahrung der Zeit bemerkbar. Sie fungiert zwischen Erwartung und Erinnerung, Vergangenheit und Zukunft.[4]

Mit der Wiederholung findet also mitgängig und oftmals unbemerkt eine Veränderung statt. Deshalb spricht Waldenfels von der „verändernden Kraft der Wiederholung" (2001). Diese Veränderung ist aus zeittheoretischer Perspektive der Bewegung der Zeit geschuldet. Zeit bewegt sich und mit der Zeit finden stetige Veränderungen statt, auch wenn sie *als* Wiederholungen dem Vergangenen ähneln.

Die diskurstheoretische und dekonstruktive Perspektive auf die Wiederholung, wie sie Derrida in seinem Text „Signatur, Ereignis, Kontext" (Derrida 2001) vorstellt, versucht diesen temporalen Kern der Wiederholung noch genauer zu

---

4   Diese zeittheoretischen Überlegungen basieren auf der Zeitphänomenologie Husserls, der erstmalig auf Zukunft gerichtete Protentionen und auf Vergangenheit gerichtete Retentionen als konstitutive Momente der gegenwärtigen Zeiterfahrung ausgewiesen hat (Husserl 1980).

fassen (vgl. Brinkmann 2017). Derrida kritisiert, dass sich mit der Reduktion der Wiederholung auf schiere Repetition und mechanische Reproduktion ein eurozentrischer Dualismus manifestiert. Er schlägt vor, den eurozentrischen Dual, mit dem die Wiederholung, das Gewohnte und Routinisierte dem Vernünftigen, Freien und Kreativen entgegengesetzt wird, zu verlassen. Er plädiert dafür, das Wiederholte in der Wiederholung mit dem Neuen, dem Ereignis zusammenzudenken. Derrida untersucht das am Beispiel der Sprache und des Sprechens. In der Sprache ist das Zitat etwas, das wiederholt, also iteriert wird. In diesem Zusammenhang greift Derrida auf die von J. L. Austin (1962) stammende, sprechakttheoretische Unterscheidung von konstativer und performativer Aussage zurück. Die sprach- und kulturwissenschaftliche Analyse des Performativen (des performativen Sprechaktes) eröffne, so Derrida, eine Zugangsweise zu einer Äußerung, die eben nicht rein auf ihren Bedeutungsgehalt, sondern auf die Wirkungen und Effekte zielt, die durch die Äußerung hervorgerufen werden.

In der performativen Wiederholung taucht das Ereignis auf, eine diskontinuierliche Abweichung im Kontinuierlichen, eine Unterbrechung in der Wiederholung. Das Ereignis (ein Konzept des späten Heidegger; vgl. Heidegger 2003; Heidegger 2013) ist sozusagen in einem Zwischenbereich zwischen Altem und Neuem, Wiederholtem und Nicht-Wiederholbarem. Derrida bezeichnet dies mit Heidegger als Ereignis. Das Ereignis ist gerade das, was aus dem Zitierten, Gewohnten, Routinisierten herausfällt, ohne dass es schon in eine neue Ordnung gestellt wäre. Das Ereignis in der Iteration fällt gleichsam aus der ‚Rolle‘ und aus der Ordnung. Es überschreitet diese, ohne dass deutlich wäre, woraufhin.

Beides gehört zur wiederholenden Übung dazu: Waldenfels und Derrida zeigen deutlich, dass der Gegensatz zwischen Dezentrierung und Zentrierung, zwischen Kontinuierlichem und Diskontinuierlichem ein europäisches Vorurteil ist, das beispielsweise in chinesischen Vorstellungen vom Lernen und Üben gar nicht vorhanden ist. Dort ist es selbstverständlich, dass Neues durch Wiederholung gelernt wird, dass aus dem Alten das Neue entstehen kann.

Die Wiederholung als zeitliche Wiederkehr ermöglicht also einerseits Zentrierung, insofern als dass Ähnliches, Gekanntes, Bekanntes und Routinisiertes in der Erfahrung wiederkehrt und sich darauf konzentriert werden kann. Andererseits entsteht durch die temporale Differenz die Möglichkeit der Diskontinuität im Kontinuierlichen, eine Dezentrierung.

6 Bildende Wiederholung: Üben

Der entscheidende Unterschied von Wiederholung und Übung zeigt sich im Verhältnis und Verhalten zur Zeit. Während in der Wiederholung etwas *als* etwas wiederkehrt, zielt die Übung, auf dieser Differenz aufbauend, auf Veränderung. Die Temporalität der Übung in der Wiederholung ist damit zunächst auf Zukunft aus-

Abb. 3: Wiederholung als Veränderung und Ereignis (Heidegger, Derrida)

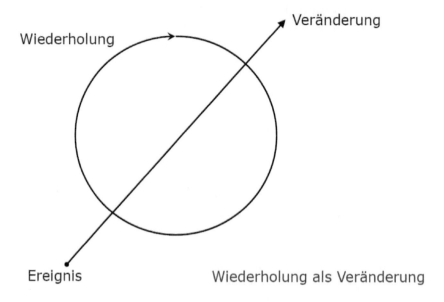

gerichtet. Schleiermacher sieht darin den zentralen Unterschied zwischen Spiel und Übung (vgl. Schleiermacher 2000).

Wie lassen sich die temporalen Erfahrungen speziell in der Übung beschreiben? Aus einer erfahrungsbezogenen (phänomenologischen) Perspektive lassen sich zwei Momente benennen, in denen diese temporale Differenz, dieser Bruch erfahrbar und ggf. in leiblichen Entäußerungen, in Verkörperungen (vgl. Brinkmann 2019) sichtbar wird.

6.1 Negative Erfahrungen

Geübt wird nur das, was man nicht durch Entschluss oder Willen direkt ausführen kann, wenn man eine Fähigkeit und Fertigkeit noch nicht „kann", weil Wissen, Erkenntnis oder Kognition nicht ausreichen. Geübt wird also, wenn man enttäuscht oder irritiert wird, wenn man scheitert und es aufs Neue versucht. Dieser Aspekt ist insbesondere für eine bildungstheoretische Perspektive von großer Bedeutung.

Geübt wird, wenn man etwas nicht kann. Das sind Emotionen wie Ärger, Frust und Verzweiflung, Momente der Irritation, des Scheiterns, des Fehlermachens. Diese „schwierigen" Momente in der Erfahrung des Lernens, also Irritationen, Enttäuschungen, Krisen oder Fehler, werden negative Erfahrungen genannt. Negativität ist hier nicht im landläufigen Sinn als etwas Schlechtes, Lästiges oder

Gefährliches zu verstehen. Durch sie wird vielmehr ein Suchen, Fragen, Probieren oder Forschen angeregt (vgl. Benner 2022). Ein nicht gelöstes Problem, eine nicht beantwortete Frage, ein irritiertes Wundern und Staunen kann das schon vorhandene „positive", gewohnheitsmäßige Wissen und Können herausfordern. Buck zeigt, dass die negative Erfahrung im Lernen zugleich eine „Rückwendung der Erfahrung auf sich selbst", also eine bildende Rückwendung des oder der Lernenden auf sich selbst und zugleich eine „Offenheit für weitere Erfahrungen" (Buck 2019, S. 80) ermöglicht. Die Veränderung von Gewohnheiten und Routinen sowie die Transformation von Habitualisierungen sind also ohne die Erfassung, Erfahrung und Inszenierung von Negativität nicht möglich. Negative Erfahrungen sind nur aus einer perfektions- und optimierungsorientierten Perspektive Betriebsunfälle erfolgreichen Übens.

Allerdings erzeugen negative Erfahrungen nicht nur Irritation und Enttäuschung, sondern auch Angst, Frust oder Ärger (zur phänomenologischen Theorie der Emotionen vgl. Brinkmann/Türstig/Weber-Spanknebel 2021). Gerade sie machen das Üben schwierig, und gerade sie sind es, denen man gerne ausweicht. Die negativen Erfahrungen im Üben sind also die größte Herausforderung für Pädagoginnen und Pädagogen. Sie erfordern eine spezifische Didaktik der Übung, die in der Wiederholung insbesondere negative Momente und Erfahrungen reflektiert und diese in ihrer Produktivität für Übungsaufgaben, Übungsformate und Übungsreihen fruchtbar macht (vgl. Brinkmann 2021a, hier auch zu unterschiedlichen Zugängen der Fachdidaktik).

6.2 Zeitdehnung: Langeweile oder Flow

Die Zeit kann sich in der Übung dehnen oder zusammenziehen. Langeweile oder Kurzweile gehören dazu. Im Flow des Übens steht die Zeit scheinbar still.[5] Das konventionelle, lineare und progressive Zeitverständnis wird gleichsam in der Wiederholung zurückgebogen: man verliert sich in der Zeit, man geht im Können in der Gegenwart auf (im Joggen, im Klavierspielen, im Schreiben, im Meditieren). Im Flow ziehen sich die Kreise im Wiederholen auf einen scheinbar ewigen Moment zusammenziehen, wenn in der Gegenwart Vergangenheit und Zukunft zusammenfallen, wenn in der Anspannung eine große Entspannung,

---

[5] Die psychologische Kreativitätstheorie von Mihály Csíkszentmihályi bestimmt Flow als „außergewöhnliche Erfahrung", die auftritt, wenn es in Handlungen zu einer Passung zwischen Können und Herausforderung bzw. zwischen Überforderung und Unterforderung kommt. Wenn Können und Anforderungen im „oberen Bereich" und im Gleichgewicht liegen, stellt sich das Gefühl des „Fließens" ein, das aus dem Vollzug der Sache selbst und dem Genuss am eigenen Können entspringt – ein Gefühl, das jeder kennt: Selbstvergessenheit und euphorische Stimmung in der Zentrierung der Aufmerksamkeit (vgl. Csíkszentmihályi 1991, S. 285).

in der Zentrierung eine Dezentrierung erfahrbar wird: Man weiß nicht mehr, wie lange man „weg" war, man ist aus der Zeit gefallen. Hier erfährt der oder die Übende sein oder ihr Glück, weil sie der existenziellen Endlichkeit, dem Besorgen und Sorgen für einen Moment entkommen. Und hier manifestiert sich jenes von Bollnow mit Heidegger angesprochene Ziel des Übens: die Gelassenheit als Kunst, das Leben sorgend und übend zu führen (vgl. Bollnow 1978).

7 Übungs- und bildungstheoretischer Ausblick

Der vermeintliche Gegensatz zwischen Dezentrierung und Zentrierung, Wiederholung und Ereignis, Transpiration und Transformation[6] ist ein europäisches Vorurteil, das mit der Technisierung, Mechanisierung und Finalisierung der Wiederholung beginnt.

Wenn Üben Zentrierung und Dezentrierung zugleich ist, dann ist Üben Formation und Transformation zugleich. Die transformativen Potenziale habe ich oben schon in Zusammenhang mit den zeitlichen und negativen Erfahrungsmomenten beschrieben. Die formierenden Prozesse sind jene, in denen Können und Wissen, Schemata und Habitus „einverleibt" werden. Unter einer leib- und erfahrungstheoretischen Perspektive folgt daraus: Nicht der ausgezeichnete Moment der Bildung und des Lernens, nicht mehr ausschließlich bewusste, rationale bzw. kognitive Aspekte, sondern die profanen, alltäglichen Lernerfahrungen und damit die Last des Lernens und die Zumutung des Nicht-Könnens kommen in den Blick (vgl. zum Folgenden Brinkmann 2021a, S. 61 ff.).

Lässt sich dann aber noch von Bildung bzw. von einer bildenden Erfahrung sprechen? In konventionellen Bildungstheorien wird Bildung eine normative Höherwertigkeit im Vergleich zu Lernprozessen zugeschrieben. Bildung wird als ereignishafte und diskontinuierliche Transformation des Mensch-Welt-Verhältnisses (vgl. Koller 2016) bzw. als Wandel der Selbst-Identität (vgl. Marotzki 1990) ausgewiesen, auf kognitive Dimensionen beschränkt und normativ von „niederem", wiederholendem und routinisiertem (Hinzu-)Lernen abgegrenzt (vgl. Brinkmann 2019). Überhaupt existiert in der Bildungstheorie oftmals eine starre Entgegensetzung von Lernen einerseits und Bildung andererseits (vgl. Koller 2012) bzw. von Lernen erster Ordnung und Lernen zweiter Ordnung (vgl. Koch 2015).

Damit aber geraten Bildungstheorien ähnlich wie die oben dargestellten Kognitionstheorien in die Gefahr, emotionale, leibliche und aisthetische (auf die Sinne bezogene) Erfahrungen abzuwerten. Kontinuierliche und wiederholende Lernerfahrungen fallen dann nicht mehr unter die Kategorie Bildung. Ebenso

---

6   Diese Wendung geht zurück auf die überlieferte Aussage des amerikanischen Ingenieures und Erfinders Th. A. Edison: „Genius is one per cent inspiration and 99 per cent perspiration" (zit. n. Tucholsky 1926, S. 830).

fallen Lernprozesse von Personen mit Handicap und von Kleinkindern heraus. Gerade in Zusammenhängen von Inklusion ist nicht der ausgezeichnete Moment, das Besondere, sondern die kontinuierlichen Erfahrungen im Lernen und Üben entscheidend.

Die Herausforderung für eine aktuelle und zeitgemäße Bildungs- und Lerntheorie besteht also darin, auch wiederholende und stetige sowie leibliche und nicht-sprachliche Lernformen bildungs- und lerntheoretisch zu bestimmen und für die erziehungswissenschaftliche Forschung und das didaktische Handeln fruchtbar zu machen.

Literatur

Altner, Nils/Adler, Bettina (2021): Being Really Present as a Teacher. In: Iwers, Telse/Roloff, Carola (Hrsg.): Achtsamkeit in Bildungsprozessen. Professionalisierung und Praxis. Wiesbaden: Springer, S. 169–184.

Austin, John L. (1962): How to do things with Words: The William James Lectures delivered at Harvard University in 1955. Oxford: Oxford University Press.

Benner, Dietrich (2022): Umriss der allgemeinen Wissenschaftsdidaktik. Grundlagen und Orientierungen für Lehrerbildung, Unterricht und Forschung. 2. Auflage. Weinheim/Basel: Beltz Juventa.

Bollnow, Friedrich O. (1978): Vom Geist des Übens. Eine Rückbesinnung auf elementare didaktische Erfahrungen. Freiburg im Breisgau: Herder.

Brinkmann, Malte (2008): Über-sich-selbst-siegen und Sein-Leben-ordnen. Pädagogische Anmerkungen zu Macht, Anthropologie und Didaktik in den „Geistlichen Übungen" von Ignatius von Loyola. In: Thompson, Christiane/Weiß, Gabriele (Hrsg.): Bildende Widerstände – Widerständige Bildung. Blickwechsel zwischen Pädagogik und Philosophie. Bielefeld: transcript, S. 99–120.

Brinkmann, Malte (2009): Üben: Wissen – Können – Wiederholen: Zeitphänomenologische Überlegungen zur pädagogischen Übung. In: Vierteljahrschrift für wissenschaftliche Pädagogik 85, H. 4, S. 413–434.

Brinkmann, Malte (2012): Pädagogische Übung. Praxis und Theorie einer elementaren Lernform. Paderborn: Schöningh.

Brinkmann, Malte (2017): Leib, Wiederholung, Übung. Zu Theorie und Empirie interkorporaler Performativität. In: Thompson, Christiane/Schenk, Sabrina (Hrsg.): Zwischenwelten der Pädagogik. Paderborn: Schöningh, S. 155–171.

Brinkmann, Malte (Hrsg.) (2019): Verkörperungen. (Post-)Phänomenologische Untersuchungen zwischen erziehungswissenschaftlicher Theorie und leiblichen Praxen in pädagogischen Feldern. Wiesbaden: Springer VS.

Brinkmann, Malte (2021a): Die Wiederkehr des Übens. Praxis und Theorie eines pädagogischen Grundphänomens. Stuttgart: Kohlhammer.

Brinkmann, Malte (2021b): Einklammern, Anhalten, Zurücktreten, um Anderes und Fremdes zu sehen: Zur Praxis der phänomenologischen Epoché in der qualitativen Bildungsforschung. In: Fischer, Diana/Jergus, Kerstin/Puhr, Kirsten/Wrana, Daniel (Hrsg.): Theorie und Empirie. Erkenntnisproduktion zwischen Theoriebildung und empirischen Praxen. Halle-Wittenberg: MLU, S. 30–56.

Brinkmann, Malte/Giese, Martin (2021): Üben! Bildungstheoretische Überlegungen zur Rehabilitierung einer elementaren Praxis der Sportpädagogik. In: German Journal of Exercise and Sport Research 51, H. 2, S. 213–221.

Brinkmann, Malte/Türstig, Johannes/Weber-Spanknebel, Martin (Hrsg.) (2021): Emotion – Feeling – Mood. Phenomenological and Pedagogical Perspectives. Wiesbaden: Springer VS (Phänomenologische Erziehungswissenschaft 12).

Buck, Günther (2019): Lernen und Erfahrung. Epagogik. Neuauflage. Wiesbaden: Springer VS (Phänomenologische Erziehungswissenschaft 5).

Chalmers, David John (1995): Facing up to the Problem of Consciousness. Journal of Consciousness Studies 2, H. 3, S. 200–219.

Cheng, François, (2004): Fülle und Leere. Die Sprache der chinesischen Malerei. Berlin: Merve.

Csíkszentmihályi, Mihály (1991): Das Flow-Erlebnis. Jenseits von Angst und Langeweile: im Tun aufgehen. 3. Auflage. Stuttgart: Klett-Cotta.

Dahlin, Bo/Watkins, David (2000): The role of repetition in the processes of memorizing and understanding: a comparison of the views of German and Chinese secondary school students in Hong Kong. In: British Journal of Educational Psychology, 70, H. 1, S. 65–84.

Derrida, Jacques (2001): Signatur Ereignis Kontext. In: Engelmann, Peter (Hrsg.): Limited Inc. Wien: Passagen, S. 15–45.

Foucault, Michel (1990): Der Gebrauch der Lüste (Sexualität und Wahrheit 2). 2. Auflage. Frankfurt am Main: Suhrkamp.

Foucault, Michel (1975/1994): Überwachen und Strafen. Die Geburt des Gefängnisses. Frankfurt am Main: Suhrkamp.

Foucault, Michel (2006): Sicherheit, Territorium, Bevölkerung. Geschichte der Gouvernementalität I (Vorlesung am Collège de France, 1977–1978). Frankfurt am Main: Suhrkamp.

Francesconi, Denis/Tarozzi, Massimiliano (2012): Embodied Education: A Convergence of Phenomenological Pedagogy and Embodiment. In: Studia Phaenomenologica 12, S. 263–288.

Francesconi, Denis/Tarozzi, Massimiliano (2019): Embodied Education and Education of the Body: The Phenomenological Perspective. In: Brinkmann, Malte/Türstig, Johannes/Weber-Spanknebel, Martin (Hrsg.): Leib – Leiblichkeit – Embodiment. Pädagogische Perspektiven auf eine Phänomenologie des Leibes. Wiesbaden: Springer VS, S. 229–247.

Gallagher, Shaun (2005): How the Body Shapes the Mind. Oxford/New York: Oxford University Press.

Gallagher, Shaun (2017): Enactivist interventions. Rethinking the mind. Oxford/New York: Oxford University Press.

Gallagher, Shaun/Zahavi, Dan (2008): The Phenomenological Mind. An Introduction to Philosophy of Mind and Cognitive Sciene. New York: Routledge.

Hadot, Pierre (2005): Philosophie als Lebensform. Antike und Moderne Exerzitien der Weisheit. 2. Auflage. Frankfurt am Main: Fischer.

Heidegger, Martin (2003): Beiträge zur Philosophie (Vom Ereignis) (1936–1938). Martin Heidegger Gesamtausgabe 65 (III. Abteilung: Unveröffentlichte Abhandlungen, 2; Hrsg. Herrmann, Friedrich-Wilhelm von). 3. Auflage. Frankfurt am Main: Klostermann.

Heidegger, Martin (1927/2006): Sein und Zeit. 19. Auflage (Nachdruck der 15. Aufl.). Tübingen: Niemeyer.

Heidegger, Martin (2013): Zum Ereignis-Denken. Martin Heidegger Gesamtausgabe 73 (III. Abteilung: Unveröffentlichte Abhandlungen, 10; Hrsg. Trawny, Peter). Frankfurt am Main: Klostermann.

Helmke, Andreas/Hesse, Hermann-Günther (2002): Kindheit und Jugend in Asien. In: Grunert, Cathleen/Krüger, Heinz-Hermann (Hrsg.): Handbuch der Kindheits- und Jugendforschung. Opladen: Leske und Budrich, S. 439–471.

Husserl, Edmund (1928/1980): Vorlesungen zur Phänomenologie des inneren Zeitbewußtseins. 2. Auflage. Heidegger, Martin (Hrsg.). Tübingen: Niemeyer.

Kabat-Zinn, Jon (2013): Gesund durch Meditation. Das vollständige Grundlagenwerk zu MBSR. München: O. W. Barth.

Kabat-Zinn, Jon / Williams, Mark (2013): Achtsamkeit – warum sie wichtig ist, woher sie kommt und wie sie an der Schnittstelle von Wissenschaft und Dharma angewendet werden kann. In: Kabat-Zinn, Jon / Williams, Mark (Hrsg.): Achtsamkeit. Ihre Wurzeln, ihre Früchte. Freiburg im Breisgau: Arbor, S. 7–36.

Koch, Lutz (2015): Lehren und Lernen. Wege zum Wissen. Paderborn: Schöningh.

Koller, Hans-Christoph (2012): Anders werden. Zur Erforschung transformatorischer Bildungsprozesse. In: Miethe, Ingrid / Müller, Hans-Rüdiger (Hrsg.): Qualitative Bildungsforschung und Bildungstheorie. Leverkusen-Opladen: Budrich, S. 19–33.

Koller, Hans-Christoph (2016): Über die Notwendigkeit von Irritationen für den Bildungsprozess. Grundzüge einer transformatorischen Bildungstheorie. In: Lischewski, Andreas (Hrsg.): Negativität als Bildungsimpuls? Über die pädagogische Bedeutung von Krisen, Konflikten und Katastrophen. Paderborn: Schöningh, S. 215–235.

Koller, Hans-Christoph / Marotzki, Winfried / Sanders, Olaf (Hrsg.) (2007): Bildungsprozesse und Fremdheitserfahrung. Beiträge zu einer Theorie transformatorischer Bildungsprozesse. Bielefeld: transcript.

Lee, Wing On (1996): The Cultural Context for Chineses Learners: Conceptions of Learning in the Confucian Tradition. In: Watkins, David A. / Biggs, John B. (Hrsg.): The Chinese Learner: Cultural, psychological and contextual influences. Melbourne / Hong Kong: Australian Council for Educational Research and the Comparative Education Centre / University of Hong Kong, S. 25–41.

Li, Jin (2012): Cultural foundations of learning. East and West. New York: Cambridge University Press.

Marion, Jean-Luc (2015): Gegeben sei. Entwurf einer Phänomenologie der Gegebenheit. Freiburg / München: Karl Alber.

Marotzki, Winfried (1984): Subjektivität und Negativität als Bildungsproblem. Tiefenpsychologische, struktur- und interaktionstheoretische Perspektiven moderner Subjektivität. Frankfurt am Main / New York / Nancy: Peter Lang.

Marotzki, Winfried (1990): Entwurf einer strukturalen Bildungstheorie. Biographietheoretische Auslegung von Bildungsprozessen in hochkomplexen Gesellschaften. Weinheim: Deutscher Studien Verlag.

Marton, Ference / Dall'Alba, Gloria / Tse, Lai Kun (1996): Memorizing and understanding: The keys to the paradox? In: Watkins, David A. / Biggs, John B. (Hrsg.): The Chinese learner. Cultural, Psychological and Contextual Influences. Melbourne / Hong Kong: Australian Council for Educational Research and the Comparative Education Centre / University of Hong Kong, S. 69–83.

Mortari, Luigina (2016): Die Sorge um sich. Würzburg: Königshausen & Neumann.

Mortari, Luigina (2022): The Philosophy of Care. Wiesbaden: Springer.

Peng, Zhengmai / Gu, Juan / Meyer, Meinert A. (2018): Grundcharakteristiken der konfuzianischen Allgemeinbildung und deren Transformation in der Vergangenheit und in der heutigen globalisierten Zeit. In: Zeitschrift für Erziehungswissenschaft 21, H. 2, S. 259–278.

Rabbow, Paul (1954): Seelenführung. Methodik der Exerzitien in der Antike. München: Kösel.

Rabbow, Paul (1960): Paidagogia. Die Grundlegung der Abendländischen Erziehungskunst in der Antike. Göttingen: Vandenhoeck & Ruprecht.

Renger, Almut-Barbara / Stellmacher, Alexandra (2018): Übungswissen in Religion und Philosophie. Produktion, Weitergabe, Wandel. Berlin / Münster: Lit.

Rieger-Ladich, Markus (2015): Scheitern de-/thematisieren. Überlegungen zum pädagogischen Denkstil im Anschluss an Ludwik Fleck und Hans Blumenberg. In: Ragutt, Frank / Zumhof, Tim (Hrsg.): Hans Blumenberg: Pädagogische Lektüren. Wiesbaden: Springer VS, S. 165–180.

Rousseau, Jean-Jacques (1755/1984): Diskurs über die Ungleichheit. Discours sur l'inégalité. Kritische Ausgabe. Übers. Heinrich Meier. 2. erw. Auflage. Paderborn: Schöningh.

Rutschky, Katharina (Hrsg.) (1984): Schwarze Pädagogik: Quellen zur Naturgeschichte der bürgerl. Erziehung. Auflage: Frankfurt am Main: Ullstein.

Schleiermacher, Friedrich (2000): Texte zur Pädagogik. Band 1. Frankfurt am Main: Suhrkamp.

Suzuki, Shunryu (2000): Zen-Geist, Anfänger-Geist. 9. überarbeitete Auflage. Berlin: Theseus.

Tucholsky, Kurt [Peter Panter] (1926): Ein Indianerbuch der Technik. In: Die Weltbühne 22, H. 47, S. 830–831.

Varela, Francisco J./Thompson, Evan/Rosch, Eleanor (2017): The embodied mind. Cognitive science and human experience. Überarbeitete Ausgabe. Cambridge/London: MIT Press.

Waldenfels, Bernhard (2001): Die verändernde Kraft der Wiederholung. In: Zeitschrift für Ästhetik und allgemeine Kunstwissenschaft 46, H. 1, S. 5–17.

Zirfas, Jörg (1999): Chronopolitik. Zum pädagogischen Umgang mit der Zeitlichkeit des Menschen. In: Bilstein, Johannes/Miller-Klipp, Gisela/Wulf, Christoph (Hrsg.): Transformationen der Zeit. Erziehungswissenschaftliche Studien zur Chronotopologie. Weinheim: Deutscher Studienverlag, S. 70–97.

Zizek, Boris (2020): Adoleszente als Bewährungssucher – Charakteristika, Tendenzen und Probleme im Prozess des Erwachsenwerdens anhand eines internationalen Vergleichs. In: Heinen, Andreas/Wiezorek, Christine/Willems, Helmut (Hrsg.): Entgrenzung der Jugend und Verjugendlichung der Gesellschaft. Zur Notwendigkeit einer „Neuvermessung" jugendtheoretischer Positionen. Weinheim/Basel: Beltz Juventa, S. 158–176.

Education in an Eccentric World from a Kantian Perspective

Respecting the Space of the Actual Geographical World

Yuzo Hirose

1 Introduction: Cosmopolitan Education as De-Centered Education

Cosmopolitan education has offered us a crucial moment in exploring alternative educational frameworks, which enables us to respond to and overcome the world's urgent problems, such as climate change and human antagonism. Although cosmopolitanism has also been criticized that it takes sides with neoliberal elitism (Harvey 2009), it still comprises significant contents of education, regarded as the cultivation of universal empathy and intellectual world spirit (Nussbaum 1996, 2019), encouragement of cosmopolitan dialogue (Stengers 2010; Hansen 2011) and critical imagination (Delanty / Harris 2012). There are different tones and nuances in these interpretations, but they all presuppose a cosmopolitanism wherein all human beings, regardless of their nationality, race, gender, and other attributes of identity, live in one world. This cosmopolitan education can be helpful in examining the concept of de-centered education, since cosmopolitan education thematizes the entire world we live in, where no center is to be found. A center is set by the eyes of someone external, with a specific perspective. Cosmopolitan education is fundamentally based on the continuity of the whole world, which seems to provide us one benefit of de-centered education; avoiding such centralization.

With regard to the practice of cosmopolitan education, UNESCO made the Inchon Declaration in 2015, formulating a framework of action for implementing SDG4 (Goal 4: Ensure inclusive and equitable quality education and promote lifelong learning opportunities for all) so that global citizenship education (GCE) is brought to practice.[1] As one arm of cosmopolitan education,

> "GCE works by empowering learners of all ages to understand that these (human rights violations, inequality and poverty) are global, not local issues and to become

---

1   Cosmopolitan education may overlap with GCE, but the core concern of both concepts are very different. The former premises the existence of the world, including the world we live in and its universe, while the latter designates the spherical planet earth, indicating how we apply ourselves into globalized society.

active promoters of more peaceful, tolerant, inclusive, secure and sustainable societies"[2].

UNESCO, however, does not show us what global citizenship is; it just mentions GCE as a type of 'quality education' (UNESCO 2015, p. 28) with 'appropriate pedagogical approaches' (ibid., p. 30). From these descriptions, we can notice that it implies human rights and well-being as sustainable universal values in educational practice. Based on the Universal Declaration of Human Rights (1948), it is plausible to recognize human rights as indispensable components of human existence. However, the contents of human rights are still disputable, varying between cultures. Taking historical backgrounds into account, human rights are not absolute, fixed, given things. Rather, we have obtained them through numerous struggles. What I want to indicate here is that the starting point of cosmopolitan education cannot therefore be human rights. If we think about cosmopolitan education as the practice that urges children to follow absolute, fixed human rights in all the schools of the world, such a pedagogy would violate other individuals' human right to live in their own way, based on their indigenous cultures and values. This is nothing but westernization and colonialization of education. Along similar lines, critics of cosmopolitan education claim that it is a form of authoritarian universalism that standardizes manifold education (Harvey 2009; Stornaiuolo 2016). In order to avoid these strong criticisms against 'universal' cosmopolitan education, the point of departure for cosmopolitan education needs to be something different from simply human rights.

Then, what should cosmopolitan education mean? In particular, what should be its starting point? The word 'cosmopolitan', or 'Weltbürger', indicates citizens living in the world, instead of citizens sharing the same values. Therefore, the original meaning of cosmopolitan is not concerned with human rights or universal values but with the space of the world. Accordingly, in section 2, I examine Kant's thoughts on education, which have been regarded as essential considerations for cosmopolitan education, and suggest that geography plays a crucial role for cosmopolitan education because geography offers us an open, distinctive space for considering everything in this world organically. Subsequently, in section 3 I extend the meaning of a geography education with reference to Locke, Dewey, Steiner and the contemporary Geocapabilities project. In section 4, I briefly argue for the significance of space for education, and in section 5, I describe geography as the foundation of cosmopolitan education. Through these considerations, I propose that cosmopolitan geography contributes to the establishment of an essential arm of de-centered education in the 21st century.

---

2   UNESCO web site, https://en.unesco.org/themes/gced (accessed October 31, 2022).

2 Kant's Cosmopolitan Geography Education

2.1 Education in and for the World

Kant gave lectures on pedagogy four times between 1776 and 1786 in order to meet the requirement of the East Prussian government's teacher training program. He did not initiate these lectures by himself, but his works, written both in pre-critical and critical time, suggest that he did have a keen interest in education. For example, he announced in his lectures on physical geography in 1765 that he planned the lectures in order to cultivate practical reason and to extend the growth of students' knowledge (Kant 2002, p. 298). In his *Critique of Practical Reason*, he argues for moral education in the last part, called the doctrine of the method of pure practical reason (Kant 1996, pp. 259–269). He was thus not only a philosopher, but an educator as well (Mikhail 2017). At the beginning of his lectures on pedagogy, Kant used Basedow's book, 'The methodological book for fathers and mothers of the family and nation', as a textbook, since he admired Basedow's philanthropic institution, which was dedicated to the entire human race, that is, all cosmopolitan people (Kant 2007, pp. 103–104). Kant's pedagogy was not only influenced by Locke and Rousseau, but by Basedow as well, particularly in the sense of educational cosmopolitanism.

Kant's educational thought is combined with the manifold components suggested above, but one of its key foundations is characterized as cosmopolitan education. It sometimes tends to be identified as moral education, that is, as the application of his moral practical philosophy to education, but his *Lectures on Pedagogy* reveals a different tone.

> "Parents care for the home, princes for the state. Neither have as their final end the best for the world and the perfection to which humanity is destined, and for which it also has the predisposition. However, the design for a plan of education must be made in a cosmopolitan manner." (Kant 2007, p. 442)

While moral education pursues cultivating a character for establishing a moral law, cosmopolitan education asks us to live not only in a family or a nation, but in the world as well. Kantian cosmopolitan education is sometimes thought of as a universal one, since cosmopolitanism symbolizes the totality of the world, without partial exception (cf: Osler / Starkey 2005). However, universalism cannot be directly induced from this totality. According to Kant, strict universalism is constituted by both necessity, which does not come from experience but is *a priori*, and logical uncontradictoriness (Kant 1998, p. 137). Cosmopolitanism does not match these conditions, since this idea is not deduced *a priori* but presupposes the world. Therefore, it is also logically unclear whether this cosmopolitanism is uncontradictory or not. The reason why cosmopolitanism sometimes tends to be identified with moral universalism is that Kant uses this idea of cosmopolitanism without a clear definition. What does he mean when he refers to an 'educational plan in a cosmopolitan manner'? Moreover, what does he mean by a cosmopolitan society when he indicates that nature gives us a mission to head toward a cosmopolitan society (Kant 2007, p. 427)? Kant regards the idea of the cosmopolitan society as a regulative idea instead of a constitutive principle, but he does not elaborate this distinction further. It is strange to consider the idea of cosmopolitanism without definition, since he normally defines an idea or concept at first so that he can discuss the ongoing theme strictly. It would be plausible to understand this uncommon situation with reference to the obscurity of the idea of cosmopolitanism. Cosmopolitanism is a compound of 'cosmos' and 'polis'. The Greek word cosmos means both universe and world. A world as one, from the translation of cosmos, therefore includes comprehensive meanings of the earth, the universe and the totality of all existence. Kant uses both words, 'weltbürgeriche Gesellschaft (cosmopolitismus)' (ibid.; Kant 1968, S. 331), for instance. Therefore, cosmopolitanism is fundamentally difficult to define, as the ideas of the cosmos and the world are quite complex and comprehensive. If the idea of cosmopolitanism could be defined clearly, then it might not be cosmopolitanism anymore, since the idea refuses to be objectified with certain concepts. Obscurity is one of the possible conditions for what cosmopolitanism purports.

Cosmopolitanism is, however, not a meaningless idea. Rather, it is a distinguished but self-contradictory one. It should be suggested with words, as long as it is an idea, but, at the same time it should not if it relates cosmos, the world. On the one hand, Kant is silent in the face of what one cannot say. On the other hand, he attempts to reach a point where the idea of cosmopolitanism and cosmopolitan education is embossed through an investigation of what the world is. Cosmopolitanism is primarily characterized as living in the world, instead of a certain regulated realm, which bears influence on cosmopolitan education.

For Kant, the world has manifold implications. Fundamentally, the world is not the partial, but the overall concept. In this regard, the world is not just the object of our sensible experience. 'I always have the world-whole only in concept, but by no means (as a whole) in intuition' (Kant 1998, p. 525). The concept of the world is not merely given to our sense, but imposed on our recognition. Therefore 'the [...] regulative idea of merely speculative reason is the concept of the world in general' (ibid., p. 613). This world as a regulative idea means 'the absolute totality of the sum total of existing things' (ibid., p. 466). This does not exclude a sensible world, but suggests that this world as a regulative idea contains a sensible world in a way that the world as a regulative idea relates and regulates a sensible world. Moreover, in a practical context, Kant suggests that this world as a regulative idea is transformed into a moral world. 'I call the world as it would be if it were in conformity with all moral laws [...] a moral world. This is conceived thus far merely as an intelligible world' (ibid., p. 678). And same as the world as a regulative idea, 'it [a moral world] is therefore a mere, yet practical, idea, which really can and should have its influence on the sensible world' (ibid., p. 679). In short, a world is a regulative idea as the absolute totality of the sum total of existing things, but in a practical context, is a moral world as the intelligible world, both of which influence the sensible world. In addition, we belong to both intelligible and sensible worlds in a practical context, while God only belongs to the intelligible world, and animals only to the sensible one. Theoretically regarded, the former is the world of a regulative idea. The problem here is that the reason why only the intelligible world affects the sensible one is not clear. Moreover, how can we acquire such an intelligible world while we live in a sensible world? Both worlds are logically separated, but the relationship in reality should be questioned. He solves this problem with another 'world'.

2.2 Cosmopolitan Geography Education

We live in a world, though we belong to two worlds, according to Kant. The fact that we live in a world is common but gives us a significant meaning, since we do not live only in an intelligible or a sensible world separately. The two worlds need to be interconnected in our existence. Kant implies that a sensible world can also relate to the intelligible world, and the world as an idea. Furthermore, it is not the logical but the realistic origin of the regulative idea of the world that we constitute in this actual space of the world (Kant 2012, pp. 445–446). God does not give us such a regulative idea of the world, but we human beings need to formulate it. Therefore, Kant sets the actual matrix of creating the regulative and intelligible world, that is, geography. In his *Physical Geography*, Kant deals with the actual fundamental world:

> "The world, as the object of outer sense, is nature; as the object of inner sense, however, it is the soul or the human being. The [combined] experience of nature and the human being together constitute knowledge of the world" (ibid., p. 445).

And 'the physical description of the earth is thus the first part of knowledge of the world. It belongs to an idea that one might call a propaedeutic for knowledge of the world' (ibid., p. 445). The world that *Physical Geography* is concerned with is not identified with merely a sensible world. The world in *Physical Geography* is much more comprehensive:

> "The world is the foundation and stage on which our ingenious play is performed. It is the ground on which we obtain and apply our knowledge" (ibid., p. 446).

He contrasts 'to have the world' with 'to know the world', and the former suggests that one has participated in the play, while the latter that one only understands the play that one has watched' (Kant 2007, p. 232). The world here is not only the space which one can recognize or feel as an object, but the space where one can play and, that is to say, live. This world is called as 'the stage of his vocation [Bestimmung]' (ibid., p. 97). The world in *Physical Geography* is one arm of knowledge of the world, since Physical Geography is one academic field. But what is significant is that this knowledge of the world in Physical Geography provides 'a practical use for one's knowledge' (Kant 2012, p. 446). This world is not the same as the intelligible moral world and the world of a regulative idea, nor as merely a sensible one, but the space where one can step in the intelligible moral world and formulate the world of a regulative idea, living in the sensible world. This is nothing but an actual world as the subjective matrix of manifold worlds. In this geographical actual world, students can learn everything in this world where they just live, and therefore they cannot help but ask how they should live there. Kant explains the purpose of his lecture on physical geography:

> "to explain those tendencies of human beings that are derived from the zone in which they live, the diversity of their prejudices and ways of thinking, insofar as all this can serve to acquaint man better with himself" (ibid., p. 393).

They ask themselves how they should live, which signifies that they are to step in the intelligible world, knowing others who live in the manifold areas on this earth, and various components of it, ranging from the sea, land, air, animals, plants and minerals to human beings, and their various activities, such as economics, politics, culture, arts, sciences, philosophy, ethics and religions, in all regions of Asia, Africa, Europe and America. Without experiencing this geographical world, we cannot enter into the intelligible world as well as the world of a regulative idea.[3] In this regard, it is indispensable to learn and experience the geographical actual world, to form as existence for those who live in this world.

In his *Lectures on Pedagogy*, after introducing the useful book *Orbis pictus* by Comenius for knowing our world, Kant emphasizes that 'it is most advantageous to have the first scientific instruction be concerned with geography, mathematical as much as physical' (Kant 2007, p. 463), and describes geography education in further detail as follows:

> "One can make a beginning with botanizing, with mineralogy, and the description of nature. Sketching these objects provides the occasion for drawing and modelling, for which mathematics is needed. [...] Travel accounts, illustrated by means of engravings

---

3   Kant refers to an architectural idea, suggesting that an idea is constituted like an architecture: the idea of the house cannot be produced without the components of it, but the components cannot just make such an idea directly.

and maps, then lead to political geography. From the present condition of the earth's surface one then goes back to its previous condition, moving on to ancient geography, ancient history, and so forth." (ibid., p. 463)

Physical geography, in a broad sense, extends the space where students can learn the organic components of the earth without fractionizing them simply. When we step into the concrete content of physical geography, Kant describes the wind, for example, at the beginning physically in the contrast with the air.[4] Then, he shows various winds in different regions and what the wind provides us with in these respective regions on the earth.[5] In addition, he clarifies the characteristic of the wind in relation to the weather, climates, and seasons in different regions.[6] Moreover, he suggests the manner in which we should be confronted with and utilize such winds in reality, particularly in sailing, for example.[7] Wind is examined not only in the field of physics, but from the integrated perspective of the nature of our compound earth and of the economic and cultural activities of human beings. Many other topics in physical geography are revealed in this way. Through these geographical lessons, students learn the actual world itself, where they also live. Therefore, 'one could actually begin with geography in teaching children. Figures of animals, plants, and so forth can be combined with that simultaneously; they must enliven geography' (Kant 2007, p. 465). Only geography can deal with this actual world totally and organically, which contributes to fostering the experience of the actual world in students. Naturally, they can learn the components of the world in classes for physics, biology, chemistry or history. However, they do not learn the total world itself by learning of the fragments of our world. Normally, biology thematizes a biological world, and history a historical world, but not the actual, whole world itself. In contrast, as we have already seen above, the world in geography is the foundation and stage of our lives, that is, the actual world. In

---

4 'Wind is to the air what a current is in relation to the sea. Like the sea, it too is greatly limited by the direction of the land and the mountains. Just as two currents opposing one another create a whirlpool, so do two winds affecting one another from different directions create whirlwinds' (Kant 2012, p. 549). About speed of the wind, 'a gentle wind goes no faster than a person walking; a relatively strong wind goes like a horse at the gallop. A storm wind which tears up trees travels at twenty-four feet per second' (Kant 2012, p. 553).

5 'The south-west winds that blow over the Atlantic Ocean and otherwise bring only wet weather, are [also] said to cause clear and dry weather' and 'winds coming from the tops of high mountains are all cold; hence even in Guinea, the north-east wind (Terreno), which comes from the mountains of the interior, brings great dryness and cold' (Kant 2012, p. 551).

6 'Even in Europe, it was much colder in former times than it is now. [...] The reason for this was presumably the many forests which covered most of the countries at that time and in which the snow melted very late, so that cold winds blew from them' (Kant 2012, p. 558).

7 'Mariners can travel much faster from the East Indies to Europe than in the other direction, because in the latter case they have the prevailing east wind against them on the Ethiopian as well as on the Indian Ocean. Mariners on the journey from the Cape to Europe have to be careful that they do not sail past the island of St Helena' (Kant 2012, p. 553).

this regard, geography education attempts to let students experience and know the actual whole world, and moreover to foster those who live and dwell in the world, in other words, as cosmopolitans. Cosmopolitan education is, accordingly, deeply enmeshed with geography education.

3 Taking over Kant's Geography Education

3.1 Geography for Human Formation in General

Geography is a primary subject in schools in almost all countries. Along with math, physics, native languages, English, history and social sciences, geography is recognized as a subject that teaches children their own regions and countries, as well as foreign countries, from specific perspectives engendered by their native countries. School geography is not merely a neutral objective subject, but reflects the particular intentions of the country where it is taught. For instance, children in Korea learn of Liancourt Rocks in geography class as territory that is an inherent part of Korea, while children in Japan learn of it as one that belongs to Japan. This is not only because of the nature of geography 'education', but of 'geography' itself. Geography (Geo-graphy) literally means descriptions of the earth. Yet these descriptions must be made from certain standpoints, unless we possess God's eyes. Moreover, such descriptions are useful for certain purposes. The Royal Geography Society was established in 1830 in London, in order to support expeditions to overseas colonies or potential colonies for the United Kingdom as well as to develop geography as an academic field. Geography consists of the consideration of the authoritarian space (Crampton/Elden 2007). Based on these characteristics of geography, school-level geography is recognized as crucial for cultivating a basic national identity and culture as well as teaching what other countries are all about from one's own perspective. Geography education is thus not unconditionally cosmopolitan, but often inclined to a nationalistic disposition.

However, geography education cannot be reduced to such school-level geography. As we have already seen, the component of geography, that is the space of the world, is not fully grasped by the lens of nationalistic frameworks of understanding. Rather, space contains fluid and dynamic movements from the start. In this sense, geography is not merely one subject of cultivating national members, but it plays a profound role in human formation and existence, in living in this actual world. It is not only Kant; even Locke, Dewey and Steiner appreciate the essential value of geography for human formations. In his book on education, Locke advocates that 'Geography, I think, should be begun with' (Locke 1989, p. 235), since it offers them an opportunity to consider the experiential world of their lives. According to Dewey, 'it signifies that geography and history supply subject matter which gives background and outlook, intellectual perspective, to what might otherwise be narrow personal actions or mere forms of technical skill' (Dewey 2011, p. 115). Learning geography as well as history contributes to the deeper experience of the world.

"The classic definition of geography as an account of the earth as the home of man expresses the educational reality. But it is easier to give this definition than it is to present specific geographical subject matter in its vital human beings" (ibid., p. 117).

Due to scientific investigation, matters in the world are fragmented, such that children learn either such parts of matters or matters with animistic myths. Geography can offer the third way.

"When nature is treated as a whole, like the earth in its relations, its phenomena fall into their natural relations of sympathy and association with human life, and artificial substitutes are not needed" (ibid., p. 118).

Geography is an ambivalent and, in one sense, a self-contradictory field. Geography is *one* subject, but it embraces *everything* on the earth. If we look at only the first characteristic of geography, geography might become mere national school-level geography. However, geography is, first and foremost, infinitely comprehensive, according to its second characteristic. Dewey clearly indicates this point and perceives its significance for his experiential education. Such insight cannot be confined to an Anglophone tradition. Rudolf Steiner, the founder of the worldwide Waldorf school, advocates the importance of geography as follows:

"The geographical things become less important excessively in present, and they are really treated shabbily. The achievement of other subjects in multiple relationship should essentially flow into one"[8] (Steiner 2005, p. 176).

Children can learn of geological rivers, hills, mountains, fields and forests and their relations with human agricultural, economic and political activities. Moreover, people have established their own cultures, habits and spiritual lives within such interrelated space. From and with geography, therefore, children learn different cultures, values, arts, philosophies and religions. One of the most challenging accomplishments of Steiner is that he attempts to combine actual experience in this world with the transcendent, spiritual world. The reason why Steiner emphasizes geography is that it can provide both aspects together to children (Hirose 2020, pp. 111–112). 'Geography can really be a big rail, in which all things flow, and from which again some are taken out' (Steiner 2005, p. 187). Therefore, 'It is actually good, when you use the geography class in order to bring unity in other

---

8   In this article, English translations of the German and Japanese texts are made by myself.

classes' (ibid., p. 185). Geography leads children to assume what people, in this or that area, think of, and how they live, and consequently it elicits in them a love of the neighborhood (Steiner 1978, p. 52). This is nothing but the ethics of the earth's children, obtained by learning geography (Hirose 2020, pp. 128–129). This ethics of the earth takes them beyond their egoism, since they care about others in different geographical places and think about others pluralistically. Geography relieves children from monistic egoism, which is the essential condition for human formation and existence; living with others in this actual world.

3.2 A Challenge for Contemporary Geography Education: Geocapabilities

Contemporary trends in education have focused on cultivating competencies instead of instilling knowledge and values. The foregrounding of this tendency lies in the recognition that children, as future citizens, need to acquire new suitable competencies and skills to live in a globalized and neoliberal society. Concrete knowledge about certain fields can be easily and promptly changed and can quickly become obsolete in this time. Children, in such an accelerated time, are therefore required not to obtain such knowledge but to choose from competencies and skills and to think about things and matters in this world. Reflecting this trend, OECD has done PISA, testing not acquired knowledge but competencies such as critical thinking, insisting their own ideas with rationale. This trend is on the one hand understandable, an attempt to face the new changeable world and its rapid transformations in the 21st century. On the other hand, this trend eradicates the peculiarity of subjects, focusing instead on multiple competencies. Young resists this trend and proposes that disciplinary knowledge has tremendous power (powerful disciplinary knowledge: PDK) for children even in this accelerated era (Young 2008; Young et al. 2014).

Powerful disciplinary knowledge is not mere informative knowledge, but knowledge of expertise in certain realms that cannot be acquired in ordinary, everyday lives, but is associated with wisdom that underpins our lives and futures. 'Powerful' signifies that such knowledge is not fixed and static for just academia, but dynamic and influential for their lives and worlds in reality. Powerful disciplinary knowledge contributes to fostering the capabilities of human beings. The well-known idea of 'capabilities' originates from Sen's thoughts and Nussbaum's philosophy, showing that capabilities represent an essential freedom of doing something or becoming someone (Nussbaum/Sen 1993). One of the things that activates such capabilities strongly is powerful disciplinary knowledge.[9] To do something, it is necessary to be able to understand and recognize

---

9   I think that the other thing that is useful for capabilities is everyday comprehensive experience in the actual world. Powerful disciplinary knowledge excludes such everyday experiences, which

what the matters related to doing might be. In the same way, it is indispensable, in becoming someone, to be able to know what one wants to be and how one realizes one's wish. For example, without educational expertise, how can one enjoy the capabilities of the essential freedom of becoming a teacher? Powerful disciplinary knowledge guarantees and extends the capabilities of human beings. These discussions are especially seriously but positively accepted by geographers. Leading researchers in the field of geography education have considered capabilities in the context of geography, terming them Geocapabilities (Lambert et al. 2015). The idea of Geocapabilites implies that capabilities are deeply associated with geography, since the essential freedom of doing something or becoming someone is primarily geographical and dynamic. Through the consideration and experience of the geography of our whole world, we can think about what we should and can do in this actual world, as well as what we become here. In this way, the word Geocapabilites is not suitable in a strict sense, since capabilities are already geographical. We need to recognize the idea of Geocapabilites as profoundly geographical. Geographical PDK requires in this Geocapabilities. Expertise in geography makes children contemplate what the world is and how we grasp it as a whole, which is very helpful for activating capabilities. With such an understanding, the Geocapabilites project has prevailed in several countries in the world.[10] There are very few projects in other fields that are focused on realizing capabilities, except perhaps special needs education (Broderick 2018). This tendency suggests that geography stands in an extraordinary position for human formations and existence. The Geocapabilities project demonstrates that geography can underpin our capabilities.

4 Time and Space in Education: Temporal Education without Space?

Education is deeply embedded in time. Without considering time, we cannot even recognize the development and formation of human beings, since we grow in the passage of time, experiencing the world. We work in a company or elsewhere, after we have acquired expertise in a certain specialized educational institution for a particular kind of work. This pervades the early stages of our lives, from children to students. Generally speaking, human formations are argued for in the philosophy of history, particularly by Hegel and Dilthey. Philosophy that investigates entire human beings and their conditions also deals with history, the study that

---

seems to be an elitist and partial conception. Powerful disciplinary knowledge is not merely given by some academic authorities, but it is polished in this actual world. In this sense, powerful disciplinary knowledge cannot be separated from ordinary everyday knowledge.

10 https://www.geocapabilities.org/ (accessed October 31, 2022).

examines events that have occurred in the passage of time. Heidegger discusses being there (*Dasein*) asking for one's own death, proceeding towards it, in *Being and Time* (*Sein und Zeit*) instead of Being and Space, which indicates that human beings are finite in their existence in time (Heidegger 1962). In Christianity, time lies at the foundation: God created the world and human beings, in the passage of time, and suggested that human beings live in time as finite existences, while God lives beyond time, though he created the whole world. Therefore, if one dies as a Christian, she/he will enter into the heaven of the God where time disappears and changes to eternity. These facts show that we humans are fundamentally interwoven with time. However, we lose 'time' in this rapid and changeable world, as Dörpinghaus and Uphoff sharply indicate, so that human formation (*Bildung*) is hindered in this time, since it primarily needs time (Dörpinghaus/Uphoff 2012). This also suggests, in the opposite sense, that time is indispensable for human formation and existence.

But how about space? Moreover, where is space, when we think about these temporal human beings? Space itself had been examined especially by Euclid, Leibniz and Newton. However, it hasn't properly been associated with human formation and existence.[11] Space has been underestimated when it comes to philosophy and the education of human beings. It has been investigated as a physical object that is directly irrelevant to human beings, although we live not only in time but also in space. It is unusual to hear the word 'philosophy of geography' compared with 'philosophy of history'. Where has space been thrown? And why has it been so underestimated? One thing is certain: time has been prioritized far more than space in both philosophy and education. I do not insist that time is meaningless or negative, but that space should be regarded as the other indispensable part of the condition of human beings. Moreover, I argue that both time and space should be equally investigated.

Why is space significant for human formation? I think that difference and diversity both stem from space. Strictly speaking, this space is not the opposite of or separated from time, but is affected by time. The space of a church has been constructed historically, and in this sense, space is not isolated from time but allied with time. A space however, cannot be identified with another space, but is original and exclusively unique. The space of Cologne Cathedral is the only space (or we sometimes say place as a concrete space) in the world, and we cannot find it in any other spaces. Such is not only the case for place, but for people as well. Why are you 'You' and not others? Why are you so unique? Language and experience, as well as original physical genes, form one's uniqueness. I now write this

---

11 There are several exceptions. Burghardt elaborates educational space with reference to space of learning (Piaget), fundamental space of security (Bollnow) and space of control (Foucault) (Burghardt 2014). Furthermore, space has been recently argued in Germany from the perspective of pedagogical anthropology (cf. Lohfeld 2019).

in English as a non-native English speaker, because I was born and grew up in Japan. Many students in Germany are native German speakers because they have lived in Germany, or German speaking countries for a long time. Besides, some of them speak the German dialect because they lived in such a space where the specific dialects were spoken. Through their particular languages, they experience the world and form themselves as original and unique individuals. Therefore, individual difference, uniqueness, and diversity come from the space we exactly inhabit. If we consider respecting individual dignity and diversity in education, we need to pay attention to space a lot more. What is attractive about space is that there are no fixed centers in space. We cannot find any center, since only space exists in the world. Center is nothing but a notion made by people artificially. Accordingly, when we attempt to overcome a certain education which is centered, it is very helpful to recognize the contents of space. Then, how can we organize education that respects space? I propose that such a spatial education would be cosmopolitan in nature, comprising space and geography education.

5 Geography Education as Cosmopolitan Education

Not only in Kant's philosophy, but in representative educational theories and practices as well, and even in contemporary studies on Geocapabilites, geography education is regarded as the basis of human formation. Furthermore, geography education explores the interactions of the world's human and environmental system at the local, regional, and global scales so that

> "geography education in primary and secondary schools has a tremendous potential to provide the next generation with the understanding, attitudes, and behaviors required to work for solutions to global problems" (González et al. 2018, p. 4).

This claim comes from the fact that the Commission on Geographical Education of the International Geographical Union (IGU-CGE) has stressed the role of geography education in becoming twenty-first-century citizens with global understandings in its new International Charter on Geographical Education (2016). There is no doubt that geography education, such as teaching the problems of climate change, migration, and globalization, can bring about global understandings in this actual world for children and students alike.

> "The Geocapabilities project [...] offers a platform for teachers to realise a curriculum to expand young people's capabilities in geographical understanding that can stimulate Global Understanding" (van der Schee / Béneker 2018, p. 80).

However, the problem I recognize in this discussion is that they only focus on the 'global understandings' of the world. Geography education is based on space, where everything, even educators and learners on the earth, are embraced, which suggests that children learn the world not only intellectually, but also experience it with their whole existence. They feel what the whole world might be with their whole body, and start considering what they may attempt to accomplish in this actual world with their will, hope, belief and trust. Geography education does not only deal with the organic world as an object, but is itself organically organized for and with children. Geography education is, in this sense, close to cosmopolitan education instead of the mere provider of global understandings.

I have suggested that one of the things that activates capabilities strongly is the PDK. Yet if we look into the content of the capabilities more seriously, this PDK should not be isolated from ordinary, everyday experience, but be regarded as one connected with such experience. This new PDK is strongly adjusted with capabilities and forms children living in this whole and actual world. Naturally, we live in the actual world. But do we really live there? We see various things and matters through our own frameworks and ways, using the internet, SNS (Social Networking Service), and so on. Enormous but partial amounts of information designate what we see in the world and how we see it. As a result, somehow, we are falling into following fake news and misunderstandings (Robertson 2018, p. 14). We live in the world, but the fact is that we live in the regulated world, enjoying primarily intellectual knowledge with specific forms. Geography education, with its respect for organic and dynamic spaces, changes this art of human existence and offers children an opportunity to experience the actual world. This is exactly the platform for cosmopolitan education, wherein children can live in the whole world. Through these abundant experiences of geography, children get to love the world, and think about what they can do for the world in the future.

Finally, I want to raise one example of experiencing geography education from the perspective of someone who lived as a cosmopolitan: Mother Teresa. She is not known as a geographer. However, before she started to work in the slums in Calcutta, she had been a teacher at St. Mary high school there for 17 years, teaching geography, history and catechism (Chawla 1996, p. 10). Many students of hers remembered her classes as lively and delightful (ibid., p. 13). Nobody rejects that Mother Teresa was a saint, who experienced her inner voice of calling by God and accomplished it. However, there are many things that cannot be explained by just a sacred experience. Her character was described as not only sacred but practical as well, not conducting useless talks but loving a conversation with wit and humor (ibid., p. 43). She was also a woman of action in reality. During her training as a nurse in Patna, she sent a letter to Father van Excem stating that she did want to come back to Calcutta, because she had realized that she could not understand the diseases in Calcutta with her experience in the slums there, while she just learned diseases in a hospital in Patna (ibid., pp. 31–32). She knew the importance of understanding things and that matters happened in concrete space, that is, an extraordinary space in the world, but not in the transcendent, holy world. Gomez, who provided his room to Mother Teresa when she begun to work in the slum there, tells us that Mother Teresa thought realistically, and acted rationally (ibid., p. 51). Mother Teresa gave the girl in her orphanage money so that she would marry soon, since Mother Teresa understood Indian customs and paid close attention to her actual life in the future (ibid., pp. 120–121). She had a clear insight into human lives in a concrete space, which is nothing but geographical knowledge. When she was asked to establish one home, working for poor people, by a bishop in Venezuela, she visited Venezuela to see what had happened there, and then made the decision of sending her sisters there (ibid., p. 179). She did not just pray for poor people, though praying for them was very crucial; rather, she worked for the people living in the concrete, geographical world. Without taking the geographical concreteness of people's lives into account, she would have just forced her works and values onto the people. She realized such a deceit of working and helping others. Consequently, the geographical way of living was a real guiding principle for her works. In other words, such a geographical way of living was combined with her divine spirituality, which embedded her entire body of work. These geographical ways of living led to her characteristic work being performed for everyone, regardless of race, gender and religion. Gomez talks about Mother Teresa, 'We cannot view her through Catholic eyes, or Hindu eyes, but only through human eyes, for she does not discriminate. She respects all religions and all people' (ibid., p. 53). That is to say, her belief was not exclusive and, moreover, she served everyone, whether they were Christians, Muslims, Hindus, Buddhists or Atheists (ibid., p. 53). She never converted people of other religions to Christianity. Instead, she wished they would become better believers in their own religions, in order to find God. Her life and works attracted the governor of West Bengal at that time, who was a Marxist and atheist (ibid., p. 174). This implies that she destroyed not only the borders of walls in her own, but also the symbolic borders of others.

There are no studies describing the relationship between learning and teaching geography and her works in the slum, but it can be argued that her geography underpinned her own life, dedicated to all the poor children and people, regardless of ethnicity, gender and nationality. According to her biography, she had loved geography since childhood. Mother Teresa was born Anjezë Gonxhe in 1910 into a Kosovar Albanian family in Skopje, Ottoman Empire (now the capital of North Macedonia). Skopje had been influenced by Islamic culture for several centuries, so that there had emerged a complexity of cultures and religions. She grew up in a Christian home, but she could develop her friendship with others regardless of religious sects and religions (ibid., p. 4). It was not strange that she had devoted her young and energetic self into teaching geography for 17 years, with her significant geographical experiences. What I want to emphasize here is that she did not just learn geography intellectually, but she experienced the aesthetic and nature of essential geography with her whole existence. She lived as a cosmopolitan with a robust geographic underpinning.

6 Conclusion

We are all primarily and literally cosmopolitan, since we live in the world. But do we really live in the world? Rather, don't we live in the regulated and partial space of the world? What is more, do we truly *live* in the world, instead of merely knowing the world? We have far more opportunities to obtain tremendous information about various fields in the world through the internet and SNS than ever before. However, it is not certain that we *live* in the world, thinking, accepting, approaching, loving and trusting the world. Long ago, we had not known what happened in other spaces, regions, and countries, and what kinds of people lived there. On the contrary, we can know now what happened in Ukraine immediately, or who lives in Madagascar, with one click on a laptop. Too little information was characteristic of the past, but too much information about the world is characteristic of the present. The notable thing is that both prevent us from living in the world. If we want to live in the world, we need to be engaged in the world as well as form it, that is to say, we exist in the world in infinite organic and dynamic correlations, not only with intellectual recognition, but also with consideration, sense, will, love, hope and trust. Too much information hinders this way of living in the world, since such information influences and controls us intellectually. There is almost no room for us to examine the entire flow of information and to be engaged in the world. Geography education shows us the third way to live as a cosmopolitan in these tough times. The first crucial thing is that geography must not be regarded as mere intellectual instruction, but as Steiner and even the Geocapabilities project suggest, as doing something and becoming someone, that is to say, living in the world. Geography should be identified with human formation and existence itself. The second crucial thing is that geography is not the total amount of fragmented experiences in the world, but as Kant clearly indicates, the whole actual world where one can further live, both in the intelligible, moral world and the sensible world, and enjoy the interaction between them. In this sense, geography education is necessarily combined with cosmopolitan education.

It is still a powerful idea for de-centered education to consider cosmopolitan education. As we have seen, geography and geography education are indispensable components of cosmopolitan education, which suggests that geography is not merely one part of it but its necessary foundation. Without geography education, cosmopolitan education would become nothing but one of numerous practices of regulated, instructional education. We need to think about essential cosmopolitan education, starting with respecting the organic and dynamic actual space of geography; the actual world.

References

Broderick, Andrea (2018): Equality of What? The Capability Approach and the Right to Education for Persons with Disabilities. In: Social Inclusion, 6(1), pp. 29–39.

Burghardt, Daniel (2014): Homo spatialis – Eine pädagogische Anthropologie des Raums. Weinheim und Basel: Beltz Juventa.

Chawla, Navin (1996): Mother Teresa. Rockport: Element Books.

Crampton, Jeremy / Elden, Stuart (eds.) (2007): Space, Knowledge and Power: Foucault and Geography. New York: Routledge.

Delanty, Gerard / Harris, Neal (2012): The idea of critical cosmopolitanism. In: Delanty, Gerard (ed.): Routledge International Handbook of Cosmopolitanism Studies. New York: Routledge, pp. 91–100.

Dewey, John (2011): Democracy and Education. Breinigsville: Simon & Brown.

Dörpinghaus, Andreas / Uphoff, Ina Katharina (2012): Die Abschaffung der Zeit: Wie man Bildung erfolgreich verhindert. Darmstadt: WBG Academic.

González, Rafael de Miguel / Bednarz, Sarah Witham / Demirci, Ali (2018): Why Geography Education Matters for Global Understanding? In: Demirci, Ali / González, Rafael de Miguel / Bednarz, Sarah Witham (eds.): Geography Education for Global Understanding. Cham: Springer, pp. 3–12.

Hansen, David (2011): The Teacher and the World- A Study of Cosmopolitanism as Education. New York: Routledge.

Harvey, David (2009): Cosmopolitanism and the Geographies of Freedom. New York: Columbia University Press.

Heidegger, Martin (1962): Being and Time, translated by Macquarrie, J. and Robinson, E. New York: Harper.

Hirose, Yuzo (2020): Geographical Education in Waldorf School: Cosmopolitan Human Formation. In: Hirose, Toshio / Endo, Takao / Ikeuchi, Kosaku / Hirose, Ayako (eds.): Steiner Education for 100 Years. Kyoto: Showado, pp. 107–137.

Kant, Immanuel (1968): Kant's gesammelte Schriften. Herausgegeben von der Königlich Preußischen Akademie der Wissenschaften. Band . Berlin: Walter de Gruyter.

Kant, Immanuel (1996): The Cambridge Edition of the Works of Immanuel Kant, Practical Philosophy. Cambridge: Cambridge University Press.

Kant, Immanuel (1998): The Cambridge Edition of the Works of Immanuel Kant, Critique of Pure Reason. Cambridge: Cambridge University Press.

Kant, Immanuel (2002): The Cambridge Edition of the Works of Immanuel Kant, Theoretical Philosophy 1755–1770. Cambridge: Cambridge University Press.

Kant, Immanuel (2007): The Cambridge Edition of the Works of Immanuel Kant, Anthropology, History, and Education. Cambridge: Cambridge University Press.

Kant, Immanuel (2012): The Cambridge Edition of the Works of Immanuel Kant, Natural Science. Cambridge: Cambridge University Press.

Lambert, David / Solem, Michael / Tani, Sirpa (2015): Achieving Human Potential Through Geography Education: A Capabilities Approach to Curriculum Making in Schools. In: Annals of the Association of American Geographers, 105(4), pp. 723–735.

Locke, John (1989): Some Thoughts Concerning Education. Oxford: Oxford University Press.

Lohfeld, Wiebke (Hrsg.) (2019): Spannung – Raum – Bildung. Reflexionen in anthropologischer und phänomenologischer Perspektive. Weinheim und Basel: Beltz Juventa.

Mikhail, Thomas (2017): Kant als Pädagoge. Paderborn: Ferdinand Schöningh.

Nussbaum, Martha (1996): Cosmopolitanism and patriotism. In: Nussbaum, Martha / Cohen, J (eds.): For Love of Country? Debating the Limits of Patriotism. Boston: Beacon Press, pp. 3–21.

Nussbaum, Martha (2019): The Cosmopolitan Tradition. Cambridge, Massachusetts: The Belknap Press of Harvard University.

Nussbaum, Martha / Sen, Amartya (1993): The Quality of life. Oxford: Clarendon Press.

Osler, Audrey/Starkey, Hugh (2005): Changing Citizenship: Democracy and Inclusion in Education. Maidenhead: Open University Press.

Robertson, Margaret E (2018): Geography Education Responding to Global Forces: Redefining the Territory. In: Demirci, Ali/González, Rafael de Miguel/Bednarz, Sarah Witham (eds.): Geography Education for Global Understanding. Cham: Springer, pp. 13–28.

van der Schee, Joop/Béneker, Tine (2018): Geography Education and Global Understanding. Exploring Some Ideas and Trends in a Fast-Changing World. In: Demirci, Ali/González, Rafael de Miguel/Bednarz, Sarah Witham (eds.): Geography Education for Global Understanding. Cham: Springer, pp. 71–82.

Steiner, Rudolf (1978): Menschenerkenntnis und Unterrichtsgestaltung. Dornach: Rudolf Steiner Verlag.

Steiner, Rudolf (2005): Erziehungskunst: Methodisch- Didaktisches. Dornach: Rudolf Steiner Verlag.

Stengers, Isabella (2010): Cosmopolitics , Minneapolis and London: University of Minnesota Press.

Stornaiuolo, Amy (2016): Teaching in global collaborations: Navigating challenging conversations through cosmopolitan activity, Teaching and Teacher Education, 59, pp. 503–513.

UNESCO (2015): SDG4-Education 2030 Framework for Action; https://uis.unesco.org/sites/default/files/documents/education-2030-incheon-framework-for-action-implementation-of-sdg4-2016-en_2.pdf (accessed October 30, 2022).

Universal Declaration of Human Rights (1948): https://www.un.org/en/about-us/universal-declaration-of-human-rights (accessed November 14, 2022).

Young, Michael (2008): Bringing knowledge back in. New York: Routledge.

Young, Michael/Lambert, David/Roberts, Carolyn/Roberts, Martin (2014): Knowledge and the future school: Curriculum and social justice. London: Bloomsbury.

Centering Education for Well-Being, De-Centering the Modern Self

Jeremy Rappleye

This essay derives, in part, from a compilation of several published papers I have done in recent years.[1] The first is a co-authored piece in the Journal of Education Policy entitled *Better Policies for Better Lives?: Constructive Critique of the OECD's (mis)measures of student well-being* (Rappleye et al. 2020). The phrase 'Better Policies for Better Lives' is the catchphrase of the OECD, but our piece sought to question that very premise, suggesting that cultural assumptions – derived from precisely the 'Western humanistic perspectives' this volume is focused on decentering – may actually blind us to other pathways to 'Better Lives'. PISA is, in many ways, the defining problématique of contemporary educational policy scholarship; something we must learn to "rearticulate" (Komatsu / Rappleye 2021), if we have any hope of advancing the themes of this volume beyond a small circle of comparative and internationally-minded educational scholars. A second paper is a 2020 piece in the British-based journal Comparative Education entitled *Comparative Education as Cultural Critique* (Rappleye 2020). That piece discusses what sort of approach we – and I primarily meant scholars trained in the Western tradition(s) of comparative education – need to take in order to decenter our usual ways of thinking about education. Two additional papers are more focused on Japan, which emerges as the key geographical reference point of this essay. One is entitled *Reimagining Modern Education: Contributions from Modern Japanese Philosophy and Practice?* (Komatsu / Rappleye 2020). A second is entitled *Unlearning as (Japanese) Learning* (Nishihira / Rappleye 2021). That piece works to bring decades of work by Tadashi Nishihira and Philosophical Anthropology scholars at Kyoto University into the English language, sketching the affinities between contemporary Japanese education and Zen-inspired philosophies. As Zen is already committed to decentering the I, the educational ideas derived from it resonate with the theme of this volume.

In terms of outline, I wish to pursue this essay through four sections. First, I want to prepare the groundwork by revisiting Galtung's provocative 1981 piece on

---

1   As the current piece is largely transcribed (with minor revisions) from my original talk, it inevitably carries a more casual tone. I consider this a working paper, a place to share emerging connections in my thinking. Those seeking a more polished piece of writing are advised to read the published pieces I cite throughout.

"intellectual style". Given that transcultural dialogues around education inevitably start from different assumptions about what constitutes 'good' scholarship, I feel this preliminary discussion is necessary. In the second part, I seek to pursue a more descriptive, empirical account of the OECD's new Well-Being 2030 agenda. I do not know how much this agenda has impacted educational discourses in Germany. But in Japan the Ministry of Education (MEXT) is currently signaling that "well-being" will be a major pillar of future policy planning (e. g., explicitly part of the next long-term strategic policy vision). Readers who are interested primarily in description and analysis of schooling and education policy, rather than philosophical and theoretical speculation, will find most of that in this section. In the third part, I seek to theorize the preceding empirical description: What gives rise to the OECD's views, measures, and 'findings' around well-being? Why doesn't Japan, or the rest of East Asia, fit? The hypothesis I put forth – surely an ambitious one – is that different views of reality are at play here. It is worth recalling here that Philosophical Anthropology has always dealt with questions of metaphysics as related to (human) experience, and so this third section is true to that tradition. The fourth section concludes the piece, wherein I try to bring the earlier parts back around to offer my explicit response to the central questions of this volume: How might educational theoretical thinking be subjected to a decentering? How can education be interpreted apart from Western humanistic perspectives?

1 Preparing the Groundwork for Trans-cultural Dialogue: Revisiting Galtung's 'Intellectual Styles' (1981)

It is easy to forget that our work – in this volume and elsewhere – is itself already a manifestation of educational theory. That is, more than we often care to admit, we bring in culturally-rooted assumptions about what 'good' research entails, only to later labor to claim objectivity for our perspectives. These culturally-rooted assumptions are, in turn, rooted in a set of views about the world and what constitutes reality. Unless we gain some awareness of this, it is all too easy to miss or dismiss otherwise profound ideas articulated in a different 'style'. So I would like to start this essay by trying to make us aware of this. To do so, I start in a highly unlikely place: a camel.

In 1864, an author by the name of George Henry Lewes wrote a book entitled *The Life of Goethe*. That work was published at a time when modern European nation-states were becoming more self-aware of their differences (following the fallout of the French Revolution and Napoleonic Wars), and is arguably one of the earliest articulations of the divergences in 'intellectual style'. It is also one of the most humorous. Lewes writes:

"A French man, an English man and a German were commissioned, it is said, to give the world the benefit of their views on that interesting animal, the camel. Away goes the Frenchmen to the *Jardin de Plantes*, spends an hour there in a rapid investigation, returns and "writes a feuilleton", in which there is no phrase the Academy can blame, but also no phrase which adds to the general knowledge. He is perfectly satisfied, however, and says: 'Le voila, La Chameau!' The Englishman packs up his tea-caddy and a magazine of comforts; pitches his tent in the East; remains there two years studying the Camel and its habits; and returns with a thick volume of facts, arranged without order, expounded without philosophy but serving as valuable materials for all who come after. The German, despising the frivolity of the Frenchman and the unphilo-sophic matter-of-factness of the Englishman, retires to his study there to construct the Idea of a camel from out of the depths of his Moral Consciousness. And he is still at it" (Lewes 1864, p. 397).[2]

So here, as early as 1864, we already find reflections on differences in how we pur-sue intellectual work. A far more serious treatment ensues in a 1981 essay by Jo-hann Galtung entitled *Structure, Culture, and Languages: an essay comparing the Indo-European, Chinese, and Japanese languages*. Given that Galtung compares the Saxonic (Anglo-American), Teutonic (German), Gallic (French), and Nipponica (Japanese) styles, it is useful for preparing the groundwork for the rest of my current essay. That is because my essay aims to cover three of the four styles listed above: we will explore how a Saxonic-dominated PISA is at odds with a Nipponic approach to education and self, and then attempt to present this discussion for a primari-ly Teutonic (German) audience, who I imagine comprise the main audience. We have to leave French feuilletons out of all this for now.

The Galtung text glitters with insights that many well-travelled scholars come to feel, but are rarely able to articulate:

"The teutonic and gallic types of intellectual discourse are highly Darwinian strug-gles where only the fittest survive, hardened, and able to dictate the terms for the next struggle. The saxonic, US more than UK, and the nipponic exercises are more tolerant, more democratic, less elitist. [...] The lack of ambiguity, the clarity of the teutonically shaped theory is incompatible with basic Hindu, Buddhist, and Daoist approaches. These eastern approaches all militate against the atomism and deductive rigidity of the Western exercises in general and the teutonic one in particular" (ibid., p. 831 f.).

Later in the piece, Galtung offers helpful visual representations summarizing the-se descriptions, as shown in Figures 1 and 2.

---

2   I wish to hear acknowledge my doctoral supervisor, Professor David Phillips, who used this de-scription in his classes – a teaching that has stuck with me throughout my career.

Figure 1: – A Guide to Intellectual Styles (from Galtung 1981, p. 823)

TABLE 1
A guide to intellectual styles

	Saxonic	Teutonic	Gallic	Nipponic
Paradigm-analysis	weak	strong	strong	weak
Descriptions: Proposition-production	very strong	weak	weak	strong
Explanations: Theory-formation	weak	very strong	very strong	weak
Commentary on other intellectuals: — paradigms — propositions — theories	strong	strong	strong	very strong

Figure 2: – Four Styles, Four Figures of Thought (from Galtung 1981, p. 839)

TABLE 2
Four styles, four figures of thought

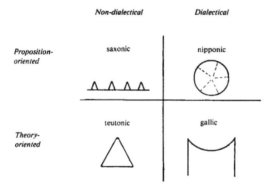

On Figure 1, the vertical axis begins with "Paradigm Analysis" which indicates the degree to which scholars in a given tradition look into the foundations of and/or limitations of their own intellectual enterprise. In today's parlance, we might use the term reflexivity. This part of the current essay is in line with this. As for "Descriptions", Galtung means the degree to which the propositions about the empirical world and production of that knowledge dominates. "Explanations" refers to the degree to which theory is prioritized. Galtung's claims clearly resonate strongly Lewes's Camel vignette: the Description-Very strong, Explanation-Weak

Englishman "returns with a thick volume of facts, arranged without order, expounded without philosophy", whereas the Description-Weak, Explanation-Very Strong German "retires to his study [i. e., no fieldwork and no empirical description] there to construct the Idea of a camel from out of the depths of his Moral Consciousness." The fourth category Galtung gives us is "Commentary on Other Intellectuals," where in it turns out that all of these traditions are rather strong, among which Japan is apparently the strongest.

To this, Galtung adds a visual picture of these "Four Styles of Thought" presented in Figure 2. Along the vertical axis, a "proposition oriented" style can either be non-dialectical (built up in relation to empirical facts) or dialectical (built up in dialogue with other descriptions), or "theory-oriented" which can either be non-dialectical (building up a meta-theoretical system that subsumes all empirical propositions) or dialectical (theory in dialogue with other theoretical projects). We see here that Galtung believes that the four styles fit rather neatly into these four categories. Of course, critics might argue that the Galtung piece was written in 1981, before the full impact of postmodern critiques of essentialism emerged. But I have a hunch that not much has changed since this article was written. The fact that Lewes' description from 150 years ago remains so resonant underscores cultural continuity, a perspective so often lost in our fashionable rush to proclaim the wider triumph of postmodern thought.

Next Galtung offers an insightful look at how these different "intellectual styles" are manifest in actual orientations toward research (practice), as reproduced in Figure 3. He writes: "Let me summarize what I have to say by putting it down in the shortest possible form. The typical question put forth in the four intellectual styles when somebody is faced with the proposition:"

Figure 3: – Summary of Intellectual Styles, as defined by key research question (from Galtung 1981, p. 838)

— saxonic style:	*how do you operationalize it?* (US version)
	how do you document it? (UK version)
— teutonic style:	*wie können Sie das zurückführen — ableiten?*
	(how can you trace this back — deduce it from basic principles?)
— gallic style:	*peut-on dire cela en bon français?*
	(is it possible to say this in French?)
— nipponic style:	*donatano monka desuka?*
	(who is your master?)

As we will soon see, I will pursue a Saxonic style description of the OECD's new Well Being 2030 agenda, before shifting – in light of my mainly teutonic audience – to a combination of (i) teutonic style of searching for the roots of different forms of well-being, and (ii) a gesture towards some of the 'masters' of articulating nipponic thinking that may help us understand all this at a deeper level. I will come back around at the end of the essay to revisit this Galtung typology, and see if it served us well.

2 Description: The OECD's Well-Being 2030 Agenda

In this section, I turn to discuss the OECD's Well-Being 2030 agenda. Presumably, I do not need to review the OECD's flagship PISA exercise, or the push-back from scholars it has received. Perhaps the most high-profile critique was a 2014 open letter in the British newspaper *The Guardian*, one personally addressed to Andreas Schleicher, head of PISA. Written by Heinz-Dieter Meyer and signed by numerous leading educational scholars worldwide, it was entitled *OECD and Pisa tests are damaging education worldwide – academics*. The piece argued that "the new PISA regime, with its continuous cycle of global testing, harms our children and impoverishes our classrooms" and that PISA "has further increased the already high stress level in schools, which endangers the *wellbeing* of students and teachers" (Meyer et al. 2014; italics added). Although OECD and Andreas Schleicher rarely explicitly respond to critique, this time there was a response (Schleicher 2015).

More important here, however, was the implicit response: a shifting rhetoric emanating from the OECD Education and Skills Secretariat, arguable even a marked turn away from achievement to the language of "well-being" over the past 6–7 years. In fact, if one visits the OECD's websites, we find precisely this language, as shown in the screenshot shown in Figure 3. Here the OECD states "there is more to life than the cold numbers of GDP and economic statistics", and announces the OECD's ambition to "compare well-being" worldwide "based on 11 topics the OECD has identified as essential".

The official extension is called the *Learning Compass 2030* (OECD 2020). Announced in 2018/2019, the framework seeks to lay out a shared global vision for education in the coming decade. While there is much to be explored in this framework, in the current essay I want to focus on the overarching goal of the whole exercise: "Well-Being 2030". The OECD aims to put its Learning Compass in the hands of all the world's school children (Figure 5, 6), and by doing so, equip them to achieve greater well-being in the decades ahead (Figure 7). The best means of conveying this is with a short 2-minute video the OECD produced entitled *What is Learning Compass 2030?* I encourage the readers to briefly put down this essay for a moment and watch the video. Below I have transcribed the entire narration of the video, and also included several key screen shots to replicate that experience, but I still recommend that readers go online and watch the video, paying attention to the visual imagery:

Figure 4: – OECD's website on the "How's life? Survey" (OECD 2022)

How's life?

There is more to life than the cold numbers of GDP and economic statistics – This Index allows you to compare well-being across countries, based on 11 topics the OECD has identified as essential, in the areas of material living conditions and quality of life.

Mapping well-being

How's Life? 2020

Download executive summary
Download the index data
→ Learn more about the Better Life Initiative

©Giulia Sagramola

"The OECD learning compass indicates how students can navigate through an uncertain and rapidly changing ecosystem to help shape the future we want. It is an evolving learning framework that helps create a common language and understanding about broad education goals. Co-created by policymakers, researchers, school leaders, teachers, and students from around the world, the OECD Learning Compass defines the competencies made up of knowledge, skills, attitudes and values that students need to fulfill their potential and to contribute to the well-being of their communities and the planet. When a student holds the learning compass, he or she is *exercising agency*, the capacity to set a goal, reflect and act responsibly to affect change. *To act rather than be acted upon.* The student is not alone in this, he or she is surrounded by peers, parents, teachers and the community, all of whom interact with and guide the student towards well-being. The learning compass shows that students need some core foundations before they can set off towards well-being. These include not only literacy and numeracy, but also data and digital literacy, physical and mental health, and social and emotional foundations. To shape their future and the future of society, learners need to develop certain transformative competencies. These are defined as the ability to create new value, reconcile tensions and dilemmas, and take responsibility for their own actions. These competencies are developed through a cyclical learning process, anticipating acting, reflecting. As learners become more adaptive and reflective and take actions accordingly, they continually improve their way of thinking. While there may be many visions of the future, we want the well-being of society is a shared destination. The OECD Learning Compass orients learners of all ages towards that better future" (OECD 2020, italics added).

As you can see, "Well-Being 2030" is the ultimate goal, and is imagined as a "shared destination". The constant rhetorical focus on "agency" and a "better future" con-

Figure 5: – Screenshot from *What is Learning Compass 2030?* (OECD 2020)

Figure 6: – Screenshot from *What is Learning Compass 2030?* (OECD 2020)

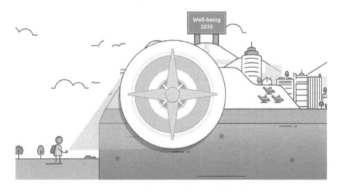

Figure 7: – Screenshot from *What is Learning Compass 2030?* (OECD 2020)

nects closely to points I will make later. The OECD is most likely focusing on 2030 in hope that its instruments can be adopted as part of the post-SDG global goals (see Auld / Rappleye / Morris 2019).

As early as PISA 2015, the OECD had already been planning the shift to focus on the "shared destination" of well-being: for the first time, it attempted to measure, analyze and report on student well-being. In other words, the OECD utilized the PISA 2015 student questionnaires that accompany the main cognitive tests (math, science, reading) to try to begin measuring well-being globally. The OECD published these results and its own analysis in 2017 under the title PISA 2015 Results: Students' Well-Being (OECD 2017). Figure 8 shows the main index – 'league table' of student well-being that emerged.

At the top, you have primarily Latin American countries such as the Dominican Republic, Mexico, Costa Rica, and Colombia. At the bottom of the index you have the East Asian countries, Japan, Korea, Taiwan, Macau, Hong Kong, China. Of course, the OECD continues to be interested in cognitive outcomes, so it next attempts to correlate well-being and performance, as shown in Figure 9.

On the X-axis you find PISA science scores, divided between those who are below and above the OECD average. On the Y-axis you have scores on the well-being (life satisfaction) index, divided between those above and below the OECD average. The only reasonable implication one can draw from a chart like this is that places like Finland, Netherlands, and Switzerland are model countries, whereas East Asian countries including Japan, Chinese Taipei (Taiwan), Hong Kong, and Korea are in deficit.

However, these numbers are not very convincing, not least because of the cultural groupings that seem evident. So we – close colleagues and I, together with leading cultural psychologists that we recruited to the task – sought to investigate this in greater depth. What we found is that the well-being score here came from a single question: "Overall, how satisfied are you with your life as a whole these days?" To answer, the students toggle a value between 1 and 10. Figure 10 shows what the question looks like on the students' screens:

This question format (instrument) derives from the so-called "Cantril Self-Anchoring Ladder". It is a very common measure of life-satisfaction that emerged in the United States in the mid-1960s, designed by Princeton University Professor Hadley Cantril. Cantril wrote a book entitled Pattern of Human Concerns (1965) where he introduced his empirical work and conceptual formulation, which – despite the implication of universalism in the book's title – had only been tested on American undergrads in Cantril's own university (a rather WEIRD sample, as cultural psychologists now point out (Henrich et al. 2010)).

The OECD not only carries forward this universalistic assumption uncritically, but even carelessly conflates 'life satisfaction' with well-being in PISA 2015. This is a major conceptual leap that most scholars would not make because well-being can relate to much more than a cognitive assessment about how one's life is. One

Figure 8: – OECD's Index of Student Well-Being ('life satisfaction') based on PISA 2015
results (OECD 2017, p. 71)

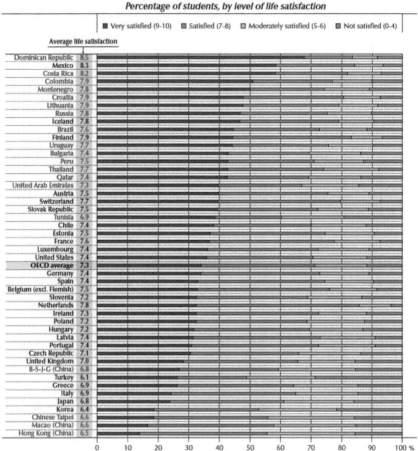

Figure III.3.1 ▪ **Life satisfaction among 15-year-old students**
Percentage of students, by level of life satisfaction

■ Very satisfied (9-10)　■ Satisfied (7-8)　□ Moderately satisfied (5-6)　■ Not satisfied (0-4)

interesting aspect of the PISA 2015 report is that the OECD analysts actually point
out that they are aware that cultural differences might be at play here:

> "It said the relative importance of all aspects in students overall life satisfaction can
> differ across culture. Research has found that for adolescents from Western cultures,
> such as that of the United States, where independent personal feelings and interests
> are highly valued, self related aspects are more important for overall judgment of life
> satisfaction. On the other hand, in Asian cultures such as that in Korea, where social
> obligations in education are highly valued, meeting these social norms and expecta-
> tions are the primary sources of life satisfaction for students" (OECD 2017, p. 72).

Figure 9: – "Life Satisfaction and Performance Across Education Systems" (OECD 2017, p. 74)

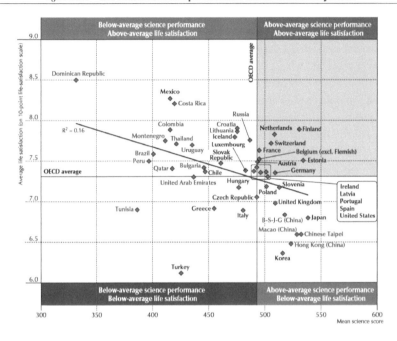

Figure III.3.3 ▪ **Life satisfaction and performance across education systems**

Figure 10: – Well-Being Question on PISA 2015, Item ST016 (OECD 2015, p. 25)

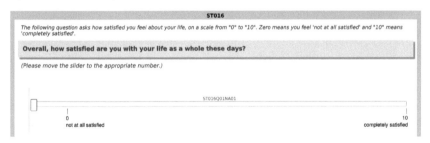

Yet despite flagging this, there is no indication that the OECD deeply doubts its measurement instrument. This is despite the fact that Figure 9 seems to show definite clustering by culture: Latin America in the High Well-Being, Low Performance quadrant, Northern Europe in the High Well-being, High Performance quadrant, East Asia in the Low Well-Being, High Performance space, and Mediterranean countries in the Low Well-Being, Low Performance quadrant. This is fascinating because countries within these clusters often show vastly different political and religious situations but their 'well-being' numbers come out rather similar. But again the point I am making here is that the OECD is not concerned. As we have already seen, the OECD ordinalizes the results (Sorenson/Robertson 2020). This hierarchical ordering transmutes differences into a deficit.

So the next question becomes: Why can't the OECD deal with difference? This is a complex question. It also potentially becomes a rather philosophical one. But I want to first deal with it descriptively.

If you trace the whole PISA exercise to the years 1997–2000 – the period in which the OECD was at work designing PISA – we find an important document entitled *Definition and Selection of Competencies: Theoretical and Conceptual Foundations: Summary of the Final Report "Key Competencies for a Successful Life and a Well-Functioning Society"* (hereafter *DeSoCo*). It lays out the theoretical and conceptual foundations that would underpin the PISA exercise. Starting in 1997, the OECD convened a group of about 20 scholars to conceptualize these foundational 'competencies', i. e. the skills, attitudes, values, and outlooks that would be measured in the OECD assessments. These scholars came from the following countries: Austria, Belgium, Denmark, Finland, France, Germany, Netherlands, New Zealand, Norway, Sweden, Switzerland, and the United States. There were no representatives from East Asia. Moreover, the group was comprised of statisticians, assessment specialists, and cognitive and development psychologists. There were no anthropologists. There were also no psychologists who deal seriously with culture (i. e., cultural psychologists). The *DeSoCo* report states explicitly that the *DeSoCo* framework was expected to guide the further expansion of the OECD assessments into new competency domains in future testing rounds.

Given length restrictions on my essay, and that I have written about this in depth elsewhere (Rappleye et al. 2020), here I want to just point out the most salient points. First, in Competency 3-A, there is a normative claim that: "Individuals [...] need to develop independently an identity and to make choices rather than just follow the crowd. [...] Individuals need to create a personal identity in order to give their lives meaning [...]" (OECD 2005, p. 14). Competency 3-B reads:

> "Key competencies assume a mental autonomy which involves an active and reflective approach to life. They call not only for abstract thinking in self-reflection but also for distancing oneself from the socializing process to be the originator of one's own positions. This means being self-initiated, self-correcting and self-evaluated rather than dependent on others to frame the problems, initiate adjustments or determine whether things are going acceptably wrong" (ibid.).

Here we can see a very strong emphasis on the "independent self", autonomy, and independence (i. e., not being dependent). Recall in the OECD *Learning Compass 2030* video above we heard the language of "to act, not be acted upon." These references are enough to flag the particular conception of "self" – one's relation to reality – that the OECD's ideas derive from.

To wrap up this second section of my essay, allow me to share some interesting empirical data. Perhaps some readers may wonder whether or not I am, in fact, downplaying the low-levels of well-being in East Asian schools, in order to score critical points with my audience. But, in fact, it turns out that if you ask a different sort of question about student well-being, you get a very different picture. In PISA 2012, we discovered that the OECD asked students how much they agreed with the statement "I feel happy at school" (strongly agree, agree, disagree, strongly disagree). This question localizes the question to a particular context and community. These results are shown in Figure 11.

Figure 11: – Percentage of students who 'agree' or 'strongly agree' with the statement 'I feel happy at school' (See Rappleye et al. 2020 for details, original data found at OECD 2013, p. 32)

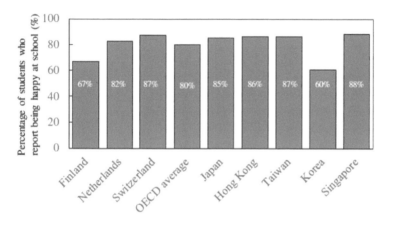

Further evidence corroborates this. Domestic surveys in Japan tracking the percentage of students who report liking school from 1983–2015 show similarly high levels, as shown in Figure 12. Readers seeking further evidence may refer to other recent papers I have done with Japanese colleagues (e. g., Komatsu / Rappleye 2020).

2.1 Conceptualizing Difference

Once we are divested of the deficit view, the next step is to try to conceptualize the differences. The field of cultural psychology has much to contribute here. It is unclear to me how much of the post-Second World War Teutonic space – the home of modern psychology (Wundt's scientific laboratories in Leipzig) – has engaged with cultural psychology. Yet it is a powerful movement in the Saxonic (mostly

Figure 12: – Percentage of upper secondary students who responded that they liked school life (see Rappleye/Komatsu 2018, p. 12).

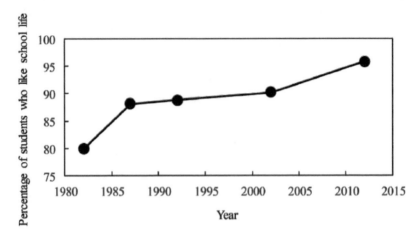

American) and Nipponic spaces. It is premised on breaking away from the universalism and atomism of cognitive psychology, and being open to differences in ways the psyche engages with the world. The paradigmatic piece in this emerging field is entitled *Culture and Self: Implications for Cognition, Emotion, and Motivation* (Markus/Kitayama 1991). Their piece argues that fundamentally different views of self impact all aspects of psychological functioning (cognition, emotion, motivation, behavior). One of the interesting things about the topic "well-being" is that it involves the discussion of "being". If different cultures have different assumptions about being, then there would clearly be differences in how to be "well". For those unfamiliar with this field, I might recommend a recent popular book entitled *The Geography of Thought: How Asians and Westerners Think Differently* (Nisbett 2004). That book summarizes much of the academic research.

To summarize Markus and Kitayama briefly here, their work is predicated on a distinction between an Independent and Interdependent view of self. This is depicted in Figure 13. The Independent Self is dominant in the United States, and other places heavily impacted by Protestantism, whereas the Interdependent Self is dominant in the Japanese context, and perhaps in other places across East Asia.

The basic distinction here is whether or not you imagine a sealed border between you and the world (other, nature, etc.). The Independent self is atomized, imagines distance and strives for distance. The Interdependent self overlaps, co-arises, and is inextricably dependent. One may recognize resonances with Charles Taylor's discussion of "buffered" and "porous" selves (Taylor 2007; also Taylor 1989). A wealth of subsequent work in cultural psychology has confirmed that for independent selves (or self-construal) the key themes are personal achievement, free choice, emotional expression in your confirmation of positive

Figure 13: – Schematic Conceptualization of Independent and Interdependent Selves (redrawn from Markus/Kitayama 1991)

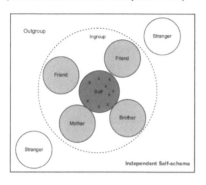 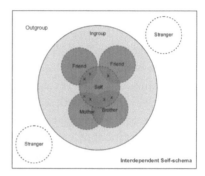

attributes and self-fulfillment. Whereas for an interdependent self, fundamental relatedness is key, and the focus is on attending to others connections over personal achievement. There is an inevitable tradeoff between individual and social relations. In other words, the Interdependent Self views too much 'self' attention as an obstacle to engaging in social relations.

What then would "well-being" look like for these two different selves? My co-authors and I laid out these differences in a concise table format, reproduced here in Figure 14.

Figure 14: – Well-being for independent and interdependent selves (from Rappleye et al. 2020, p. 15).

Table 1. Well-being for independent and interdependent selves.

Well-being involves		
Independent self	1.	Acting autonomously
	2.	Creating a strong separate personal identity, self-focused
	3.	Achievement, striving to be better than others, unique
	4.	Orienting to the future
	5.	Being optimistic, expressing positive thoughts, feelings
	6.	Resisting influence from others
Interdependent self	1.	Acting to fit in, being part of the community
	2.	Attuning to relations with close others, other-focused
	3.	Recognizing similarity to others, a sense of common fate
	4.	Sensing the expectations of others, fulfilling responsibilities
	5.	Working to improve the self and meet standards
	6.	Managing personal thoughts and feelings, staying calm

For an Independent Self, well-being entails independence, acting autonomously, creating a strong separate personal identity, self-focused, striving to be better than others, orienting towards the future, being optimistic, expressing positive thoughts, resisting influence from others. The key point here is that this is virtually a carbon copy of the sort of messages that we got in the OECD video and in the *DeSeCo* report, as described above. In other words, that which underpins the OECD's well-being turn is an implicit assumption of the Independent Self. This assumption is dominant in the Protestant countries of northern Europe and North America, and is – to be fair – perhaps justified in that cultural and educational context. But is it possible or fair to use this assumption to index the rest of the world?

What then would well-being look like for an Interdependent self? It entails acting to fit in, being part of the community, attuning to relations with others, other focused, recognizing similarity with others, a sense of common fate. It includes sensing expectations of others, fulfilling responsibilities, working to improve the self and meet standards, managing personal thoughts and feelings and staying calm. Yukiko Uchida has conducted a range of work on this, showing how emotion is structured differently according to different notions of self. In other words, this is not just a convenient conceptualization, but it is backed by a wealth of empirical validation. In fact, Uchida and other Japanese colleagues have actually created an alternative metric for happiness and well-being based on the empirical findings. It is called the Interdependent Happiness Scale (Hitokoto/Uchida 2015, hereafter IHS). Instead of asking respondents to imagine how satisfied they are versus their ideal life – the approach of the "Cantril Ladder" – it asks them if they agree with questions like "I believe that I and those around me are happy", "I can do what I want without causing problems for other people". The IHS has been validated for populations of Japanese, American, German, Koreans, and Filipinos (see Rappleye et al. 2020 for details). For me, the creation of the IHS is a kind of paradigmatic and predictable response to the mono-cultural view imposed by the OECD brought: Japanese scholars responded with a different set of assumptions, based on what they learned within the Japanese context.

At this point, I have moved quite far from education, but this same framework is equally useful for thinking about contemporary education policy and practice. In an Independent Self and worldview, we tend to celebrate the notion of self-discovery, self-esteem, self-expression, autonomy, sharing of personal feelings, celebrating individual achievement, and so on. I was raised in this sort of education at the height of the 1980s California "Self-Esteem" boom. Meanwhile, in an Interdependent Self and worldview, the focus becomes more on building relationships through things like group work, school cleaning, preparing meals, celebrating collective achievement, and going beyond cognition alone. Much of the anthropological work on Japanese education underscores these themes (Tobin et al. 2009; Hayashi et al. 2009; Cave 2007). In this way, the distinction between Independent and Interdependent helps us move away from mono-cultural pedagogical theories and practices. It also helps us reimagine education as a practice that embeds a particular notion of self.

3 Explanation: What explains such difference(s)?

Having concluded a rather long, heavily descriptive account of the OECD's well-being exercise in the best of the Saxonic-Nipponic style, many of the Teutonic readers of this piece may be wondering: What is the philosophical import or 'basic principles' that can be drawn from the discussion above? Despite the fact that the two traditions that I myself are most familiar with – the Saxonic and Nipponic – are "weak" on theory, I am going to try to formulate a tentative answer to that question, in the interest of furthering dialogue that is more inclusive of different intellectual styles.

Thus far, I have shown differences in at least three different domains. First, we looked at differences in intellectual style (Galtung). Second, we saw differences in notions of well-being (Markus, Kitayama, Uchida). Third, and although quite rushed, I gestured to differences in pedagogical practice (Tobin, Hayashi, Cave). The key questions become: Are these differences merely random? Or do they reflect differences in assumptions about reality? Philosophers often use words like "ontology", "worldview", "existence", and "cosmology" to describe "reality". Here I will not make any major distinctions between these terms. I seek to argue that these differences are not merely coincidence, but instead are manifestations of core differences in ontology or worldview – views of what exists (being). Let me try to sketch that argument, one that is treated in more detail in my other writings (e. g., Uchida / Rappleye 2023).

In Galtung (1981) there is an intriguing claim about the origins of these different 'intellectual styles' between European and Japanese scholars:

> "[...] at a deeper level I think the fear of unambiguity is more important. Just as the occidental mind seems to have a fear of inconsistency, ambiguity, contradiction, and strives to obtain images that are contradiction free, the oriental mind strives for the opposite and not necessarily for any linguistic reason, but simply because the underlying cosmology contains very different visions of how real reality is constituted" (Galtung 1981, p. 833).

Today terms like "occidental mind" have fallen into serious disrepute. But I want to forgive this older language and thus keep the thrust of the hypothesis in play: that these differences are not merely "stylistic" or "linguistic" but derive from "very different visions of how real reality is constructed". Galtung continues:

> "This does not at all mean that theory formation is impossible [in the Nipponic case], but it calls for more holistic, dialectical approaches. These are informed by ancient wisdom of the Hindu / Buddhist / Daoist varieties [...] and hence *are couched in terms that might sound quaint*, particularly to occidental ears" (ibid., italics added).

To say that something sounds "quaint" means, of course, to look down on it as simply cute or parochial. So Galtung is aware that when "oriental minds" try to put forth their ideas, it often ends up sounding ambiguous or simply "cute" to Western ears. I come back to this point later.

A recent book entitled *What Can't Be Said: Paradox and Contradiction in East Asian Thought* (2021) tackles this issue of "ambiguity" and "contradiction" flagged to by Galtung. In the conclusion of that volume, Yasuo Deguchi and his international team write:

"We emphasize that these philosophers and traditions are not inadvertently committed to contradictions in virtue of other things they say. Nor are they unaware of the contradictions to which they are committed. On the contrary, they deliberately assert and endorse contradictions, with their eyes wide open. That is, the East Asian philosophers and traditions whose work we have been addressing are explicitly dialetheist [...] the contradictions they endorsed are not peripheral to the philosophical perspectives in question. Rather, they are central to the views about the nature of reality and thought at issue" (Deguchi et al. 2021, p. 43).

Here the Galtung claim finds explicit philosophical foundations. The Deguchi volume ends the exposition of the East Asian tradition with a full chapter on Nishida Kitaro's definition of what reality is:

"[...] in the establishment of reality then both a unity at the base of reality and a mutual opposition or contradiction are necessary. Heraclitus said that strife is the father of all things, reality is established by contradictions. Red things come into being in opposition to things that are not red, and things that function are established in opposition to things that function reciprocally. When these contradictions disappear, reality disappears as well. On a fundamental level, contradiction and unity are simply two views of one and the same thing. Because there is unity, there is contradiction and because there is contradiction, there is unity" (as cited in Deguchi et al. 2021, p. 132).

Nishida's student, Nishitani Keiji, helps to make this connection more clear by gesturing to the contradictory/unity theme as a sort of undivided "force":

"All things in the world are linked together one way or another. Not a single thing comes into being without some relationship to everything, every other thing [...]. This may sound strange the first time one hears it, but in fact it enables us for the first time to conceive of a force by virtue of which all things are gathered together and brought into relationship with one another, a force which, since ancient times, has gone by the name of 'nature' (physis) [...]. The interpenetration of all things that comes about here is the most essential of all relationships, one that is closer to the ground of things than any relationship ever conceived on the fields of sensation and reason by science, myth, or philosophy [...]. The field of sunyata is a field of force" (Nishitani 1961, p. 149, italics added)

Sunyata is the Sanskrit term for emptiness. But it might be easier for some readers to think of the "field of force" as a dynamic relation without substance. Sevilla (2016) uses the term "empty relationality". Another prominent Japanese philosopher, Sakabe Megumi, takes this fundamental philosophical insight and draws the implications for Japanese culture as a whole:

"The concept of an autonomous individual subject [...] that took shape in the modern civil societies of the West under the influence of Stoicism and Christianity is likewise fundamentally different from what is found in traditional Japanese thought. This is because [...] [within] an ancient tradition of thought shaped by Daoist and Buddhist influences [...] the idea of the autonomous individual subject was never to any significant degree assimilated into Japanese society. It is also because in Japan, even since modern times, intersubjective or interpersonal relations are to some extent cast in the mold of the kind of 'unitive sociality' [...] and these also tend to blur the boundaries that demarcate the self as subject from others as subject" (Sakabe 1987, p. 981).

So from a clear philosophical exposition of the contradiction/unity theme (Nishida, Nishitani among others), we see the cultural implications: relations are prioritized over boundaries between selves (Sakabe). Isn't this precisely what cultural psychology is empirically detecting?

Earlier in my essay I mentioned Yukiko Uchida, a world leading cultural psychologists based at Kyoto University. Uchida works at an institute called the *Kokoro Research Center*. *Kokoro* is a very common Japanese word, and found frequently in Japanese education (e. g., *Kokoro no noto* morals textbooks, *kokoro no mondai* to describe mental and psychological issues students face). When translated to English it often comes out as simply "heart". This sounds very quaint indeed. I can imagine my more skeptical Western colleagues dismissing this as saying something like 'Yes, yes – the Westerners study the mind/reason, and Easterners study heart/emotion. We have heard that before – and we are beyond all that essentialism'. Many would also quickly dismiss cultural psychology as quaint as well. In fact, the *Kokoro Research Center* is well aware of the possibility for mistranslation, writing on its website: "the word 'kokoro' is not easily translated into English. Kokoro can mean internal human qualities, such as the mind, spirit, or soul, but the concept can also be extended to objects and to nature" (Kokoro Research Center Website 2022).

According to Heisig et al. (2012), the term *kokoro* actually derives from the Buddhist Sanskrit term *citta*, signifying "a field of responsiveness" in which the cognitive, affective, imaginative, and appetitive facilities function (p. 1257). In other words, it is – in my paraphrasing – pointing to the field of force that encompasses subject and object ("extended to objects and to nature"). If one takes the next step, conceptualizing *kokoro* as the basis of emotion and (well-)being, then interdependent emotions become possible (see Uchida/Kitayama 2009). Meanwhile, the enduring difficulty, even impossibility, of developing autonomous individuality in Japan makes sense. This view of reality, embedded in language, gives rise to many of the cultural forms that we see in Japan, including its particular approaches to well-being and education.

To sum up what I have been arguing thus far, the OECD's adjudication and ordinalization of (well-)being worldwide is rooted in its own views of reality, and – given enduring worldwide *differences* in reality – these inevitably cast those who do not share its assumptive first premises into deficit. What is lost in the OECD's new (well-)being push is both global diversity, and the access to new ways of viewing reality. If we could see reality differently, this would – in turn – become the basis for new ways of viewing education.

4 Conclusion: Self, Modernity, Mimesis

Given length restrictions on this essay, I must quickly conclude by coming right back to the questions driving this volume: How might educational theoretical thinking itself be subjected to a decentering? How can education be interpreted apart from Western humanistic perspectives? This simultaneously brings me back to the fourth part of the Galtung framework "commentary on other intellectuals" (recall Figure 1). The answer I would like to put forth has three parts: (i) decenter the modern self, (ii) reflect on modernity, and (iii) attend to mimesis, albeit less in an Aristotelian sense, more in an 'Nipponic' unlearning sense.

In terms of self, in a recent book *The Axial Age and Its Consequences* (Bellah/Joas 2012) there is a fascinating chapter entitled *The Axial Invention of Education and Today's Global Knowledge Culture* (Sullivan 2012). The basic claim of that piece is that today's universities valorize or celebrate an idea of individual agency and – at the same time – push away forms of agency and experience that are at odds with this cultural vision:

"Today's global knowledge culture centered on the university disseminates cultural norms that everywhere celebrate ideas of individual agency rooted in capacities for grasping experience through abstract, universal concepts. [...] At the same time, it is both intolerant of nontheoretic forms of knowledge and militant in its advocacy of a strong version of individual agency. [I]t typically ignores or directly challenges tradition-based understandings of identity and selfhood. In these ways, it seems to echo [...] themes associated with the Platonic heritage" (Sullivan 2012, p. 412).

The implication here is profound: that those of us who work in universities are, for the most part, trying to achieve a cultural ideal of the Independent Self. We often stand unmoved by the forces around us. We act on the world, but we have enough objective distance that we are not acted upon. Recall again the OECD's Learning Compass phrase "To act rather than be acted upon". I frankly do not see any way that we can 'educational theoretical thinking can be decentered' until we get out of that mode of being. We need to instead move toward an Interdependent view of self and reality, one in which we recognize the Other as crucial to our emergence from our implicit cultural forms.

The next part is modernity. The Teutonic space has provided one of the most powerful lines of critique to the philosophical-historical event of modernity: Nietzsche and Weber paint a brilliant picture of the "highest values devaluating themselves" (Death of God), the spread of institutional bureaucratic states, market economies, and ways science and technology have imprisoned us in the Iron Cage of Reason. I find that work extremely useful. But, at the same time, I agree with Taylor whose recent work refutes that story. He writes:

> "If we define modernity in terms of certain institutional changes, such as the spread of the modern bureaucratic state, market economies, science, and technology, it is easy to go on nourishing the illusion that modernity is a single process destined to occur everywhere in the same forms, ultimately bringing convergence and uniformity to our world. Whereas my foundational hunch is that we have to speak of 'multiple modernities,' different ways of erecting and animating the institutional forms [...]. If we [are willing] to give its rightful place to different understandings that animate similar institutions and practices even in the West, it should be all the more obvious how much greater the differences among major civilizations" (Taylor 2004, p. 195 f., italics added).

Taylor is working against the idea, one now found so often in European and post-modern thought, that where ever modernity has touched, the underlying contexts were somehow instantly transformed into the 'same'. Taylor argues that we need to focus on the way common forms are animated, i. e. brought to life, in different ways in different contexts. So Japan and East Asia appears to be a place that has achieved modernity. It appears absolutely modern. But that modernity is being animated by a different set of assumptions (Rappleye 2023). Can we imagine such a possibility from within contemporary theories of modernity? Taylor helps us nudge us forward here, reminding us that if scholars are quick to draw lines *within* Europe – i. e., recognizing how different Saxonic, Teutonic, and Gallic modernity and styles can be (recall Lewes and Galtung) – then certainly we must be willing to concede that modernity is vastly different across *different* civilizations spaces.

Let me bring this essay to close with a gesture towards mimesis. I wish to argue that in addition to reformulating self and our view of modernity, to 'decenter educational theoretical thinking' we need to also emphasize mimesis. The term "theoretical thinking" carries the legacy of Plato and Aristotle: *theoria* comes from the same root as the word theater, and similarly implies a spectator who watches the world at distance. Plato was working against the *mythos* of the poets, who proposed narrative forms of knowledge, but also the mimesis (memos) of the artists. As I understand it, mimesis for Plato signified the process of artists representing the world. But, like Plato's degrading of *mythos*, this mimesis had to be downgraded because it was purportedly only philosophers who could access the truth of what's really 'behind'. Using mimesis in the Platonic-Aristotelian sense then doesn't seem to help us much, as it still seems underpinned by Western metaphysics.

Instead, I want to explore the possibilities of mimesis in a non-Platonic sense. In Japanese, perhaps the term *manabi* signifies this. *Manabi* is a common term for learning in Japan, and often carries the connotation of authentically imitating something in the world as it comes to you. It is – in my understanding – a non-theoretical practice focused on becoming similar to the world; returning to the matrixes of relationships that give rise to us and move us. The hallmark of the practice is a focus on the destruction or de-construction of the self within that process: "instability and destruction of the accumulation of one's experience and of the Self," a "systematic and methodological deconstruction in the very middle of enforcement upon the absolute mimetic identification" (Ono 2007, p. 93). Scholars such as Sevilla (2016) and Takayama (2020) have described similar processes under the title "negative education". Wulf (2002) seems to also subscribe to this idea of mimesis:

> " 'Becoming similar' to the world in mimetic action becomes an opportunity to leave egocentrism, logocentrism, and ethnocentrism behind and open oneself to the experiences of alterity" (Wulf 2002, p. 189).

Recall here that 'becoming similar' was a hallmark feature of the (well-)being for an Interdependent self (see Figure 14). So my claim here is two-fold. First I am arguing that Japanese learning practices are primarily mimetic given the underlying worldview. Second, probably as a result of the Buddhist influence of using mimetic practice as a way of leaving "egocentrism", the 'place' one returns to in a Japanese-form of mimesis is the field of responsiveness. In a separate piece with Nishihira Tadashi we discussed this Japanese-style mimesis as unlearning (Nishihira/Rappleye 2021). Extending this overall argument to this essay, perhaps to decenter Western educational theoretical thinking we need to emphasize philosophies and practices that help us return to a field of responsiveness, as a prerequisite to finding new ways to interpret education beyond Western humanistic frameworks. In other words, we – *ourselves* – need to learn to learn in new ways, before we start proposing new frameworks for others. I hope that in coming years we will see theoretical speculation give way to mimetic practice as the way that we decenter the West. Only by prioritizing mimetic practice will we be encouraged to go out into the world and let ourselves be changed by the field of relations. Without change in the dominant modes of research and the being of researchers, I am not optimistic we can decenter Western humanistic perspectives.

References

Auld, Euan/Rappleye, Jeremy/Morris, Paul (2019): PISA for Development: how the OECD and World Bank shaped education governance post-2015. In: Comparative Education 55(2), p. 197–219.

Bellah, Robert N./Joas, Hans (2012): The Axial Age and Its Consequences. Cambridge, MA: Harvard University Press.

Cantril, Hadley (1965): The Pattern of Human Concerns. New Brunswick/New Jersey: Rutgers University Press.

Cave, Peter (2007): Primary School in Japan. Self, Individuality and Learning in Elementary Education. Abingdon, UK: Routledge.

Deguchi, Yasuo/Garfield, Jay L./Priest, Graham/Sharf, Robert H. (2021): What Can't Be Said: Paradox and Contradiction in East Asian Thought. New York: Oxford University Press.

Galtung, Johan (1981): Structure, Culture, and Intellectual Style: an essay comparing saxonic, teutonic, gallic, and nipponic approaches. In: Social Science Information 6, p. 817–856.

Hayashi, Akiko/Karasawa, Mayumi/Tobin, Joseph (2009): The Japanese Preschool's Pedagogy of Feeling: Cultural Strategies for Supporting Young Children's Emotional Development. In: Ethos 37(1), p. 32–49.

Heisig, James W./Kasulis, Thomas P./Maraldo, John C. (2012): Japanese Philosophy: A Sourcebook. Honolulu: University of Hawaii Press.

Henrich, Joseph/Heine, Steven J./Norenzayan, Ara (2010): The weirdest people in the world? In: Behavioral and brain sciences 33(2–3), p. 61–83.

Hitokoto, Hidehumi/Uchida, Yukiko (2015): Interdependent Happiness: Theoretical Importance and Measurement Validity. In: Journal of Happiness Studies 16, p. 211239. doi:10.1007/s10902-014-9505-8.

Kokoro Research Center website (2022): Available at: http://kokoro.kyoto-u.ac.jp/en2/aboutus/greetings/ (Accessed November 15 2022).

Komatsu, Hikaru/Rappleye, Jeremy (2021) Rearticulating PISA. In: Globalisation, Societies, and Education 19(2), p. 245–258.

Komatsu, Hikaru/Rappleye, Jeremy (2020): Reimagining Modern Education: Contributions from Modern Japanese Philosophy and Practice? In: East China Normal Review of Education 3(1), p. 20–45.

Lewes, George H. (1864): The Life of Goethe. Berlin: F. A. Brokhaus.

Markus, Hazel R./Kitayama, Shinobu (1991): Culture and the Self: Implications for Cognition, Emotion, and Motivation. In: Psychological Review 98(2), p. 224253. doi:10.1037/0033-295X.98.2.224.

Meyer, Heinz-Dieter/Andrews, Paul/Atkinson, Lori/Ball, Stephen J./Barber, Melissa/Beckett, Lori/Berardi, Jillaine et al. (2014): OECD and PISA Tests are Damaging Education Worldwide-Academics. In: Guardian, May 6. https://www.theguardian.com/education/2014/may/06/oecd-pisa-tests-damaging-education-academics (Accessed June 19 2018).

Nisbett, Richard E. (2004): The Geography of Thought: How Asians and Westerns Think Differently ...and Why. New York: Free Press.

Nishihira, Tadashi/Rappleye, Jeremy (2021): Unlearning as (Japanese) Learning. In: Education Philosophy and Theory. www.tandfonline.com/doi/abs/10.1080/00131857.2021.1906644 (Accessed December 20 2022).

Nishitani, Keiji (1961): Religion and nothingness (J. van Bragt, Trans.). University of California Press.

OECD (2005): The Definition and Selection of Key Competencies: Summary of the Final Report. https://www.oecd.org/pisa/35070367.pdf Paris: OECD (Accessed June 19 2018).

OECD (2013): PISA 2012 Results: Ready to Learn: Students' Engagement, Drive and Self-Beliefs. 3 vols. Paris: Publishing. doi:10.1787/9789264201170-en.

OECD (2015): PISA 2015 – Student Questionnaire. Paris: OECD. www.oecd.org/pisa/data/CY6_QST_MS_STQ_CBA_Final.pdf (Accessed December 20 2022).

OECD (2017): PISA 2015 Results (Volume III): Students' Well-Being. Paris: OECD Publishing. doi:10.1787/9789264273856-en.

OECD (2020): What is Learning Compass 2030? www.oecd.org/education/2030-project/teaching-and-learning/learning/learning-compass-2030/(Accessed December 20 2022).

OECD (2022): How's Life? Survey (Better Life Index) https://www.oecdbetterlifeindex.org/#/11111111111 (Accessed November 15 2022).

Ono, Fumio (2007): Subjunctive-Mimetic Performance and the Art of Multiplicity. In: Suzuki, Shoko / Wulf, Christoph (Eds.): Mimesis, Poiesis, and Performativity in Education. Münster: Waxman, p. 81–94.

Rappleye, Jeremy (2020): Comparative Education as Cultural Critique. In: Comparative Education 56(1), p. 39–56.

Rappleye, Jeremy (2023): Modernity and Education. In: M. Ueno, M. Okabe, F. Ono (Ed.): Philosophy of Education in Dialogue Between East and West: Japanese Insights and Perspectives. New York: Routledge (in press).

Rappleye, Jeremy / Komatsu, Hikaru (2018): Stereotypes as Anglo-American Exam Ritual? Comparisons of Students' Exam Anxiety in East Asia, America, Australia, and the United Kingdom. In: Oxford Review of Education in Press 44(6), p. 730–754. doi:10.1080/03054985.2018.1444598.

Rappleye, Jeremy / Komatsu, Hikaru / Uchida, Yukiko / Krys, Kuba / Markus, Hazel (2020): 'Better policies for better lives'?: Constructive critique of the OECD's (mis)measure of student well-being. In: Journal of Education Policy 35(2), p. 258–282. https://doi.org/10.1080/02680939.2019.1576923.

Sakabe, Megumi (1987): The Problem of the Subject. In: Hesig, James W. / Kasulis, Thomas P. / Maraldo, John C. (Eds.): Japanese Philosophy: A Sourcebook. Honolulu: University of Hawaii Press, p. 979992.

Schleicher, Andreas (2015): Response to points raised in Heinz-Dieter Meyer 'open letter'. www.oecd.org/pisa/aboutpisa/OECD-response-to-Heinz-Dieter-Meyer-Open-Letter.pdf (Accessed June 19 2018).

Sevilla, Anton (2016): Education and empty relationality: Thoughts on education and the Kyoto School of Philosophy. In: Journal of Philosophy of Education 50(4), p. 639654. https://doi.org/10.1111/1467-9752.12159.

Sorensen, Tore B. / Robertson, Susan L. (2020): Ordinalization and the OECD's Governance of Teachers. In: Comparative Education Review 64(1), p. 21–45. https://doi.org/10.1086/706758.

Sullivan, William M. (2012): The Axial Invention of Education and Today's Global Knowledge Culture. In: Bellah, Robert N. / Joas, Hans (Eds.): The Axial Age and Its Consequences. Cambridge, MA: Harvard University Press, p. 411–429.

Takayama, Keita (2020): An invitation to negative comparative education. In: Comparative Education Review 56(1), p. 7995. https://doi.org/10.1080/03050068.2019.1701250.

Taylor, Charles (1989): Sources of Self. Cambridge, MA: Harvard University Press.

Taylor, Charles (2004): Modern Social Imaginaries.Durham: Duke University Press.

Taylor, Charles (2007): A Secular Age. Cambridge, MA: Harvard University Press (Belknap).

Tobin, Joseph / Hsueh, Yeh / Karasawa, Mayumi (2009): Preschool in Three Cultures Revisited: China, Japan, and the United States. Chicago, IL: University of Chicago Press.

Uchida, Yukiko / Kitayama, Shinobu (2009): Happiness and unhappiness in east and west: Themes and variations. In: Emotion 9(4), p. 441–456. https://doi.org/10.1037/a0015634.

Uchida, Yukiko / Rappleye, Jeremy (2023): An Interdependent Approach to Well-Being: Evidence, Culture, Education, and Sustainability. London: Palgrave.

Wulf, Christoph (2002): Anthropology: A Continental Perspective. Chicago: University of Chicago Press.

Zur Bildung im Trans- und Posthumanismus

Ein Vortrag

Janina Loh

Ganz herzlichen Dank für die netten Einleitungsworte und für die Möglichkeit, hier sprechen zu können. Bevor ich anfange, möchte ich noch darauf hinweisen, dass ich nicht aus den Erziehungs- oder Bildungswissenschaften komme. Meine Expertise liegt in der Philosophie und Ethik, d. h., ich habe natürlich auch einen entsprechenden Blick auf diese Themen, die ich hier vorstelle.

1 Transhumanismus, technologischer und kritischer Posthumanismus

1.1 Transhumanismus

Der Transhumanismus ist eine Strömung, die sich, wie es der Name bereits sagt, die Transformation des Menschen zum Ziel gesetzt hat. Anhand technologischer Methoden will der Transhumanismus den Menschen nicht nur weiterentwickeln, optimieren, modifizieren und verbessern, sondern tatsächlich ein neues Wesen aus ihm machen. Dieses neue Wesen wird das Posthumane oder das posthumane Wesen genannt. Und hier muss ich Sie mit einer ersten Verwirrung konfrontieren, da in allen drei Strömungen die Rede vom Posthumanen existiert. Sowohl im Transhumanismus als auch im technologischen und im kritischen Posthumanismus wird vom posthumanen Wesen gesprochen. Es ist die Zielvorstellung, aber in allen drei Strömungen ist damit etwas anderes gemeint. Das Posthumane im Transhumanismus ist immer noch menschlich, aber es ist so radikal anders, so radikal verändert und transformiert, dass wir jetzt lebenden Menschen uns das posthuman Menschliche in etwa so gut vorstellen können, so Nick Bostrom (2003, S. 494), wie ein Affe es sich vorstellen kann, ein Mensch zu sein – also vermutlich gar nicht.

Um es noch ein bisschen genauer zu fassen: Die Idee des Posthumanen im transhumanistischen Denken ist, dass wir uns als Menschen einfach immer weiterentwickeln. Die Evolution setzt sich mit Technologien immer weiter fort, bis wir irgendwann einen Punkt erreichen, an dem wir eine Art Schwellenwert überschreiten. Ab diesem Moment, so der Transhumanismus, sind wir im Grunde im

Kern zwar immer noch Menschen, aber wir haben uns radikal verändert. Zum einen steigern wir radikal Fähigkeiten (etwa Intelligenz) und auch die Lebenszeit bis hin zur Unsterblichkeit. Nach meinem Verständnis hat der Transhumanismus das implizite Leitcredo „Mehr ist besser!". Mehr Zeit ist besser als weniger Zeit, mehr Intelligenz ist besser als weniger Intelligenz usw. Zum anderen sollen auch neue Fähigkeiten geschaffen werden. Gerne wird etwa davon gesprochen, dass sich unsere Wahrnehmung radikal verändern wird, dass wir vielleicht Farben sehen können, Musik und allgemein Töne hören können, die wir jetzt nicht hören können usw.

Das Posthumane ist im Transhumanismus also immer noch ein Mensch, d. h. der Mensch soll nicht an sich überwunden werden. „Trans" bedeutet „durch", „hindurch" – *durch* den aktuellen Menschen, wie wir ihn jetzt gerade erleben, *hindurch* wollen wir, so der Transhumanismus, zu einem radikal anderen, zu einem posthumanen Wesen gelangen. Aber diese Entwicklung zum Posthumanen wird im Transhumanismus als unabgeschlossener Prozess verstanden. Auch wenn das Posthumane erreicht ist, könnte die Evolution immer noch weitergehen. Auch das Posthumane könnte sich dann immer noch weiter verändern.

Die Technik spielt im transhumanistischen Denken die Rolle des Mediums und Mittels. Technik ist nicht an sich gut, sondern nur, insofern sie den Menschen auf seinem Weg hin in die posthumane Ära unterstützt. Allerdings wird im Transhumanismus schon angenommen, dass die Technik das beste Mittel der Wahl darstellt. Nur mit Technik – wenn vielleicht auch nicht mit jeder Technik und automatisch –, bzw. zumindest mit sehr großer Wahrscheinlichkeit werden wir mithilfe von Technik die posthumane Ära erreichen.

Weitere Merkmale des Transhumanismus sind die folgenden – wenn Sie abends mal in einer Kneipe an der Bar stehen und sich fragen, ob die unbekannte Person neben Ihnen vielleicht ein(n.) Transhumanisty[1] ist, könnten Sie innerlich diese kleine Checkliste durchlaufen:

1. Wenn diese Person etwa ganz viel von *radikaler Lebensverlängerung und Unsterblichkeit* spricht, das ist das erklärte Ziel im Transhumanismus, dann stehen die Chancen nicht schlecht, dass es sich um ein Transhumanisty handelt.
2. Solange Unsterblichkeit noch nicht erreicht ist, müssen sich Transhumanistys mit einer Technologie, die sich *Kryonik* nennt, zufriedengeben. Kryonik heißt, dass der menschliche Körper oder Teile des menschlichen Körpers bei -196 Grad eingefroren werden, um sie dann, so die Hoffnung, zu einer späteren Zeit wieder aufzuwecken, aufzutauen – idealiter zu einer Zeit, in der Unsterblichkeit erreicht wurde.

---

[1] Ich entgendere nach Phettberg (Kronschläger 2020; ScienceSlam 2020): Alle Personenbezeichnungen stehen im Genus Neutrum; Singularbildung: Stamm + y (das Arzty, das Lesy, das Professory etc.); Pluralbildung: Stamm + ys (die Ärztys, die Lesys, die Professorys etc.).

3. Auf jeden Fall spielen Methoden des *Human Enhancements* eine große Rolle. Das sind im weitesten Sinne Methoden, die der technologischen Verbesserung des Menschen dienen.
4. Außerdem reden Transhumanistys viel von *Transhumanen* und *Cyborgs*. Transhumane sind jene menschlichen Wesen, die jetzt in der Gegenwart schon angefangen haben, sich in irgendeiner Form durch Pharmazeutika, durch Implantate oder andere Methoden zu verändern, mit dem erklärten Ziel, zu einem posthumanen Wesen zu werden.
5. *Virtualität* und *Weltraum* spielen auch häufig eine Rolle mit Blick auf mögliche Daseinsräume, die das posthumane Leben in einer erhofften Zukunft irgendwann kolonialisieren könnte. Daseinsräume, die dann auch neue Erfahrungs-, Wahrnehmungs- und Erlebnismöglichkeiten für uns bieten.

1.2 Technologischer Posthumanismus

Der technologische Posthumanismus wird von einigen Transhumanistys gar nicht als eigene Strömung verstanden (etwa Stefan Lorenz Sorgner). Der technologische Posthumanismus als ein Posthumanismus ist, anders als der Transhumanismus, gar nicht mehr im eigentlichen Sinne primär am Menschen interessiert. Im technologischen Posthumanismus geht es um eine Form der Überwindung des Menschen, und zwar in einem ganz tatsächlichen oder konkreten Sinne – durch die Erschaffung einer künstlichen Superintelligenz. Das Ziel liegt in der Erschaffung einer technologischen Spezies, die den nächsten Schritt der Evolution darstellt. Der Mensch wird diese Technologie auf den Weg bringen und hat dann damit sein kreatives Potential erschöpft. Mit der Erschaffung einer künstlichen Superintelligenz hat er seine Aufgabe verwirklicht und tritt dann seinen Platz als sogenannte Krone der Schöpfung an eben diese künstliche Superintelligenz ab, die dann das Zeitalter der Singularität einläutet. Das Posthumane ist also im technologischen Posthumanismus, anders als im Transhumanismus, nicht mehr der Mensch selbst, sondern eben eine solche künstliche Superintelligenz. Darin liegt für mich der wesentliche Unterschied zwischen diesen beiden Strömungen.

Natürlich, und darin gleichen sich diese beiden Strömungen wieder ein bisschen, soll auf dem Weg in die Singularität auch der Mensch profitieren. Der Mensch soll modifiziert werden, vielleicht auch mit Nano-Bots verschmelzen (das sind winzige Roboter, die im menschlichen Körper Aufgaben übernehmen), soll sogar in Form des *Mind Uploadings* seinen Geist irgendwie auf eine künstliche Plattform hochladen und vielleicht sogar irgendwann in einer weit entfernten Zukunft sich von jeglicher Hardware lösen können. Aber diese ganzen Punkte, die den Menschen im technologischen Posthumanismus betreffen, stellen eigentlich nur automatische Schritte auf einem Weg dar, auf dem es gar nicht mehr an erster Stelle um den Menschen geht. Der Mensch darf sozusagen im Kielwasser der künstlichen Superintelligenz in die Singularität hineinfahren, darf sich automatisch mitgenommen fühlen.

Die Singularität, die ein ganz wesentliches Merkmal im technologischen Posthumanismus darstellt, ist der Zeitpunkt, wenn, Ray Kurzweil drückt das sehr schön aus, „the universe wakes up" (2005, S. 32), das Universum also erwacht. Das Ganze soll 2045 passieren. Von der Singularität gibt es insgesamt recht unterschiedliche Visionen. Der Bekannteste, der sich dazu geäußert hat, ist vermutlich Kurzweil. In seinem Buch über die Singularität (2005) hat er einen fiktiven Dialog zwischen einem Menschen und einem virtuellen Assistenten eröffnet (vgl. ebd., S. 38–41). Letzterer vertritt schließlich die Position, dass die künstliche Superintelligenz in einem genauso guten Verhältnis zu den jetzigen Menschen steht, wie Kinder zu ihren Eltern (offensichtlich geht Kurzweil davon aus, dass das immer ein hervorragendes Verhältnis ist, das Kinder zu ihren Eltern haben). Damit will uns Kurzweil sagen, dass uns nichts Schlimmes widerfahren wird, wenn die künstliche Superintelligenz und unser Eintritt in die Singularität kommt. Aus Sicht der Meisten klingt das sehr naiv, dass technologische Posthumanistys die potenziellen Vorteile als so viel gewichtiger einschätzen als potenzielle Risiken. Die (sehr realen) Sorgen und Risiken werden – so die technologisch-posthumanistische Hoffnung – durch die richtigen Unternehmen und Organisationen schon von vornherein eingedämmt.

Zudem liegt hier ein Kategorienfehler vor, die Vorstellung von der Singularität als etwas, was radikal alles auf den Kopf stellt, was wir jetzt gerade erleben und kennen. Eigentlich ist damit der Raum des Transzendentalen gemeint, dort, wo wir mit unserem jetzigen Erkenntniswerkzeug gar nicht hin reichen können. Wie sollen wir sichergehen, dass, einmal da angelangt, alles gut für uns wird? Aber wenn es um die klassischen Texte geht – Marvin Minsky, Vernor Vinge, Ray Kurzweil und Hans Moravec –, dann zeigt sich, dass die alle diese Vorstellung teilen, dass, weil die künstlichen Superintelligenzen wissen, dass sie von uns abstammen, sie uns wohlgesonnen sein werden.

Es gibt aber auch andere, weniger technologische Vorstellungen von der Singularität. Frank Tipler stellt sich die Singularität als *Omega Punkt* vor. Der Mathematiker und Physiker Tipler will die Singularität in seinem Buch *Physics of Immortality* (1994) tatsächlich berechnen. Seine Vorstellung von der Singularität, der Omega Punkt, hat etwas recht Untechnisches an sich, Tipler nennt ihn auch *Gott* und spricht von einer spirituellen Gemeinschaft, in die wir alle dann eingehen würden. Der Omega Punkt ist eher spirituell als technologisch, einmal dort angelangt werden alle Kategorien unseres Daseins implodieren. Es gibt dann keinen Unterschied mehr zwischen Mir und Dir, Innen und Außen. Das hat ganz wenig nur noch mit der klassischen Idee der technologischen Superintelligenz zu tun. Insgesamt ist der technologische Posthumanismus eine recht spirituelle Strömung, die sicherlich auch gewisse Überschneidungen und Nähen zu monotheistischen Religionen hat. Interessant ist an dieser Stelle der Vergleich zum Transhumanismus, eine sich selbst als unreligiös verstehende Strömung. Im Gegenteil lautet hier die Kritik von außen gerade, dass sich im Transhumanismus der Mensch an die Stelle Gottes setzt, um sich selbst quasi zum Super- und Übermenschen aufzuschwingen. Im Transhumanismus mag man nicht auf ein wie auch immer geartetes Jenseits oder eine Singularität vertrauen, die kommen mag, aber vielleicht auch nicht.

Ich unterscheide insgesamt drei Verständnisweisen von der Singularität. Singularität als eine Art Zeitpunkt, als ein Moment, vielleicht auch eine Art Schwellenwert, der überschritten wird und dann irgendwas ganz explosionsartig anders läuft. Die zweite Vorstellung sieht in der Singularität eine Art Ära oder Epoche. Hier spielt allerdings nach wie vor die Idee von Zeitlichkeit eine Rolle. Bei Ray Kurzweil und anderen etwa klingen Beschreibungen der Singularität tatsächlich wie eine Ära oder Epoche, die mit dem Erwachen der künstlichen Superintelligenz eingeläutet wird. Drittens, und diese Vorstellung spielt auch bei den beiden vorherigen Versionen mit rein, hat die Singularität immer etwas von einer radikal gewandelten Daseinsweise des Menschen. In der akademischen Debatte über die Singularität haben sich ebenfalls drei Theorieströmungen etabliert. Es gibt drei Bezeichnungen für die Singularität, die Anders Sandberg (2013) zuerst unterschieden hatte, abhängig davon, ob wir sie prognostizieren können (*Accelerating Change*) oder nicht (*Event Horizon* oder *Prediction Horizon*) und ob sie mit dem Erwachen einer künstlichen Superintelligenz einhergeht (*Intelligence Explosion*).

An der Idee der Superintelligenz zeigt sich auch, dass die Technik im technologischen Posthumanismus eine andere Rolle hat als im Transhumanismus. Im Transhumanismus war sie lediglich das erste Mittel zu einer Transformation des Menschen in ein posthumanes Wesen. Im technologischen Posthumanismus stellt die Technik tatsächlich eher Ziel und Zweck der Bestrebungen dar – zumindest in Form dieser künstlichen Superintelligenz.

Weitere Merkmale (wenn Sie eben an besagter Bar stehen und sich fragen, ob die Person neben Ihnen ein(n.) technologisches Posthumanisty ist) sind (1) neben der *Singularität*, die im Transhumanismus weitaus seltener zur Sprache kommt, und (2) der *artifiziellen Superintelligenz*, (3) das *Mind Uploading* und die damit automatisch einhergehende, zumindest so die Annahme, virtuelle Unsterblichkeit. Warum virtuelle Unsterblichkeit? Naja, wir werden unsterblich sein, so das Denken in dieser Strömung, wenn wir uns von unserer biologischen Hardware gelöst haben werden, und nur noch aus Daten und Informationen bestehen, die nicht an irgendeine Hardware gebunden sind. Das Sterbliche an uns ist unsere Hardware, ob biologischer, organischer oder synthetischer Natur. Aber wenn wir irgendwann unseren Geist befreit haben, dann werden wir auch vollständig in der Virtualität unsterblich geworden sein.

1.3 Kritischer Posthumanismus

Der kritische Posthumanismus, dem ich mich selbst zuordne, ist anders geartet als die beiden anderen Strömungen. Zwar ist auch der kritische Posthumanismus ein Posthumanismus und kein Transhumanismus, insofern auch dem kritischen Posthumanismus nicht mehr primär am Menschen selbst gelegen ist. Allerdings will der kritische Posthumanismus, anders als der technologische Posthumanismus, den Menschen nicht konkret überwinden. Indem er die gängigen tradierten und klassischen Verständnisweisen vom Menschen hinterfragt und uns so in die Lage versetzt, mit diesem klassischen Menschenbild zu brechen, zielt der kritische Posthumanismus darauf, eben dieses Menschenbild zu überwinden.

Im kritischen Posthumanismus geht es also eher um die Überwindung des klassischen Verständnisses vom Menschen und von der Welt. Und das ist, Sie werden es ahnen, das klingt im Label sozusagen mit, das Menschenbild des Humanismus. Das humanistische Menschen- und Weltbild soll anhand der klassischen Dichotomien und Kategorien wie etwa Frau und Mann, Natur und Kultur, Subjekt und Objekt hinterfragt und dann zumindest in Teilen auch überwunden werden. Die Technik spielt hier wieder eine andere Rolle als im Transhumanismus und im technologischen Posthumanismus. Die beiden anderen Strömungen sind sehr technikoptimistisch, allgemein sehr positiv, regelrecht euphorisch, wenn es um Technologien geht. Das wird im Übrigen auch bei der Bildung eine Rolle spielen. Gibt es ein Problem, kann Technik es lösen, das ist ganz knapp und sicherlich pointiert zusammengefasst die Haltung im Transhumanismus und im technologischen Posthumanismus.

Im kritischen Posthumanismus gibt es zwar auch ein gewisses Interesse an Technik, aber das ist gar nicht bei allen kritischen Posthumanistys der Fall. Ein gutes Beispiel für die Bedeutung der Technik im kritischen Posthumanismus ist Donna Haraway (1991), die in der Figuration der Cyborg die Technik als eine Art potenziell emanzipatorische Kategorie sieht, eine Kategorie, die es uns erlaubt, mit diesen klassischen Denkmustern zu brechen. Aber Technik wird nicht als *per se* gut oder als *per se* schlecht gesehen, sondern Technik ermöglicht es uns zunächst nur einmal theoretisch, neue Räume zu eröffnen und alte Denkmuster zu durchbrechen. Aber aufgrund ihres Gefahrenpotenzials müssen wir auch immer sehr vorsichtig, sehr umsichtig mit Technologien umgehen. Technologien entstehen stets vor dem Hintergrund einer sozialen, politischen und ökonomischen Wirklichkeit und sind dadurch eben auch bestimmt, sie haben eine Historie, in die sich Machtstrukturen eingeschrieben haben, die, wenn wir unbedarft damit umgehen, einfach weiter reproduziert werden.

Weitere Merkmale des kritischen Posthumanismus sind (1) aus naheliegenden Gründen ein *Ringen mit dem Humanismus* (was nicht automatisch Antihumanismus bedeutet). (2) Die *Überwindung des Anthropozentrismus*, also der Haltung, dass der Mensch die ‚Krone der Schöpfung‘ ist und das Zentrum des Universums

– eine Position, an der sowohl der Transhumanismus als auch der technologische Posthumanismus implizit (oder zuweilen sogar explizit) festhalten. (3) Eine *Hinterfragung des anthropologischen Essentialismus*, also der Annahme, dass sich das menschliche Wesen anhand einer Reihe von Eigenschaften von anderen Wesen unterscheiden lässt.

Vielleicht gehe ich auf diesen Aspekt noch ein bisschen genauer ein. Die Idee beim anthropologischen Essentialismus ist, dass sich das menschliche Wesen über eine Reihe von Merkmalen definieren lässt, etwa Vernunft, vielleicht Würde, Sprachfähigkeit, aufrechter Gang usw. Aber weitergedacht bedeutet das, dass sich auch alles andere über eine Reihe von Eigenschaften beschreiben lässt. Der Stuhl, der Boden, das Notebook, der Hund usw. Und das Problem, das der kritische Posthumanismus dabei sieht, ist, dass da, wo wir Eigenschaften zuschreiben können, sie auch immer und dann zuweilen willkürlich einfach wieder abgesprochen werden können. Und wenn wir uns die Geschichte der Menschheit anschauen, dann finden wir viele traurige Beispiele, wo eben genau das passiert ist, wo bestimmten Menschengruppen etwa bestimmte Eigenschaften abgesprochen worden sind und ihnen darüber ihre Menschlichkeit gleichsam mit abgesprochen worden ist. Wir können das als die Diskriminierungsformen nach innen, also im Bereich des Innermenschlichen, verstehen. Tierschutz-Aktivistys und Umwelt-Aktivistys kennen das Phänomen aber auch nach außen, mit Blick auf den außermenschlichen Bereich – dass auch da gerade mit dem Verweis darauf, dass Tiere nicht über dieselben Fähigkeiten verfügen wie Menschen, ihnen deswegen der höchste moralische Status abgeschrieben werden kann.

Das ist das eigentliche Problem, das sich hinter dem anthropologischen Essentialismus verbirgt, dass nämlich über die Zuschreibung von Eigenschaften ein moralischer Status zugeschrieben wird. Die übliche Haltung, die im Anthropozentrismus liegt, ist, dass wir (so die Behauptung) aufgrund bestimmter Fähigkeiten und Kompetenzen den höchsten moralischen Status haben und deswegen alle anderen Wesen im Universum in irgendeiner Form diskriminieren dürfen, ihnen also einen geringeren moralischen Status zuschreiben und sie auch entsprechend behandeln dürfen, weil sie (so die Behauptung) andere, weniger oder gar keine moralisch signifikanten Eigenschaften haben.

Aber weiter zu den Merkmalen des kritischen Posthumanismus: (4) Anders als in den beiden anderen Strömen zeigt sich im kritischen Posthumanismus eine dezidiert *kritische und ethische Haltung mit Blick auf die Tätigkeit der Wissenskulturen* – also der Institutionen und Autoritäten, die in unserer Gesellschaft Wissen produzieren, erschaffen können und die auch die Macht darüber haben zu entscheiden, was eine gute Theorie, was eine schlechte Theorie ist usw. Und denen damit eben auch, was wir in Zeiten der Pandemie wieder verstärkt gemerkt haben, ein enormer Einfluss auf Gesellschaft und Politik zukommt. (5) Dieses ethische Bewusstsein zeigt sich schließlich auch in einem ganz dezidierten *Appellcharakter*, den der kritische Posthumanismus im Gegensatz zum Transhumanismus und zum technologischen Posthumanismus hat. Denn kritischer Posthumanismus und politische, ökonomische, ethische und metaphysische Überlegungen gehen immer Hand in Hand. Kritischen Posthumanistys ist stets bewusst, dass wir die Welt nicht einfach so neutral beschreiben können, sondern dass alle unsere Perspektiven, die wir auf die Welt haben, immer lokalisiert und auf bestimmte Individuen zugeschnitten sind und deswegen auch immer soziale, politische und gesellschaftliche Hintergründe aufweisen. Wissen kann nie neutral sein, weshalb der kritische Posthumanismus dem Anliegen vieler feministischer Strömungen, gerade queer-feministischer Strömungen, nah verwandt ist.

1.4 Fazit

Damit komme ich zu einer ersten kleinen Zusammenfassung. Die Methode dieser drei Strömungen: im Transhumanismus die Transformation via technologische Verbesserung; im technologischen Posthumanismus die Überwindung via Kreation einer künstlichen Superintelligenz; im kritischen Posthumanismus die Überwindung via Kritik. Die Rolle der Technik: im Transhumanismus als Medium und Mittel; im technologischen Posthumanismus als (vorrangig) Ziel und Zweck; im kritischen Posthumanismus als Kernkategorie der Kritik. Das Posthumane: im Transhumanismus der Mensch x.0 (dessen Weiterentwicklung im Posthumanen immer noch weitergehen kann); im technologischen Posthumanismus (primär) eine artifizielle Alterität; im kritischen Posthumanismus ein neues Verständnis vom Menschen. Jetzt noch zu einigen der bekanntesten Vertretys dieser Strömungen: im Transhumanismus sind das etwa Nick Bostrom, Max More, Stefan Lorenz Sorgner, James Hughes und Simon Young; im technologischen Posthumanismus wären Frank Tipler, Marvin Minsky, Hans Moravec, Ray Kurzweil und Vernor Vinge zu nennen; im kritischen Posthumanismus schließlich N. Katherine Hayles, Rosi Braidotti, Donna Haraway, Cary Wolfe, Karen Barad, Neil Badmington und Patricia MacCormack.

Ich habe zum Transhumanismus und technologischen Posthumanismus nicht bewusst nur Menschen genannt, die als Männer gelesen werden. Es ist in der Tat auffällig, dass die ersten beiden Strömungen hier doch sehr stark durch die Menschen dominiert sind, die als westlich, weiß und männlich beschrieben werden können. Genau anders hingegen verhält es sich beim kritischen Posthumanismus.

Vielleicht ordne ich die drei Strömungen auch historisch noch einmal kurz ein: Der Begriff des Transhumanen ist das erste Mal in einer Dante-Übersetzung aufgetaucht, aber dass er sozusagen programmatisch wurde, geschah mit Julian Huxley in der Mitte des vergangenen Jahrhunderts. Huxley hat in einer Textsammlung (1957) einen ganz kurzen Text zum Transhumanismus geschrieben und dort die Definition formuliert, an die wir uns jetzt auch immer noch halten. Nicht ein Mensch hier und ein Mensch da soll sich transformieren, sondern die Menschheit als Ganzes soll über sich hinaustreten, sich überwinden und in ein neues Zeitalter eintreten. Der Transhumanismus ist tatsächlich noch eine sehr junge Strömung, die aber nach der Ansicht der Transhumanistys einige Vorläufer hat, auf die ich gleich zu sprechen komme.

Der technologische Posthumanismus kann gar nicht im eigentlichen Sinne als eigene Theorieströmung verstanden werden, er zentriert sich letztlich sehr um einige große Ideen (Singularität, künstliche Superintelligenz, *Mind Uploading*) dieser Menschen, die ich Ihnen gerade genannt habe. Im Gegensatz dazu ist der Transhumanismus die theoretisch viel stärker ausformulierte und ausdifferenziertere Strömung. Der technologische Posthumanismus hat seinen Ursprung unter anderem in der Dartmouth Conference (1956), auf der Marvin Minsky mit anderen Kollegen den Begriff der Künstlichen Intelligenz (insb. als Fachgebiet) definiert hat. Weiterhin gibt es Vorläufertexte von einem Mathematiker namens John Good (1965), der dort den Begriff der künstlichen Superintelligenz als letzte Erfindung des Menschen (vgl. ebd., S. 33) geprägt hat. Damit hat der Mensch sozusagen ausgedient, aber die Rede vom Posthumanismus als solchem kam insbesondere mit Leuten wie Kurzweil auf.

Die Wurzeln des kritischen Posthumanismus liegen vor allem im Dekonstruktivismus, in der Postmoderne, im Feminismus und in der französischen Philosophie. Das muss an dieser Stelle leider genügen, ich muss Sie hier schlicht auf mein Buch verweisen (vgl. Loh 2018).

2 Zum Subjekt der Bildung im Trans- und Posthumanismus

Jetzt kommen wir zum Subjekt der Bildung im Trans- und Posthumanismus. Auch hier gehe ich wieder in drei Schritten vor.

2.1 Zum Menschen im Transhumanismus

Transhumanistys vertreten üblicherweise die Haltung, dass der Transhumanismus eine Weiterentwicklung des Humanismus darstellt. Sie sehen im Transhumanismus einen Humanismus mit vorrangig technologischen Mitteln, einen technologischen Humanismus. Der Transhumanismus setzt quasi da ein, wo der Humanismus mit seinen pädagogischen und kulturellen Mitteln an ein Ende gelangt – so die Idee. Die Wurzeln des Transhumanismus werden in den transhumanistischen Reihen zumindest bis in die Aufklärung zurückverfolgt. Gerne wird Giovanni Pico della Mirandola mit seiner Rede über die Würde des Menschen als einer der Vordenker des Transhumanismus zitiert. Nick Bostrom verfolgt die transhumanistischen Wurzeln sogar bis in die mesopotamische Zeit des Gilgamesch-Epos (ca. 2400–1800 v. Chr.) zurück – mit dem Argument, dass ja bereits König Gilgamesch aus Uruk in die Unterwelt gezogen sei, um Unsterblichkeit zu erlangen, er also nichts anderes verfolgt habe, als der Transhumanismus auch heute noch vertritt (vgl. Bostrom 2005).

Aus meiner Sicht haben wir hier den Fall einer Trivial-Anthropologie (vgl. Loh 2018, S. 80–84). Der sogenannte *Instinctive Drive* zur Selbsttransformation, Selbstperfektionierung und Selbsttranszendierung stellt in den Augen der Transhumanistys die Essenz der menschlichen Natur dar. Die Idee der Selbstoptimierung ist direkt in der menschlichen Natur angelegt und macht sie zudem vollständig aus. Dabei spielt das *Human Enhancement*, das ich bereits angesprochen habe, eine nur schwer zu überbietende Rolle im transhumanistischen Denken, und damit also im Allgemeinen Methoden, die in technologischer Form das weiter fortzusetzen versprechen, was der Humanismus nur bedingt leisten kann. Beschränkt sich der Humanismus letztlich auf pädagogische und kulturelle Methoden, setzt der Transhumanismus das humanistische Programm einer Selbstkultivierung und -gestaltung mit technologischen Mitteln fort.

Enhancement-Methoden gibt es in sehr unterschiedlicher Weise – etwa als genetische Eingriffe in die Keimbahn, als neurologische Methoden, in Form pharmazeutischer Medikamente, Implantaten, aber auch bereits das tägliche Kaffee- oder Teetrinken könnte als *Enhancement* interpretiert werden. Manche sprechen sogar von moralischem *Enhancement* (vgl. Savulescu/Persson 2012), was die Vorstellung meint, dass mithilfe von Pharmazeutika oder Eingriffen in die Keimbahn Menschen in einer moralisch abgestimmten Weise modifiziert werden sollen. Damit ist üblicherweise gemeint, dass bestimmte Verhaltensweisen, die moralisch als vorzugswürdig gelten – dass jemand vielleicht besonders besonnen oder geduldig ist – gefördert werden und dass umgekehrt jene, die als unliebsam gesehen werden – vielleicht aggressives Verhalten – nach Möglichkeit unterdrückt oder gar gänzlich aus unserer DNA entfernt werden (vgl. Möck/Loh 2022, S. 15–17).

Der klassische Humanismus hat dabei zwar den Körper nicht komplett aus der Bildung des Subjekts ausgeblendet. Allerdings hat die humanistische Bildung den Geist am Ende des Tages doch immer ein Stück weit dem Körper vorgezogen. Ja, bei den ‚alten Griechen' wurde die körperliche Ertüchtigung noch als (nahezu) gleichwertig zur geistigen Ertüchtigung gesehen. Dieser Dualismus zwischen Geist und Körper hat sich eigentlich bis in die Gegenwart gehalten und auch, wenn unsere humanistische Bildung beide Seiten fördern möchte, würde sie vermutlich im Zweifel den Geist doch immer bevorzugen.

Einerseits scheint nun der Transhumanismus diesem Dualismus zwischen Geist und Körper zu folgen, weil es ihm in seinem Transformationsbestreben um die Verfügungsgewalt über beides geht. Aber letztlich übersetzt er diesen Dualismus in einen materialistischen Monismus, weil er eigentlich alle geistigen Kompetenzen wie etwa Intelligenz, Wahrnehmungsfähigkeiten, Bewusstsein, usw. an die körperliche Basis zurückbindet. Der Transhumanismus befindet den ganzen Menschen, bestehend aus Geist und Körper, für defizitär und der Verbesserung würdig, aber müsste er sich für eine von beiden Seiten der dualistischen ‚Medaille' zwischen Geist und Körper entscheiden, würde er vermutlich den Körper wählen, da an diesen, so die transhumanistische Vorstellung, alles andere, was den Menschen ausmacht, gebunden ist.

Ich habe bereits kurz den Kategorienfehler erwähnt, der sich im technologischen Posthumanismus mit Blick auf die Singularitätsidee zeigt. Denselben Kategorienfehler gibt es auch im Transhumanismus hinsichtlich der Vorstellung eines posthumanen Wesens. Wie gesagt, vertritt Bostrom die Position, dass sich der jetzige Mensch das posthumane Wesen etwa so gut vorstellen könne, wie ein Affe sich vorstellen kann ein Mensch zu sein. Hier tut sich nun besagter Kategorienfehler im Transhumanismus auf. Der Mensch ist im Transhumanismus durch seine Fähigkeit zur Selbstperfektionierung ausgezeichnet. Irgendwann wird sich dieser Mensch radikal verändert haben und über Fähigkeiten verfügen, die wir uns jetzt noch gar nicht vorstellen können – so die transhumanistische Vision. Natürlich kommt es auch zu einer radikalen Steigerung von Fähigkeiten, aber darüber hinaus werden wir Fähigkeiten besitzen, die die jetzigen Menschen nicht im Ansatz haben. Vielleicht können wir dann eine ganz neue Art von Musik wahrnehmen oder kreieren. Wir können vielleicht Farben wahrnehmen, die wir jetzt nicht wahrnehmen können, vielleicht können wir auch im Ultraschallbereich hören, wie Fledermäuse, vielleicht können wir auch fliegen, vielleicht werden wir unsterblich sein. Die Summe dieser Ideen nennt der Transhumanismus das Posthumane.

Doch dieses Posthumane wird eben nicht nur als Abstraktum oder Denkfigur visioniert, sondern in vielen transhumanistischen Ansätzen finden sich sehr konkrete Beschreibungen des posthumanen Wesens. Bostrom, der selbst noch sagte, wir könnten uns das Posthumane gar nicht vorstellen, definiert in anderen Texten ganze Listen recht spezifischer Eigenschaften des Posthumanen (etwa in Bostrom 2013). Hier wird also tatsächlich auch wieder ein Kategorienfehler begangen, der darin besteht, dass mit menschlichen Fähigkeiten auf etwas außerhalb der menschlichen Reichweite oder der Reichweite menschlicher Erkenntnisvermögen zu schließen versucht werden soll.

2.2 Zum Menschen im technologischen Posthumanismus

Einleitend habe ich bereits erwähnt, dass sich der Transhumanismus und der technologische Posthumanismus ein Stück weit ähneln, wenn sie auch über sehr unterschiedliche Zielvorstellungen verfügen. Im Grunde kann man sagen, dass der technologische Posthumanismus alle grundlegenden Elemente des Transhumanismus in sich vereint und sie noch verstärkt. Deswegen würden manche sagen, dass der technologische Posthumanismus eine Art radikalisierter

Transhumanismus darstellt. Ich sehe das nicht so, wie ich bereits ausgeführt habe, verstehe ich diese beiden Strömungen als unabhängig voneinander, da sie letztlich ganz unterschiedliche Ziele verfolgen.

In der Tat ist es schwierig, im technologischen Posthumanismus überhaupt eine Art Anthropologie zu finden, da es dort vor allen Dingen um Technik geht und um die Erschaffung einer künstlichen Superintelligenz und eben nur am Rande und quasi zufällig auch um den Menschen. Das Menschenbild, das der technologische Posthumanismus natürlich trotzdem hat, müssen wir uns größtenteils über das technologisch-posthumanistische Paradigma herleiten und insbesondere darüber, wie sich im technologischen Posthumanismus die künstliche Superintelligenz und ein Leben in der Singularität vorgestellt wird. Das lässt Rückschlüsse darauf zu, wie wir uns den Menschen aus technologisch-posthumanistischer Sicht zu denken haben.

Ein ganz wichtiger Baustein der technologisch-posthumanistischen Anthropologie ist das *Mind Uploading*. *Mind Uploading* wird auch *Mind Downloading*, *Mind Copying*, *Mind Cloning*, *Whole Brain Simulation*, *Mind Transfer* oder *Whole Brain Emulation* genannt. Im Grunde sind das alles unterschiedliche Begriffe für die Übertragung des menschlichen Geistes, der mit Sitz der Persönlichkeit insbesondere im Gehirn verortet wird, auf ein anderes Medium – und das heißt für gewöhnlich auf einen Computer oder einen anderen künstlichen Körper, bis wir uns dann irgendwann in der Singularität vielleicht vollständig von jeglichen Körpern werden lösen können. Im technologischen Posthumanismus werden üblicherweise alle nichtmateriellen Entitäten und Kompetenzen wie Seele, Vernunft, Rationalität, Persönlichkeit usw. weitestgehend gleichbedeutend gebraucht. Das liegt eben auch, wie ich gerade bereits sagte, daran, dass der technologische Posthumanismus eine eher theoriearme Strömung ist.

Es geht im technologischen Posthumanismus, und das ist ein Unterschied zum Transhumanismus, um eine Kontrolle des Körpers über den Geist. Der artifizielle Körper, in den die Person über das *Mind Uploading* einzieht, kann entsprechend ihrer Bedürfnisse weiter modifiziert und ausgetauscht und am Ende – so die Hoffnung – auch ganz aufgegeben werden. Die Überwindung des gebrechlichen und schließlich sterblichen biotischen Substrats (also unsere biologische, organische Hülle), die mit dieser Prozedur quasi automatisch einhergehende virtuelle Unsterblichkeit der Person sowie die absolute Verfügungsgewalt über den eigentlichen Einzug in einen siliziumbasierten Körper sind die tragenden Momente, die das Denken des technologischen Posthumanismus über die Idee des *Mind Uploadings* bestimmen.

An dieser Stelle zeigt sich auch, dass der technologische Posthumanismus weniger in Richtung eines materialistischen Monismus tendiert (wie der Transhumanismus), sondern in die entgegengesetzte Richtung, also diesen Dualismus, den wir im Humanismus zwischen Geist und Körper sehen, nicht zugunsten des Körpers auflöst, sondern zugunsten des Geistes. Der technologische Posthumanismus interessiert sich letztlich nur für den Geist des Menschen, der sich (aus seiner Sicht) auf ein anderes Medium übertragen lässt, in Form einer Sammlung von Daten und Informationen vom Körper losgelöst werden kann. Der Geist kann autark, vollkommen eigenständig, auch losgelöst vom Körper in genau derselben Weise, wenn nicht in sogar noch viel besserer Weise existieren. Ist der Körper also im Transhumanismus noch in das Menschenbild eingebunden, so reduziert der technologische Posthumanismus dieses Menschenbild auf den menschlichen Geist, der auch nach Verlassen des organischen Grabes, als das sein Körper letztlich verstanden wird, immer noch Mensch ist, solange er überhaupt noch an irgendeinen Körper gebunden bleibt. Der technologische Posthumanismus nimmt dann an, dass sich der Geist vollständig von diesem Körper lösen lässt, um autark in derselben Weise weiterzuexistieren, beziehungsweise sich in diesem Stadium erst, wirklich frei, wie er dann ist, vollständig zu verwirklichen. In diesem Denken zeigt sich die ultimative Körperfeindlichkeit des technologischen Posthumanismus. Der defizitäre Körper gehört gar nicht essenziell zum Menschen, sondern wir sind von ‚Mutter Natur' nur alienhaft kontingent in ihn ‚hineingestopft' worden.

Das ist der Kern des technologisch-posthumanistischen Menschenbildes. Im technologischen Posthumanismus ist eigentlich gar nicht der Mensch selbst defizitär (wie im Transhumanismus), weil der Mensch ja eigentlich nur sein Geist ist, und dieser ist gar nicht defizitär. Dieser Geist wäre, hätte er sich schon von seinem Körper gelöst, frei und voll verwirklicht. Wir sind nur deswegen gehemmt in unserer Entwicklung, weil wir in diesen Körper eingepackt sind, aber wenn wir uns von diesem fremden Körper, der wir nicht sind, der nicht zu uns gehört, lösen können, dann wird alles gut. Wenn wir diesen Körper in unsere Gewalt bekommen, ihn beherrschen und dann nach Belieben formen können, um ihn schließlich ganz abzustoßen – dann zeigt sich, dass der Mensch eigentlich immer bereits ultimativ frei war und sich dann (und das ist die absurd anmutende Konsequenz an dieser Stelle) als reiner Geist letztlich eigentlich *vermenschlicht* (und nicht, wie es die technologischen Posthumanistys behaupten, posthuman wird).

2.3 Zum Menschen im kritischen Posthumanismus

Wie der Name nahelegt, geht es im kritischen Posthumanismus insbesondere um eine Reflexion des Humanismus bzw. des humanistischen Menschen- und Weltbildes. Unter „Humanismus" verstehen kritische Posthumanistys im Kern das liberale, westliche, weiße, männliche, heterosexuelle, monogame, ‚gesunde' Subjekt, das Wesen, das im Humanismus als einziges als rational, autonom und handlungsfähig akzeptiert wird. Damit geht aus kritisch-posthumanistischer Sicht tendenziell eine Abwertung des organischen Körpers zugunsten des Geistes und damit eben auch eine Abwertung etwa be-hinderter Menschen und anderer

Menschen, die sich irgendwie durch körperliche (oder geistige) Auffälligkeiten auszeichnen, einher. Außerdem, so kritische Posthumanistys, enthält dieses Menschenbild die implizite Rechtfertigung rassistischer, imperialer, sexistischer, kapitalistischer und patriarchaler Strukturen.

Wir finden das alles in den Schriften der Klassiker des Aufklärungshumanismus, etwa bei Kant und Rousseau, beispielsweise hinsichtlich des gruseligen Frauenbildes, das dort vertreten wird. Die kritisch-posthumanistische Sorge ist, dass wir, wenn wir das humanistische Menschenbild einfach unreflektiert akzeptieren und immer wieder reformulieren, diese überaus problematischen Grundstrukturen des humanistischen Menschenbildes einfach mit ‚einkaufen'. Wenn wir aber „Humanismus" sagen und aber gar nicht „Humanismus" meinen, müssen wir zumindest eine zusätzliche Begründung vorlegen, die erklärt, warum wir trotzdem meinen, von Humanismus sprechen zu müssen, obwohl wir eigentlich viele Grundprämissen nicht teilen wollen. Im Kern meint „Humanismus" im kritischen Posthumanismus einhergehend mit der eben skizzierten Vorstellung des liberalen Subjekts den Anthropozentrismus, also die Position, die den Menschen einen epistemischen und moralischen Sonderstatus gibt.

Vielleicht sage ich noch ein paar Worte zur kritisch-posthumanistischen Humanismuskritik. Ich unterscheide hier im Grunde drei Weisen der Kritik voneinander. Erstens gibt es eine Art moderate Form der Humanismuskritik, die einige, wie Cary Wolfe beispielsweise, vertreten. Diese besagt, dass der Humanismus an und für sich eigentlich ganz gut ist, gute Werte umfasst usw., die aber, und das wird meistens auf den Anthropozentrismus im Humanismus bezogen, aus den üblichen humanistischen Mustern heraus nicht verwirklicht werden können. Die zweite Form der Humanismuskritik, die aus meiner Sicht die gängige ist, ist eine umfassende Kritik insbesondere am Kern des humanistischen Menschenbildes – der Anthropozentrismus, mit dem verschiedene Vorstellungen vom Subjekt einhergehen. Hier wird etwa angeführt, dass Vernunft nicht allein auf den Menschen beschränkt sein kann, ebenso wenig Rationalität und andere Kompetenzen. Es ist keine Abwertung der Vernunft, aber die Kritik an der Einschränkung der Vernunft auf eine besondere Klasse von Wesen. Die dritte Form der Humanismuskritik ist der Antihumanismus, den etwa Rosi Braidotti vertritt.

Der kritische Posthumanismus hat allerdings, anders als der Transhumanismus und der technologische Posthumanismus, keine geteilte Zukunftsvision, keine geteilte Utopie. Im Transhumanismus gibt es diese Vision vom Posthumanen als eine Art Super- oder Übermensch, im technologischen Posthumanismus ist es die Vision von der künstlichen Superintelligenz. Im kritischen Posthumanismus hingegen gibt es insbesondere das Negativ, also die Abgrenzung vom humanistischen Menschen- und Weltbild, aber darüber hinaus keine allen kritischen Posthumanistys gemeinsame Vision davon, wie eine bessere Gesellschaft aussehen sollte. Vielmehr ist man sich in kritisch-posthumanistischen Reihen über die Methoden einig, über einige Eckpfeiler der Kritik könnte man vielleicht auch sagen. Der Grund, warum es keine gemeinsame Utopie im kritisch-posthumanistischen Denken gibt, lässt sich ganz gut mit dem Titel von Donna Haraways letztem Buch – *Staying with the Trouble* (2016) – wiedergeben. Sobald wir versuchen, eine gemeinsame Sprache zu finden, begeben wir uns in tendenziell ideologisches Fahrtwasser. Bereits Mitte der 1980er Jahre hat sie in ihrem *Cyborg Manifesto* (1991) vor dem *per se* implizit ideologischen und dogmatischen Traum einer gemeinsamen Sprache gewarnt. Wann immer wir behaupten oder vorgeben, wir würden eine gemeinsame Vision vertreten, schließen wir automatisch jene aus, die diese nicht vertreten und die hier keine Stimme haben. Es ist im Gegenteil, so Haraway, unsere Aufgabe, uns dieser Tatsache, dass es keine gemeinsame Vision geben kann, lustvoll zu stellen – *to stay with the trouble.* Es hat also Methode, dass es keine gemeinsame Utopie im kritischen Posthumanismus gibt. Einig ist man sich v. a. darüber, dass wir uns von den problematischen Wurzeln des Humanismus in irgendeiner Form lösen müssen.

Im Folgenden skizziere ich Ihnen nun meine Vorstellung von einer kritisch-posthumanistischen Ethik.[2] Aus Sicht des kritischen Posthumanismus sind alle bisherigen Ethiksysteme, alle gängigen Ethikschulen exklusive oder exkludierende Ethiken. In allen tradierten Ethiken geht es immer darum zu bestimmen, wer hier das moralische Handlungssubjekt ist, wer hier den Hauptstandort im moralischen Kosmos hat. Ich habe gerade bereits mit Blick auf den Anthropozentrismus ausgeführt, dass dieser die übliche Haltung vertritt, der Mensch sei das wichtigste Wesen. Über diese Haltung können nun alle anderen Wesen im Kosmos abgewertet werden, denn sie haben im Vergleich zum Menschen einen niedrigeren (moralischen) Status.

Es gibt auch andere Zentrismen, wie etwa den Pathozentrismus – hier wird allen (vom Menschen als) leidensfähig(en) (anerkannten) Wesen der höchste moralische Status zugeschrieben. Hier werden also alle Wesen, die nicht leidensfähig sind, moralisch abgewertet. Es gibt weitere zentristische Theorien wie den Bio- und den Physiozentrismus. Letztlich haben aber alle diese Ethiken dasselbe Problem, dass sie nämlich immer danach fragen, wer das moralische Subjekt ist. Sobald sie dieses bestimmt haben, können alle anderen Wesen, „Relata" könnten wir auch sagen, darum herum zentriert und ihnen damit ein entsprechender moralischer Status gegeben werden. Alle tradierten Ethiken sind also exklusiv oder exkludierend und damit tendenziell diskriminierend.

Die Beziehungen oder das, was ich lieber „Relationen" nenne, haben in allen tradierten Ethiken gegenüber den Subjekten und Objekten, den Relata also, einen nachgeordneten Status. Es gibt natürlich zahlreiche Ethikansätze, die von Liebesbeziehungen, von Freundschaften und anderen wichtigen Beziehungsformen sprechen, aber alle diese Theorien gehen davon aus, dass es bestimmte Subjekte

---

2   Das ist das Thema meines nächsten Buches, an dem ich derzeit schreibe.

sind, die Beziehungen miteinander eingehen und die diesen Beziehungen vorgeordnet sind. Und auch die tradierte Vorstellung von ethischem Handeln ist abhängig von einem als im Grunde autonom und autark verstandenen Wesen. Die hier übliche Vorstellung von ethischen Handlungen geht davon aus, dass es jemanden gibt, der handeln kann, der bei Bedarf zur Verantwortung gezogen werden kann.

Die Diskriminierungs- und Unterdrückungs- beziehungsweise Verdinglichungsbewegungen der exklusiven Ethiken sind derem starken Fokus auf die Knotenpunkte, die Relata, auf die Subjekte oder Akteurys geschuldet. Diesen werden wesensessentialistisch spezifische Eigenschaften zugeschrieben, über die sie ihren moralischen Status erhalten, durch die sie sich von den Objekten abgrenzen können und mit denen ausgerüstet sie sich als selbstständig agierende Einheiten im moralischen Universum betrachten dürfen.

Kritisch-posthumanistische Ethik verschiebt den Fokus von den Relata auf die Relationen. Karen Barad und Donna Haraway fassen das sehr gut zusammen, wenn sie sagen, dass Beziehungen nicht von ihren Relata abhängen, sondern umgekehrt, oder dass Wesen nicht vor ihren Verhältnissen und Beziehungen existieren und dass die Beziehung die kleinste Analyseeinheit ist (Barad 2007, S. 136 f.; Haraway 2003, S. 6, 20). In der Konsequenz bedeutet das, dass in kritisch-posthumanistischen Ethiken die Relata, also die handelnden Subjekte, eine nachgeordnete Stellung (gegenüber den Relationen) haben. Sie werden nicht unwichtig, sie werden nicht ‚aus der Rechnung gestrichen‘, genauso wenig wie in exklusiven Ethiken die Beziehungen gestrichen werden. Das Verhältnis kehrt sich um.

Innerhalb des kritisch-posthumanistischen und also inklusiven ethischen Denkens weisen die Relata, die Akteury, vermutlich keine fixen oder starren definitorischen Grenzen mehr auf, sondern entstehen prozessual durch die Relationen immer neu. Es geht um die Relationen, durch die wir uns immer wieder neu und in Teilen auch immer wieder anders, aber dann doch in durchaus wiederkehrender und wiedererkennbarer Kohärenz herausbilden. Wir müssen uns also nicht von Begriffen wie „Handlungssubjekt", „Individuum" oder „Akteury" gänzlich verabschieden. Jedoch wird das in den exklusiven Ethiken grundlegende Subjektverständnis auf den Kopf gestellt, das auf einer weitestgehend starren Vorstellung einer in Raum und Zeit gegebenen Kontinuität beruht und lediglich in Krisenerfahrung radikale Wandlungen erfahren kann. Es wird zunehmend irrelevant, dass wir eindeutig zwischen etwa einem Menschen und einem Roboter unterscheiden können, vielmehr ist es primär wichtig, eine Praxis des guten Miteinanders zwischen allen Wesen zu entwickeln.

2.4 Fazit

Das Subjekt der Bildung ist im Transhumanismus der Mensch. Der Transhumanismus setzt mit technologischen Mitteln das fort, was im Humanismus mit pädagogischen Methoden begonnen worden ist. Das Subjekt der Bildung ist im technologischen Posthumanismus zwar noch der Mensch, aber insbesondere der Mensch als geistiges Wesen. Sie erlauben, dass ich es einmal überspitzt ausdrücke: Stellen Sie sich einen dunklen Raum vor, in dem ein Mensch sitzt. Wir wissen nicht, wann dieser Mensch das letzte Mal gegessen, getrunken oder geschlafen hat. Er sitzt bloß am Rechner und scheint regelrecht mit der Technik verschmolzen. Das ist sehr pointiert zusammengefasst, wie ich mir das Subjekt der Bildung im technologischen Posthumanismus vorstelle.

Das Subjekt der Bildung im kritischen Posthumanismus ist ein Wesen, das jetzt zwar noch als Mensch verstanden wird, bei dem allerdings nicht klar ist, ob es sich auch in Zukunft als Mensch verstehen wird. Außerdem dürfen dem kritischen Posthumanismus zufolge auch nichtmenschliche Wesen als potenzielle Bildungssubjekte zumindest nicht ausgeschlossen werden. Weiterhin sollten auch Einheiten aus unterschiedlichen Relata als Bildungssubjekte im kritisch-posthumanistischen Denken gesehen werden dürfen. Karen Barad spricht hier von Phänomenen, also größeren Einheiten, die aus Menschen und nichtmenschlichen Subjekten bestehen – aus „Relata-in-Relationen", wie sie auch sagt (Barad 2012, S. 105) – und sich in unterschiedlichen Situationen neu zusammensetzen können.

Schließlich sollten wir uns in der kritischen-posthumanistischen Utopie eher der Frage widmen, was Bildung selbst eigentlich genau bedeutet. Es geht dann nicht mehr primär darum festzulegen, wer ein Mensch ist und deshalb in die Schule gehen darf, sondern darum zu ermitteln, was Bildung und was ihre Aufgabe ist.

3 Zur Bildung im Trans- und Posthumanismus

Die Frage, der ich mich nun abschließend widmen möchte, lautet: „Worauf konzentriert sich Bildung in den drei genannten Strömungen?"

3.1 Zur Bildung im Transhumanismus

Beim Transhumanismus ist es vergleichsweise einfach. Der Transhumanismus bezieht sich auf den Humanismus und versteht sich entsprechend als Humanismus 2.0 oder als technologischer Humanismus. Er knüpft deshalb auch nicht nur an das Menschenbild des Humanismus an, sondern auch an dessen Bildungsverständnis – insbesondere des Humanismus der Renaissance und der Aufklärung. Dort, wo der Humanismus mit seinen klassischen Bildungs- und Kultivierungsmethoden an ein natürliches Ende gelangt, setzt der Transhumanismus mit seinen technologiezentrierten Methoden an. Bildung zielt im Transhumanismus auf die Transformation des Menschen zu einem posthumanen Wesen. Im Mittelpunkt der transhumanistischen Bildung stehen somit Themen, Theorien und Ansätze, die den jungen Menschen auf den Weg in Richtung der transhumanistischen Utopie bringen, ihn also zu einem Transhumanen machen. Das können wir vielleicht auch in der Gegenwart bereits in dem Einsatz verschiedener Technologien, die die Arbeit von Lehrys im Zweifel vereinfachen sollen, sehen. Vielleicht aber wird in der transhumanistischen Zukunft menschliche Bildungsarbeit auch vollständig durch Roboter oder andere Technologien ersetzt. Bereits heute sollen beispielsweise Leseverhalten und -fortschritt von jungen Schülys über den Einsatz Künstlicher Intelligenz ermittelt werden. Bereits heute wird also angenommen, dass diese Technologien immer förderlich für die betroffenen Menschen sind und bei Problemen abhelfen können, wo menschliche Lehrys nicht mehr weiterkommen oder zumindest von der Unterstützung durch Technik profitieren würden.

Individuelle Leistungssteigerung, die Ausschöpfung aller Ressourcen, Fähigkeiten und Talente, sowie das freiwillige und intrinsisch motivierte Selbstübersteigern ist Kern des transhumanistischen Bildungsverständnisses. Ich glaube, an vielen Stellen können wir bei unserem aktuellen Leistungssystem in der Schule und an den Universitäten hervorragend daran anknüpfen, wo der Transhumanismus einfach ganz selbstverständlich bestimmte Methoden verstärkt und bestimmte auch durchaus kapitalistisch gewünschte Wege und Richtungen einschlägt.

3.2 Zur Bildung im technologischen Posthumanismus

Da der technologische Posthumanismus keine explizite, sondern lediglich eine implizite Orientierung am Humanismus aufweist, ist auch sein Bildungsverständnis nicht direkt am humanistischen Bildungskonzept ausgerichtet. Überspitzt könnte Bildung im technologischen Posthumanismus so verstanden werden, dass alle vorrangig am Menschen, beziehungsweise insbesondere am menschlichen Körper interessierten Disziplinen wie etwa Sport, immer unwichtiger und demgegenüber insbesondere die Technikwissenschaften verstärkt unterrichtet werden. Das scheint mir eine naheliegende Konsequenz der technologisch-posthumanistischen Körperfeindlichkeit in Übertragung auf das Bildungssystem zu sein. Denn warum sollte man den Menschen Sport angedeihen lassen, wenn es am Ende eh darum geht, den Körper loszuwerden? Inwiefern soll Sport zur Befreiung des Geistes beitragen? Denn das Ziel der Bildung im technologischen Posthumanismus ist schließlich die Erschaffung einer künstlichen Superintelligenz, die die Singularität einläutet, in der sich die Menschen von ihren Körpern vollständig befreien und außerdem alle menschlichen Kategorien und damit auch die der Bildung ultimativ aufgehoben werden.

3.3 Zur Bildung im kritischen Posthumanismus

Kritisch-posthumanistische Überlegungen zur Bildung konzentrieren sich mit Blick auf die Gegenwart und auf die nahe Zukunft insbesondere auf eine Reformulierung des Schul- und Ausbildungssystems, etwa hinsichtlich einer Definition der klassischen Fächerlandschaft beziehungsweise der Disziplinen.

Donna Haraway hat hierzu viel gearbeitet, auch Karen Barad, die in ihren Werken verschiedene disziplinäre Perspektiven und verschiedene Methoden anwenden. Ein Stück weit versuchen sie in ihren Arbeiten, die klassischen Grenzen zwischen den Disziplinen aufzubrechen und zu transzendieren. Aber auch hinsichtlich der Rolle, Funktion, Aufgabe und Bedeutung der Universitäten als die Autoritäten in Sachen Wissensproduktion und auch mit Blick auf die nationale, internationale und globale Strukturierung der Bildung – dazu haben etwa Leute wie Rosi Braidotti viel zu sagen. In ihrem Büchlein zum *Posthumanismus* (2014) spricht sie bspw. von einer globalen Multiversität. Und Ihr Folgebuch beschäftigt sich mit *Posthuman Knowledges* (2019), insbesondere mit einer kritisch-posthumanistischen Revolution oder Reformulierung der Universitätslandschaft. Auch Cary Wolfe hat sich in seinem Buch *What is Posthumanism?* (2010) v. a. mit einer kritisch-posthumanistischen Reformulierung der Literaturwissenschaften auseinandergesetzt.

Die kritisch-posthumanistische Utopie legt vermutlich einen Fokus auf die Bearbeitung und Lösung inter- und transdisziplinärer Fragen, die sich mit den Herausforderungen unserer Zeit und unserer Gesellschaft beschäftigen und weniger darauf blicken, wer wo in welcher Weise ausgebildet werden darf und wer vom Bildungssystem ausgeschlossen werden sollte. Einer der ersten Schritte auf dem Weg dahin wäre wohl die Aufhebung unterschiedlicher Schulsysteme – Sonder-, Haupt-, Gesamtschule, Gymnasium etc. Ebenso würden sich unsere Schulen dann vermutlich nicht mehr an den klassischen humanistischen Fächern, sondern sich in der Bildung an spezifischen Fragen orientieren und diese dann multidisziplinär unterrichten.

4 Fazit

In den bestehenden trans- und posthumanistischen Strömungen – das habe ich im ersten Teil gezeigt – gibt es drei Weisen einer Kritik am Menschen. Der Transhumanismus transformiert den Menschen zu einem Menschen x.0, der technologische Posthumanismus überwindet den Menschen durch die Erschaffung einer künstlichen Superintelligenz und der kritische Posthumanismus überwindet durch eine Hinterfragung der tradierten Kategorien des humanistischen Menschen- und Weltbildes das gegenwärtige Verständnis vom Menschen.

Im zweiten Teil habe ich Ihnen das Subjekt der Bildung vorgestellt, das im Transhumanismus noch ganz klassisch und explizit, am humanistischen Bildungsprogramm ausgerichtet, der Mensch ist und im technologischen Posthumanismus der auf seine geistigen Fähigkeiten zur Lösung technologischer Herausforderungen reduzierte Mensch. Im kritischen Posthumanismus schließlich sind es über das Menschliche hinaus auch potenziell nichtmenschliche Subjekte, ebenso auch Zusammenschlüsse aus unterschiedlichen „Relata-in-Relationen".

In der Bildung geht es im Transhumanismus insbesondere darum, den Menschen zu einem Transhumanen zu machen und damit auf den Weg in Richtung einer Transformation zum Posthumanen zu bringen. Darin können wir zahlreiche Anknüpfungspunkte an die jetzige Leistungsgesellschaft sehen. Der technologische Posthumanismus zielt auf die Erschaffung einer künstlichen Superintelligenz und darauf, mit dieser in die Singularität einzutreten, in der sich ultimativ auch das menschliche Dasein, wie wir es kennen, aufheben wird. Im kritischen Posthumanismus schließlich hat die Bildung v. a. eine inklusivere, weil eben auf die Relationen, auf das, was Bildung eigentlich will und meint, konzentrierte Gesellschaft im Blick und wie den Herausforderungen der Zeit inter- und transdisziplinär begegnet werden kann, unabhängig davon, wer das Bildungssubjekt konkret ist. Das humanistische Bildungsmodell wird also im Transhumanismus fortgesetzt, im technologischen Posthumanismus ultimativ gemeinsam mit der menschlichen Spezies aufgehoben und im kritischen Posthumanismus erweitert und reformiert.

Literatur

Barad, Karen (2007): Meeting the Universe Halfway: quantum physics and the entanglement of matter and meaning. Durham: Duke University Press.

Barad, Karen (2012): Agentieller Realismus. Aus dem Englischen von Jürgen Schröder. Berlin: Suhrkamp.

Bostrom, Nick (2003): Human Genetic Enhancements: A Transhumanist Perspective. In: The Journal of Value Inquiry, 37, S. 493–506.

Bostrom, Nick (2005): A History of Transhumanist Thought. In: Journal of Evolution & Technology, 14(1), S. 1–25.

Bostrom, Nick (2013): Why I Want to be a Posthuman When I Grow up. In: More, Max/Vita-More, Natasha (Hrsg.): The Transhumanist Reader. Classical and Contemporary Essays on the Science, Technology, and Philosophy of the Human Future. Hoboken: Wiley-Blackwell, S. 28–53.

Braidotti, Rosi (2014): Posthumanismus. Leben jenseits des Menschen. Frankfurt am Main: Campus Verlag.

Braidotti, Rosi (2019): Posthuman Knowledge. Cambridge & Malden: Polity Press.

Good, Irving John (1965): Speculations Concerning the First Ultraintelligent Machine. In: Alt, Franz/Ruminoff, Morris (Hrsg.): Advances in Computers, Volume 6. Cambridge/USA: Academic Press, S. 31–88.

Haraway, Donna (1991 [1985]): A cyborg manifesto: Science, technology, and socialist-feminism in the late twentieth century. In: Simians, cyborgs and women: The reinvention of nature. New York: Routledge, S. 149–181.

Haraway, Donna (2003): The companion species Manifesto: Dogs, people, and significant otherness. Chicago: Prickly Paradigm Press.

Haraway, Donna (2016): Staying with the Trouble: Making Kin in the Chthulucene. Durham, North Carolina: Duke University Press.

Huxley, Julian Sorell (1957): New Bottles for New Wine. London: Chatto & Windus.

Kronschläger, Thomas (2020): Entgendern nach Phettberg im Überblick. URL: www.research-gate.net/publication/343974830_Entgendern_nach_Phettberg_im_Uberblick (Abgerufen: 11.12.2022).

Kurzweil, Ray (2005): The Singularity is Near. When Humans Transcend Biology. New York: Viking.

Loh, Janina (2018): Trans- und Posthumanismus zur Einführung. Hamburg: Junius.

Möck, Leonie A. / Loh, Janina (2022): Optimierte Körperbilder – Die Bedeutung von Human Enhancement im Transhumanismus und im technologischen Posthumanismus. In: Zichy, Michael (Hrsg.): Handbuch Menschenbilder. Wiesbaden: Springer VS, Online First Publication, S. 1–29.

Sandberg, Anders (2013): An Overview of Models of Technological Singularity. In: More, Max / Vita-More, Natasha (Hrsg.): The Transhumanist Reader. Classical and Contemporary Essays on the Science, Technology, and Philosophy of the Human Future. Hoboken: Wiley-Blackwell, S. 376–394.

Savulescu, Julian / Persson, Ingmar (2012): Unfit for the future: The need for moral enhancement. Uehiro series in practical ethics. Oxford: Oxford University Press.

Science Slam (2020): Wie schaffen wir eine geschlechtsneutrale Sprache? – Thomas Kronschläger – Science Slam. www.youtube.com/watch?v=E7Vn_pS2G-Y (Abgerufen: 11.12.2022).

Tipler, Frank (1994): Physics of Immortality. Modern Cosmology, God and the Resurrection of the Dead. United States: Doubleday.

Wolfe, Cary (2010): What is Posthumanism? Minneapolis, London: University of Minnesota Press.

Zur Dekonstruktion von Bildungsräumen durch die *Critical Animal Pedagogy*

Anti-Speziesismus und Tierliebe?

Reingard Spannring und Tomaž Grušovnik

1 Zur Einleitung: Ein Ausflug in den Zoo und die Geschichte der Tier-Mensch-Beziehung

Stellen Sie sich vor, Sie besuchen mit Ihrer Familie das *Aquarium of the Pacific* in Long Beach, Kalifornien, das unter dem Banner von Nachhaltigkeit und Umweltbewusstsein unterschiedlichste Tierarten zum *Edutainment*, also einer Mischung aus Unterhaltung und Bildung der Besucher*innen, ausstellt. Sie gehen auf den *Lorikeet Forest*, eine Voliere mit Honigpapageien, zu. Vor dem Eingang können Sie einen Nektar käuflich erwerben, der die Papageien anlockt. Wenn Sie Glück haben, landen Vögel auf Ihnen, um sich an dem Nektar zu laben, und sie können so den körperlichen Kontakt mit diesen gefiederten Wesen erleben. Ihr weiterer Rundgang führt Sie zur *Shark Lagoon*, in der Sie kleine Haie in flachen Wasserbecken berühren können. In begleitenden Vorträgen lernen Sie über die ökologische Rolle des Hais als Spitzenprädator und seine Harmlosigkeit gegenüber dem Menschen. Die visuelle Erfahrung von Eleganz und Fitness und Ihre taktile Erfahrung seiner samtigen Haut hilft Ihnen, das traditionelle Bild des Hais als Bösewicht zurechtzurücken und ihn als sympathisches Aushängeschild für den Artenschutz anzusehen. Der Abschluss Ihres Besuchs wird gekrönt vom Genuss einer Mahlzeit mit öko-zertifiziertem Fisch im Restaurant des Aquariums (vgl. Lloro 2021).

Der Zoo, bis heute beliebtes Freizeitvergnügen, Ort informeller Bildung wie Erholung, und Ausdruck menschlicher Faszination von Tieren, hat eine lange Tradition. Schon 1220 entstand am sizilianischen Hof Friedrichs des II. eine größere Sammlung von Tieren, und 1235 wurde eine königliche Menagerie im *Tower of London* eingerichtet. Im 16. Jahrhundert wurden mehrere Menagerien von italienischen Fürsten und Fürstinnen errichtet. Der Tiergarten Schönbrunn in Wien, 1542 unter Kaiser Ferdinand I. gegründet, ist der älteste noch heute bestehende. Im 19. Jahrhundert entstanden Zoos für Bürgerinnen und Bürger in ganz Europa und in den USA, also vorwiegend in Ländern, die als Kolonialmächte unbegrenzt Wildtiere aus den Kolonien beziehen konnten. Zu einem Massenphänomen wurde der Zoobesuch durch den Tierhändler Hagenbeck, der ab 1874 in Hamburg die Zurschaustellung von exotischen Tieren mit exotischen Menschen, sog.

Völkerschauen kombinierte (vgl. Goldner 2015, S. 439). Genauso wie das kolonialistische Erbe von Zoos heute kaum mehr im Bewusstsein der Öffentlichkeit ist, werden auch die tierethisch und pädagogisch problematischen neoliberalen, biopolitischen Praktiken nicht hinterfragt (vgl. Lloro 2021). Die Freude am *speziesistischen Blick* auf das Tier hinter Gittern fügt sich damit in eine komplexe und widersprüchliche Landschaft von Speziesismus und Tierliebe ein, in der Tiere eingesperrt, ausgestellt, klassifiziert, studiert, manipuliert, konsumiert und getötet werden. Ihre tierethische und pädagogische Bedeutung und kritische Aufarbeitung durch die *Critical Animal Pedagogy* (CAP) soll in diesem Kapitel vorgestellt werden.

Der Beginn des Zoo-Booms Ende des 19. Jahrhunderts fällt zusammen mit einem wachsenden Interesse an Natur und Naturgeschichte. Es entstehen Nationalparks (Yellowstone National Park, USA: 1872), Umwelt- und Tierschutzbewegungen (Franklin 1999; Roscher 2015) und die Haustierhaltung zu Dekorations- und Unterhaltungszwecken wird auch in mittleren und unteren sozialen Schichten üblich (vgl. Ritvo 1988).

Ab Mitte des 20. Jahrhunderts erhalten tier- und naturbezogene Interessen und Aktivitäten weiteren Aufschwung in Form von Parks, Naturreservaten, Naturschutzinitiativen, Urlaub auf dem Bauernhof und den populären TV-Dokumentationen von Bernhard und Michael Grzimek sowie Otto König. Die Hinwendung zu Tieren und Natur geschieht im Kontext eines dramatischen gesellschaftlichen Wandels, der mit der Industrialisierung und Urbanisierung im 18. Jahrhundert beginnt, und Nutztiere sukzessive aus dem Alltagsleben der Menschen verschwinden lässt. Das Automobil ersetzt Zug-, Lasten- und Reittiere und Schlachthöfe werden vor die Tore der Städte verbannt (vgl. Fitzgerald 2010). Gleichzeitig erfährt die Ausbeutung von Tieren im Kontext der industrialisierten Landwirtschaft unvorstellbare Ausmaße und führt zu einer öffentlichen Problematisierung und Politisierung der Mensch-Tier-Verhältnisse (vgl. Franklin 1999).

Die Hinwendung zu kritischen Fragen nach dem Tier zeigt sich auch in der Entwicklung einer expliziten Tierethik seit den 1970er Jahren (z. B. Singer 1975; Regan 1983), und einem ,animal turn' in diversen wissenschaftlichen Disziplinen (siehe z. B. Spannring et al. 2015), der den Tier-Mensch-Dualismus und die Überhöhung des Homo Sapiens in Frage stellt. Dieses interdisziplinäre Forschungsfeld wird häufig mit ,Human-Animal Studies', ,Animal Studies' oder ,Zooanthropologie' bezeichnet und wird von unterschiedlichen theoretischen Strömungen wie dem Ökofeminismus, Posthumanismus und der politischen Ökologie beeinflusst. In diesem Kapitel soll die Perspektive der *Critical Animal Studies (CAS)* aufgegriffen werden, die mit ihrer explizit anthropozentrismuskritischen und antispeziesistischen Haltung das Ziel der Tierbefreiung verfolgen (vgl. Nocella et al. 2014; Sorenson 2014; Sanbonmatsu 2011). Parallel dazu stellt die *Critical Animal Pedagogy (CAP)* die Dekonstruktion der gewalttätigen und ausbeuterischen Mensch-Tier-Verhältnisse und nicht zuletzt deren permanente Reproduktion durch das Bildungssystem und informelle Lernkontexte, in den Vordergrund ihrer Forschung und Lehre (vgl. z. B. Nocella et al. 2019). Obwohl die *Critical Animal Studies* und die *Critical Animal Pedagogy* sich mit anderen Zugängen überschneiden, wie z. B. einer tier-sensiblen Umweltbildungsforschung (vgl. Russell/Spannring 2019), versuchen wir das Profil dieser beiden Forschungsfelder zu schärfen und kritisch zu diskutieren. Im folgenden Unterkapitel soll zunächst die Kritik an den gesellschaftlichen Tier-Mensch-Verhältnissen allgemein und speziell in pädagogischen Kontexten dargestellt werden. Danach werden einige pädagogische Strategien und Zugänge geschildert, um sie im nachfolgenden Unterkapitel einer Kritik zu unterziehen und zu untersuchen, ob und inwiefern die CAP Lernende und Bildung als solche dezentriert.

2 Kritik an gesellschaftlichen Tier-Mensch-Verhältnissen

2.1 Problematik und einige Grundbegriffe der CAS

Alleine in der Fleischindustrie werden jährlich 56 Milliarden Landtiere umgebracht (vgl. Sadners 2020). Dazu müssen jene Millionen von Tieren gerechnet werden, die in der Forschung und Entwicklung, im Jagd- und Fischereisport, und in der Pelz- und Lederindustrie getötet werden, sowie jene, die für andere Industriezweige wie Land- und Forstwirtschaft und sonstige Formen von Land- und Wassernutzung des Menschen geopfert werden. Die Ausbeutung nichtmenschlicher Tiere hat im Laufe des 20. Jahrhunderts unvorstellbare Ausmaße angenommen und bedroht nicht nur das Leben der betroffenen tierlichen Subjekte, sondern auch Ökosysteme und Biodiversität und letzten Endes uns Menschen. Die Dominanz des Menschen und seines biotischen Konsums wird auch an der Veränderung der Relation zwischen der globalen Anthropomasse und der Biomasse ersichtlich: Zwischen 1900 und 2000 stieg erstere von 13 auf 55 Millionen Tonnen Kohlenstoff (Mt C) und die Biomasse der domestizierten Tiere von 35 auf 120 Mt C, während die Biomasse von wilden Landtieren im gleichen Zeitraum von 10 auf 5 Mt C zurückging (vgl. Smil 2011).

Das Förderband, das seit den 1850ern getötete Tiere in den Schlachthäusern durch die einzelnen Zerlegungs- und Verpackungsschritte befördert, ist dabei Symbol für die beginnende Industrialisierung, Prototyp für andere Fertigungsprozesse wie z. B. in der Automobilindustrie und grausige Realität der Verzweckung, Objektifizierung und Kommodifizierung nichtmenschlicher Tiere für menschlichen Nutzen und Profit (vgl. Shukin 2009). Seither hat sich die industrialisierte Herstellung von Tierprodukten durch Globalisierung, Technologisierung der Produktion und Finanzialisierung des Kapitals weltweit verbreitet.

Mit der Einführung des Goldman-Sachs-Index im Jahr 1991 wurden nicht-menschliche Tiere einer weiteren Abstrahierung unterworfen: sie wurden wie andere landwirtschaftliche Produkte zu einer abstrakten Formel für globale Finanztransaktionen internationaler Banken und Aktionäre gesteuert (vgl. Nibert 2013, S. 216). Konzentrationsprozesse haben zu einem hoch spezialisierten, wettbewerbsfähigen Wirtschaftssektor mit vertikal integrierten Unternehmen und vielschichtigen Beziehungen zwischen nichtmenschlichen Tieren, Landwirten, Verbrauchern, Arbeitnehmern, Forschung und Entwicklung sowie politischen Akteur*innen geführt. Die mächtigen Allianzen und Netzwerke des tierindustriellen Komplexes (vgl. Twine 2012) sind äußerst erfolgreich darin, ihre Ressourcen (einschließlich nichtmenschlicher Tiere) und Gewinne zu sichern und zu schützen – auch gegen Kritiker*innen des Systems. Er investiert Milliarden Dollar bzw. Euro in politisches Lobbying und in Werbung, um Tierausbeutung und -tötung zu verschleiern und das Produkt als unverzichtbar darzustellen. Während er die Empathie der Konsument*innen für sich instrumentalisiert, wertet er die Empathie der Tierrechtsaktivist*innen als Hysterie ab und kriminalisiert sie (vgl. Potter 2011; Sorenson / Matsuoka 2021).

Die Tierindustrie ist ein wesentlicher Pfeiler westlicher und globaler Wirtschaft und beruht auf institutionalisierten Formen des Anthropozentrismus und Speziesismus. Der normative Anthropozentrismus bezieht sich auf die Vorstellung, der Mensch sei allen anderen Lebensformen auf der Welt überlegen und könne sich dieser daher als Ressourcen für seine Zwecke und Bedürfnisse bedienen. Er durchzieht die gesamte westliche Denktradition und impliziert, dass nichtmenschliche Tiere durch Tötung, Gefangenschaft und Ausbeutung weniger Schaden erleiden als Menschen, die angeblich als einzige ihr Leid konzeptionalisieren können (vgl. Steiner 2010). Eng verbunden mit dem Anthropozentrismus ist der Speziesismus. Dieser Begriff wurde 1970 von Richard Ryder in Anlehnung an Begriffe wie ‚Rassismus‘ und ‚Sexismus‘ geprägt, die spezifische Diskriminierungsformen bezeichnen (vgl. Ryder 2010), d. h. eine Ungleichbehandlung aufgrund eines bestimmten Merkmals wie beispielsweise die Zugehörigkeit zu einer bestimmten Rasse, Geschlecht oder eben zu einer bestimmten Tierart. Die *Critical Animal Studies* sehen Speziesismus als Ideologie, welche die Abwertung, Verdinglichung und Ausbeutung nichtmenschlicher Tiere legitimiert, bzw. in seiner institutionalisierten Form als Produktionsweise und materielles System im Kapitalismus (vgl. Sanbonmatsu 2011). Dieser Zugang zu Tieren ignoriert sie als Individuen und Subjekte, indem er nur Gattungen oder Kategorien in den Blick nimmt, bzw. einzelne Tiere nur als Gattungsvertreter*innen.

Eine spezifische Form des Speziesismus ist der ‚Karnismus‘, die Ideologie, die Fleischkonsum als etwas „Natürliches, Normales und Notwendiges" darstellt (vgl. Joy 2011). Joy verweist damit darauf, dass wie der Vegetarismus und Veganismus auch der Karnismus auf einer Entscheidung für eine bestimmte Ernährungsweise und damit auf sozialen Konstruktionen und Konventionen beruht. Insbesondere die gestiegene Empathie für Tiere in der Moderne kann jedoch zu kognitiver Dissonanz führen, wenn wir „Hunde streicheln, Schweine essen und Kühe tragen" (ebd.). Hier helfen eine Reihe von psychologischen und sozialen Verdrängungs- und Verleugnungsmechanismen sowie sehr grundlegende räumliche (vgl. Philo /Wilbert 2000), sprachliche (vgl. Stibbe 2001) und normative Konventionen, die uns Menschen von den Tieren trennen (‚Othering'), letztere unsichtbar und unhörbar machen (‚Silencing') und damit deren Verzweckung möglich machen (vgl. Grušovnik/Spannring/Lykke Syse 2021).

2.2 Ziele und theoretischer Rahmen der *CAS*

Wie in anderen neueren akademischen Feldern ist auch die Forschung in den *Critical Animal Studies* häufig mit Aktivismus verbunden, der zu einem gesellschaftlichen Wandel beitragen möchte. So wie die *gender studies* parallel zur Frauenbewegung, die *African and Black studies* parallel zur Emanzipationsbewegung Schwarzer, und die *environmental studies* parallel zur Umweltbewegung entstanden sind, sehen sich Forscher*innen der *Critical Animal Studies* in enger Verbindung mit der Tierbefreiungsbewegung. Die *CAS* haben damit einen grundsätzlich emanzipatorischen Charakter, indem sie sich mit Machtverhältnissen, Ungleichheit und Hierarchie auseinandersetzen, sowie mit Strategien, Ausbeutung zu reduzieren (vgl. Sorenson 2010, S. 16).

Die *CAS* grenzen sich von den *Animal Studies* der Naturwissenschaften ab, sofern letztere auf Vivisektion und Tierexperimenten beruhen, und den *Human-Animal Studies*, die den Anthropozentrismus und Speziesismus in der Gesellschaft (und Wissenschaft) nicht oder wenig thematisieren und damit zur Perpetuierung der Tierausbeutung beitragen. Eine weitere Abgrenzungslinie besteht zum Posthumanismus, insofern er – beeinflusst vom Postmodernismus und der Kontinentalphilosophie – Fragen der Macht und Ausbeutung ausklammert, sich in theoretischen Konstrukten und analytischen Sezierungen ‚des Tieres' ergeht und damit die realen Tiere und deren Lebensbedingungen ignoriert (vgl. Weisberg 2009). Eine derartige Philosophie im Elfenbeinturm lehnen die *CAS* ab. Sie fordern eine Politisierung der Mensch-Tier-Verhältnisse und deren Verwobenheit mit anderen Macht- und Ausbeutungssystemen nicht zuletzt im akademischen Feld, wo unter dem Deckmantel der Objektivität und Neutralität Interessen bedient werden (vgl. Nocella et al. 2014).

Das Ziel der *CAS* ist „ein breites und ganzheitliches Verständnis von hierarchischen Machtsystemen (z. B. Rassismus, Sexismus, Klassismus und Speziesismus) und deren komplexen Zusammenhängen" (Best 2007, S. 3) im Rahmen eines ‚Unity of Oppression' Ansatzes (vgl. Gamerschlag 2011) zu entwickeln. Die Analyse der Machtsysteme beinhaltet im Kern eine Kritik am Kapitalismus und seinen „systemischen, destruktiven Auswirkungen [...] auf alles Lebendige und die

Erde" (vgl. Best 2007, S. 3). Die *CAS* engagieren sich für eine kritische Praxis, die darauf beruht, den Unterdrückten zuzuhören und mit ihnen zu arbeiten. Sie gehen davon aus, dass Tiere ihre eigene Stimme und Handlungsfähigkeit haben und vertreten damit eine Standpunkttheorie für Tiere (z. B. Kahn 2010; Best 2009; Adams / Donovan 2006), auch wenn Tiere sich anders äußern als Menschen oder von Menschen nicht vollständig verstanden werden.

Auf der theoretischen Ebene sehen sich die *CAS* in der Tradition der Kritischen Theorie und beziehen sich auf deren breites Spektrum an Ansätzen, wie den Marxismus (vgl. Noske 1997), Öko-Feminismus (z. B. Adams / Donovan 2006), postkoloniale Theorie (z. B. Armstrong 2002), Foucault (z. B. Shukin 2009; Lloro 2021) und insbesondere auf die Arbeiten der Frankfurter Schule (Sanbonmatsu 2011). In deren Analysen von Faschismus und Kapitalismus erfuhren Tiere eine explizite Berücksichtigung – eine Tatsache, die von den nachfolgenden Generationen von Theoretikern ignoriert und erst mit dem ‚animal turn' wieder aufgegriffen wurde (vgl. Mütherich 2000).

Ein zentraler Aspekt ist hier die Wechselbeziehung der Unterdrückung, die „Dialektik der Naturbeherrschung" (ebd., S. 159). In den Schriften von Horkheimer, Adorno und Marcuse werden nichtmenschliche Tiere nicht nur als Opfer der Machtverhältnisse sichtbar, sondern sind Dreh- und Angelpunkt der Analyse des Totalitarismus und des Holocausts (vgl. ebd.). In ihrer Rekonstruktion der Geschichte westlicher Zivilisation steht die Abfolge verschiedener Ebenen der Naturbeherrschung im Vordergrund, die schließlich zur instrumentellen Vernunft und Instrumentalisierung der Natur und nichtmenschlicher Tiere führte. Wie eng instrumentelle Vernunft, Irrationalität, Gewalt und Ausbeutung zusammenhängen, zeigt sich in dem Wissenschaftler, der mit Tieren experimentiert, um seine „blutigen wissenschaftlichen Schlüsse zu ziehen" (Horkheimer / Adorno 1947/1986, S. 262). Mit der Überwindung von Natur und Animalität durch die Kommodifizierung der nichtmenschlichen Tiere im Produktionsprozess geht jedoch auch eine Selbstentfremdung des Menschen einher, der seine eigene Animalität unterdrücken muss, um sich in die kapitalistische Gesellschaft einfügen zu können. Diese Abspaltung beraubt ihn jeglicher sinnvollen Verbindung mit der Natur und anderen Lebewesen. In diesem Sinne sprechen Adorno und Horkheimer von der doppelten Naturbeherrschung: Jedes menschliche Subjekt muss sich an der Ausbeutung der äußeren Natur beteiligen und zu diesem Zweck seine eigene innere Natur unterdrücken (vgl. Mütherich 2000; Sanbonmatsu 2011). Diese Unterdrückung der inneren Natur kann sich jedoch rächen und einen hohen Preis haben. Die vielleicht schwerwiegendsten Folgen lassen sich bei einigen Arbeitnehmer*innen feststellen, deren Arbeit mit der Tötung von Tieren und extremer Gewalt gegenüber Tieren verbunden ist. Arbeiter*innen in Schlachthäusern, Tierärzt*innen, Pelztierzüchter*innen und Laborant*innen müssen ihr natürliches Einfühlungsvermögen in die Tiere zurücknehmen und können so einem ‚moralischen Stress' ausgesetzt sein, der zu sogenanntem ‚Perpetration-Induced Traumatic Stress' (PITS) führt (vgl. Grušovnik/Blaznik 2022).

In ihren Studien über den autoritären Charakter zeigen Adorno und seine Mitautoren (1968) auch die Rolle von nichtmenschlichen Tieren und Animalität auf, und zwar insofern als sie den Zusammenhang zwischen der Entmenschlichung des Feindes, der Aufdeckung seiner Verletzlichkeit und seiner Animalisierung aufzeigen. Der Fremde, der vermeintliche Feind, wird mit dem Kriminellen, dem Abnormen und dem ‚ekelhaften Tier' assoziiert. Fremdenfeindlichkeit, Antisemitismus, Ethnozentrismus, Sexismus und andere Vorurteile sind immer Deformationen der verleugneten Erinnerungen an den eigenen Körper und die eigene Animalität, die auf verinnerlichter Affektkontrolle und kultureller Disziplinierung beruhen. Sie äußern sich in Ressentiments gegen diejenigen, die die Projektionsflächen dieser Aspekte sind: Ausländer, Frauen und nichtmenschliche Tiere (vgl. Mütherich 2000).

Die Kritik der Frankfurter Schule an der kapitalistischen Gesellschaft und jene der Tierbefreier*innen am Speziesismus teilen die Beobachtung der Unfreiheit in der Welt, das heißt, dass Mensch und Tier „unter Bedingungen der Entfremdung existieren" und daher „anders sind als sie sind" (vgl. Marcuse 2020, zit. in Sanbonmatsu 2011, S. 5). In beiden Fällen bedeutet dies, dass bestehende ökonomische Arrangements, soziale Normen, Wissenschaft und Technologie, kulturelle Ausdrucksformen und die grundlegenden Begriffe des sozialen und politischen Denkens in Frage gestellt werden, und eine emanzipatorische Praxis angestrebt wird, welche die Subjekte aus Gewalt- und Herrschaftsverhältnissen befreien soll (vgl. Sanbonmatsu 2011).

3 Critical Animal Pedagogy

3.1 Bildungswissenschaftlichen Themenstellungen

In dieser Tradition kritischer Theoretiker*innen stellt die *CAP* die Frage, wessen Interessen in bestimmten institutionellen Kontexten und welche Formen von Wissensproduktion bedient werden und wie dominante Ideologien das Alltagsleben und -verständnis durchdringen. In Bezug auf das Bildungssystem bedeutet dies zu erforschen, wie die Schule auf die ungleichen Positionen im Gesellschaftsleben durch repressive und entfremdende soziale Praktiken bzw. Narrative vorbereitet und sie legitimiert (z. B. Illich 1970; Freire 1990; McLaren /Kincheloe 2007). Entsprechend argumentieren sie, dass Bildungsinstitutionen ein wichtiger Bestandteil der biopolitischen Landschaft sind, in der Produktions- und Kontrollregime Leben kommodifizieren, bzw. zu biopolitischem Kapital machen (vgl. Andrzewski 2003; Kahn 2010; Pedersen 2010; Nocella et al. 2019).

Nichtmenschliche Tiere blicken auf eine lange Tradition von Ausbeutung als Lehr- und Lernmaterialien, wissenschaftliche Objekte, Repräsentanten von Arten (anstatt individueller Subjekte) und als Essen in Schulkantinen zurück. Nicht nur invasive Interventionen wie das Sezieren im Biologieunterricht, sondern auch nicht-invasive pädagogische Situationen wie tiergestützte Pädagogik, Besuche von Zoos und Bauernhöfen, vermitteln die instrumentelle Position und unendliche Verfügbarkeit der Tiere (vgl. Pedersen 2010). So gibt es strukturelle Ähnlichkeiten zwischen dem ‚bildungs-industriellen Komplex‘ (vgl. Picciano/ Spring 2013) und dem tier-industriellen Komplex, indem beide auf Überwachung und Disziplin setzen, um Konformität, Produktivität und Effizienz zu sichern. In beiden Fällen werden Lebewesen über lange Zeit in Gebäuden konzentriert und durch eine bestimmte Abfolge von Produktionsschritten befördert, bevor sie als „bereit für den Konsum durch die Gesellschaft" erachtet werden (vgl. Repka 2019, S. 101). Sowohl die Kinder als auch die Nutztiere werden mehr als Objekte behandelt denn als Individuen.

Analysen der Reproduktion von Tierausbeutung in diversen Lern- und Bildungsräumen beschäftigen sich mit tier-bezogenen Praktiken und Narrativen, die implizite oder explizite Botschaften zum angemessenen, sprich kulturell akzeptablen, Tier-Mensch-Verhältnis beinhalten. Sie reichen von der Überwachung der Tier-Mensch-Grenze in zwischenartlichen Begegnungen in Kindergärten (z. B. Pacini-Ketchabaw/Nxumalo 2015; Cole/Stewart 2014; Myers 2007), der speziesistischen Darstellung nichtmenschlicher Tiere in Form von Spielsachen, bzw. in Kinder- und Schulbüchern und sozialen Medien (z. B. Timmerman/ Ostertag 2011) bis hin zur unhinterfragten Nutzbarmachung in Schulkantinen (Rowe/Rocha 2015), in Unterricht und Forschung (vgl. Oakley 2009; Pedersen 2011).

Dabei spielen epistemologisches und emotionales Management eine große Rolle. Die Art und Weise, wie wir etwas über andere Tiere wissen, wird durch die Art der Lernaufgaben (messen, zählen, beobachten von spezies-typischen physiologischen und Verhaltensmerkmalen), die Fragmentierung von Schulfächern (natur- vs. sozial- und geisteswissenschaftliche Fächer) und damit inhaltliche Trennung von menschlichem und nichtmenschlichem Leben, sowie die räumlich-körperliche Trennung von Tieren bzw. Strukturierung von Tierbegegnungen (Klassenzimmer und Schulbücher, ritualisierte Naturausflüge) stark beeinflusst. Sie vermitteln ein Bild von nichtmenschlichen Tieren als bio-materielle Körper, die eine Existenz in ahistorischer, biologischer Fixierung führen (vgl. Birke 1994), welche außerhalb unserer Nutzungslogik (sei es als Lebensmittel, Forschungswerkzeug, persönlicher Begleiter oder Erhalter eines Ökosystems) keine eigenständige Bedeutung für das Lebewesen hat. Damit werden die vielen Stimmen nichtmenschlicher Akteur*innen in unserer „mehr-als-menschlichen Welt" (vgl. Abram 1996) zum Schweigen gebracht und die Widersprüchlichkeiten und moralischen Ansprüche ausgeblendet.

Wissenschaftliche ‚Neutralität', biologischer Determinismus und das Ausblenden nichtmenschlicher Erfahrungen dienen als Strategien im Umgang mit negativen Emotionen und kognitiver Dissonanz (z. B. in der Ausbildung von Veterinär*innen und Tierpfleger*innen: Menor-Campos et al. 2019; Pedersen 2010). Umgekehrt kann die emotionale Ebene aber auch bewusst angesprochen und für pädagogische oder ökonomische Zwecke genutzt werden, sei es für moralische Botschaften von Tierfabeln, im Tierschutz-Unterricht oder auch in der Werbung für angeblich human produziertes Fleisch. Affektivität ist damit keine verlässliche Hilfestellung, wenn es um die Anerkennung von Tierrechten geht. Tierliebe wird nur bestimmten Kategorien entgegengebracht (etwa nicht den sogenannten Nutztieren, Labortieren und Schädlingen). Auch für ‚Zoo- und Haustiere' ist die proklamierte Tierliebe fragwürdig, insofern wir sie nicht aus unserer ständigen Kontrolle und Disziplinierung entlassen wollen (vgl. Spannring/Kompatscher 2019).

3.2 Nichtmenschliche Tiere in Bildungskontexten: Das Beispiel Zoo

Die Widersprüchlichkeit von Tierliebe und Tierausbeutung, emotionalen und kommerziellen Interessen, Individualisierung und De-Individualisierung, Sichtbarmachung und Verschleierung nichtmenschlicher Tiere sind auch dem zoologischen Blick inhärent. Er ist Ausdruck des menschlichen Bedürfnisses nach Interaktion mit anderen Tieren und der Überschreitung der Mensch-Tier Grenze, und gleichzeitig formt und bestimmt er das tierliche Gegenüber in einer nicht unproblematischen Art und Weise. So zeigt etwa Teresa Lloro (2021) in ihrer interspezies-Ethnographie im *Aquarium of the Pacific* in Long Beach, Kalifornien, wie die neoliberale Logik und die *Edutainment*-Praktiken Tiere disziplinieren, kommerzialisieren und zum Schweigen bringen. Gleichzeitig disziplinieren sie auch die menschlichen Besucher*innen, damit sie sich im Namen nachhaltiger Bildung und nachhaltigen Naturschutzes dem institutionellen Rahmen und der Marktideologie des Zoos anpassen und so die Einkünfte des Zoos sichern. Die Notwendigkeit des Zoos, im kapitalistischen Kontext ökonomisch zu überleben, beeinflusst radikal das Leben der Tiere, die interspezies Beziehungen und die pädagogischen Möglichkeiten, denn die Strategie des Zoos beruht primär darauf, die Erwartungen der Besucher*innen an lebendige Erfahrungen und körperlichen Kontakt mit den Wildtieren zu erfüllen und den Naturschutz-Diskurs entsprechend darzustellen.

Um körperlichen Kontakt zu den Tieren zu ermöglichen, müssen menschliche und nicht-menschliche Körper diszipliniert werden, beispielsweise durch räumliche Eingrenzung (Gefangenschaft der Tiere, flache Bassins für die Haie) und Ausgrenzung (Sperrzonen für Besucher*innen, Absonderung bzw. Tötung kranker, aggressiver und überzähliger Tiere) sowie durch Regulierung und Disziplinierung des Verhaltens der Tiere (z. B. durch die Bereitstellung von Nektar für die Vögel) und des Verhaltens der Besucher*innen (durch Regeln und Aufklärung) hergestellt. Die Verfügungsgewalt der Institution über das Leben der Tiere im Rahmen von Zuchtprogrammen in Gefangenschaft, Krankheitsbekämpfung und deren Tod macht die Tiere zu kommodifizierten Objekten (vgl. Lloro 2021).

Die Instrumentalisierung der Affektivität der Besucher*innen spielt eine wichtige Rolle sowohl für die pädagogische als auch für die wirtschaftliche Strategie des Aquariums. Paradoxerweise kommt diese Affektivität den Tieren nicht zugute, da die Umgebung die Gefangenschaft, Regulierung und Disziplinierung der Tiere rechtfertigt und normalisiert. Die Körper der Tiere werden manipuliert, um den Bedürfnissen und Routinen der Einrichtung und den Wünschen der Besucher*innen zu entsprechen. Die Tiere können sich nicht frei bewegen, um zu jagen und nach Nahrung zu suchen, sie haben keine stabilen Familien- und Freundschaftsstrukturen, sie können sich nicht zurückziehen, können keinen eigenen Interessen nachgehen und auch keine intakte natürliche Umgebung erleben, die mit ihnen im Dialog stünde (vgl. De Giorgio 2016, S. 171). Der Hai wird zur sympathischen Vorzeige-Spezies im Naturschutz hochstilisiert und gleichzeitig als lebendes Individuum mit seinen tatsächlichen Lebensumständen durch Kommodifizierung und Idealisierung verschleiert (vgl. Loro 2021).

Der Bildungsraum Zoo fördert damit den zoologischen Blick, der ähnlich dem „kolonialistischen Blick" (Pratt 2008) die Unterdrückung und die daraus resultierende Perversion der Subjektivität übersieht. Stattdessen werden die Besucher*innen in der Sprache der Ökosystemleistungen und der Konsumideologie geschult, etwa wenn das Problem des Überfischens in einem anthropozentrischen Rahmen („sonst gibt es keine Fische mehr für uns im Ozean", vgl. Lloro 2021, S. 47) präsentiert und durch die Bildung des umweltfreundlichen Konsumenten von öko-zertifizierten Meerestieren neoliberal gelöst wird. Während andere Lösungen wie die Verringerung des Fischkonsums oder Förderung vegetarischer Ernährung verschwiegen werden, wird die vorgebliche Lösung eines gesellschaftspolitischen Problems bequemerweise den Interessen des Marktes überlassen und vor Ort in den Restaurants genutzt.

3.3 Ziele und Strategien der *CAP*

Zentrales Ziel im Sinne einer Kritischen Pädagogik ist die Entwicklung eines kritischen Bewusstseins und transformativen Handelns. Für die pädagogische Praxis wird ein weites Spektrum nicht-invasiver und nicht-interventionistischer Möglichkeiten für unterschiedliche Altersgruppen und Schulfächer aufgespannt, die dem abolitionistischen Credo „Hände weg!" folgen (vgl. MacCormack 2013).

Zu den *CAP*-Strategien gehört eine altersgerechte Dekonstruktion des Tierindustriellen Komplexes und seiner Mythen und Taktiken. Kinder haben ein

Recht darauf zu erfahren, wo ihr Essen herkommt und was – auch bei angeblich glücklichen Tieren – dahintersteckt. In diesem Zusammenhang spielen auch eine kritische Medienkompetenz und affektive Kompetenz eine Rolle, um mit den emotional aufgeladenen Tierbildern der Werbung aber auch mit den negativen Gefühlen von Entsetzen, Wut, Scham, Dissonanz und ontologischer Unsicherheit im Kontext von Tierausbeutung konstruktiv umgehen zu können. Des Weiteren nimmt die Erarbeitung individueller oder kollektiver Lösungsstrategien einen breiten Raum ein, beispielsweise die Auseinandersetzung mit veganer Ernährung, die Einführung eines Veggie-Tags oder die Verbesserung des Kantinenangebots, oder politischem Aktionismus (vgl. Gunnarson Dinker / Pedersen 2019). In diesem Zusammenhang kann eine spezies-inklusive intersektionelle Bildung mit den Schüler*innen erforschen, wie Tierausbeutung mit anderen Diskriminierungsformen zusammenhängt und wie Prozesse des *Othering*, d. h. der Konstruktion von Andersartigkeit und damit Diskriminierung, ablaufen (vgl. Russell / Semenko 2016).

Ein weiterer wesentlicher Bestandteil der *CAP* bezieht sich auf die Möglichkeiten, Anthropozentrismus zu verlernen. Dazu gehört erstens eine Bewusstmachung der Dualismen und Wertehierarchien, d. h. die kategorielle Trennung von Mensch und Tier und die Abwertung des Tierlichen und der nichtmenschlichen Tiere als Basis anthropozentrischen und speziesistischen Denkens und Handels und seiner linguistischen und sozialpsychologischen Verschleierungsmechanismen. Zweitens bedarf es der neueren ethologischen Erkenntnisse (vgl. Bekoff 2002) und praktischer Möglichkeiten, dem tierlichen Anderen zuzuhören, um die Tier-Mensch-Grenze zu überwinden. Wer zuhört und nicht spricht, nimmt sich aus Respekt vor dem anderen zurück, und öffnet sich für nonverbale und ungewohnte Formen der Kommunikation, und die Möglichkeit *mit* und *von* einem nichtmenschlichen Anderen zu lernen und nichtmenschlichen Stimmen Gehör zu verschaffen (vgl. Lupinacci 2019).

Schließlich ist das Bildungssystem selbst gefordert zu überlegen, welche Art und Weise mit anderen Tieren zusammenzuleben es fördern will, und wie es einen sicheren Raum für sie schaffen kann – „befreit von menschlichen Interventionen, eingeschlossen pädagogischer Interventionen" (vgl. Gunnarson Dinker / Pedersen 2016, S. 427). Die Einbeziehung von nichtmenschlichen Tieren in diese Lernorte als moralisch relevante Akteure und Interessengruppen würde zwangsläufig eine tiefgreifende Umgestaltung dieser Einrichtungen bedeuten. Im Fall des erwähnten Zoos könnte dies beispielsweise eine „kritische Pädagogik der Gefangenschaft" (Loro 2021, S. 149) implizieren, welche die Gewalt durch die Instrumentalisierung der Tiere thematisiert, Zuchtprogramme in Gefangenschaft sistiert und stattdessen ein Gnadenhof-Modell entwickelt, das Tiere schützt, die nicht mehr ausgewildert werden können, und es den Tieren erlaubt, unabhängig von den Konsumwünschen der Besucher*innen zu leben (vgl. ebd.).

4 Diskussion: Von der Dekonstruktion der Tierliebe zum anti-speziesistischen Bildungsraum

Im Bemühen um eine gerechte und freie Welt gekennzeichnet von kollektiver Ökoliteralität und Biophilie (vgl. Kahn/Humes 2009) verweisen kritische Tierpädagog*innen gerne auf Paulo Freires *Pädagogik der Unterdrückten* (1990) wegen seines emanzipatorischen Potentials (vgl. Kahn 2010; Acampora 2021; Corman 2011). Tatsächlich werden einige konzeptuelle Elemente der Freireschen Pädagogik in den *CAP* umgesetzt, wie zum Beispiel die Entmystifizierung des Machtverhältnisses zwischen Mensch und Tier, die Förderung der Bewusstseinsbildung, des politischen Aktivismus und der Entwicklung einer Gegenkultur. Schließlich entspricht Freires Kritik an der entmenschlichenden, weil funktionalisierenden Pädagogik der *CAP*-Kritik an einem Bildungssystem, das nichtmenschliche Tiere objektiviert, einsperrt, kontrolliert, manipuliert und zum Schweigen bringt, um deren Nutzung zu reproduzieren.

Über ein prima facie Versprechen einer Befreiungspädagogik für die *CAP* hinaus wurde jedoch bislang vor allem Freires anthropozentrische Anthropologie kritisch diskutiert. Befreiung bedeutet für Freire, sich von der Natur zu emanzipieren, sie durch Arbeit nach menschlichen Vorstellungen zu modifizieren und zu transformieren. Der Tier-Mensch-Dualismus ist die Grundlage seiner Vorstellung, dass nur das politische Bewusstsein und das aktive Eingreifen in die Geschichte den Menschen aus einer Situation der Unterdrückung, die der tierlichen – i. e. habitat- und instinktgebundenen – Existenz entspricht, befreit. Damit schließt er nicht-menschliche Tiere aus dem Kreis derer, die von humanistischer Bildung, Bewusstwerdung und Befreiung profitieren können, aus (vgl. Kahn 2010; Corman 2011; Bell/Russell 2019; Acampora 2021). Während es tatsächlich schwerwiegende Probleme mit Freires Pädagogik aus der Sicht der *CAP* und der Umweltpädagogik (vgl. Bowers/Apffel-Marglin 2015) gibt, könnte sie aber dennoch wichtige Hinweise auf Fehlbereiche und Weiterentwicklungspotentiale der *CAP* liefern, sofern diese eine systematische De-spezifizierung des Bildungsraumes anstrebt. Während eine umfassende Gegenüberstellung von *CAP* und der *Pädagogik der Unterdrückten* im Rahmen dieses Kapitels nicht möglich ist, mögen einige Punkte zur Anregung der Abschlussdiskussion dienen.

Zunächst fällt auf, dass sich im Falle der *CAP* die Bildungsangebote nicht an tierliche Unterdrückte richten, sondern an menschliche Unterdrücker*innen (vgl. MacCormack 2013; Gunnarson Dinker/Pedersen 2016, S. 417). Dies wirft die Frage nach den Möglichkeiten und Grenzen in der pädagogischen Arbeit mit Privilegierten auf, deren Identitäten und Praktiken auf der Wahrnehmung einer legitimen Berechtigung beruhen, die durch zahlreiche Narrative und nicht zuletzt juristische Festlegungen abgesichert sind. Neben Publikationen über erfolgreiche Lernprozesse bzw. Interventionen für eine vegane Ernährungsweise, gibt es auch skeptische Forschungsarbeiten, die eher auf die beharrenden Tendenzen im Zusammenhang mit dem Phänomen des Leugnens, der Verdrängung und der öffentlichen Untätigkeit hinweisen (vgl. Joy 2011; Sorenson 2014; Grušovnik/Spannring/Lykke Syse 2020). In einem individualistisch organisierten Bildungssystem bleibt die Bemühung häufig an individueller epistemischer und ethischer Verantwortung hängen und berücksichtigt zu wenig die Bedeutung der sozialen Verfasstheit aktiver Unwissenheit, die kollektive Verantwortung sowie den Effekt des pädagogischen Affronts auf die – häufig tierliebenden – Lernenden (vgl. Spannring/Grušovnik 2019).

Während sich das Augenmerk der *CAP* auf die menschlichen Lernenden und dahinterstehende ausbeuterische Mensch-Tier-Verhältnisse richtet, bleibt der Blick auf die Unterdrückten merkwürdig vage und einseitig. Die Emanzipation und Befreiung nicht-menschlicher Akteur*innen, die bei Freire gänzlich undenkbar sind, wird von *CAP* im Sinne des Abolitionismus zwar zum Ziel, bleibt aber vom Unterdrücker her gedacht. So bleibt das Tier ein Objekt, das nach menschlichen Moralvorstellungen in die eine oder andere vermutlich befreite Lebenslage verfrachtet wird, und damit einem wohlmeinenden, jedoch paternalistischen Speziesismus verhaftet, der sich weiterhin weigert, sich auf das tierliche Subjekt einzulassen. Ein Bewusstwerdungsprozess im Sinne Freires ist hier nicht konzeptualisiert, obwohl die *CAS* gerne auf die Agency von Tieren (z. B. Hribal 2011; Amir 2021) verweist, um den moralischen Anspruch der Tierrechte zu legitimieren.

Dies hat wohl auch damit zu tun, dass sich die *CAP* in erster Linie auf sogenannte Nutztiere bezieht, deren spezies-spezifisches Schicksal sich tatsächlich durch kategorische Lösungen verbessern lässt (Verbot oder stärkere Reglementierung der Tierindustrie, veganer Lebensstil) und keine Notwendigkeit zu bestehen scheint, sich mit individuellen tierlichen Subjekten auseinanderzusetzen. Demgegenüber werden sogenannte Haus- und Begleittiere – in unserer Wahrnehmung aufgrund unserer persönlichen Beziehungen zu ihnen als Persönlichkeiten mit eigener Geschichte und Agency – kaum in der *CAP* thematisiert. Im Unterschied zur *Humane Education* (vgl. Selby 1995), die stark auf die Förderung von Empathie und Fürsorge über den Kontakt mit ‚Haustieren' setzt, besteht, wie weiter oben erläutert, in der *CAP* eine Skepsis gegenüber einem eindeutigen Wirkmechanismus zwischen Affektivität und dem Zugeständnis von Tierrechten (vgl. Gunnarson Dinker/Pedersen 2016). Umgekehrt bleibt aber auch die wenige *CAS*-Literatur zu ‚Haustieren' (z. B. Meijer 2020) völlig unkritisch gegenüber speziesistischen Vorstellungen, die den nichtmenschlichen Partner als ‚Haustier' diskriminieren (vgl. Marchesini 2016). Die Kritik an den Tier-Mensch-Verhältnissen findet keine Entsprechung auf der Mikroebene der Beziehungen, indem dort Machtverhältnisse, naiver Anthropomorphismus und Anthropo-Formation (ebd.) sowie deren Auswirkungen auf die nichtmenschlichen Tiere analysiert würden. Somit bleibt auch hier das unterdrückte tierliche

Subjekt unsichtbar und ethische und ethologische Kriterien, um sie in einem sozio-kognitiven Rahmen zu verstehen und zu schützen, bleiben aus (vgl. De Giorgio 2016). Diese Problematik bleibt auch in Lloros Vorschlag sichtbar, die empathischen und fürsorglichen Beziehungen der Tierpfleger*innen als Vorbild für pädagogische Settings zu nehmen (2021), denn sie orientieren sich immer noch daran, wie die tierlichen Pfleglinge in menschlichen Augen sind bzw. sein sollen, und wie sie zu behandeln sind. Ohne eine Kultur, die in der Lage und bereit ist, nichtmenschliche Tiere als „Eigentümer ihrer eigenen Erfahrungen" (vgl. De Giorgio 2016) anzuerkennen, bleibt die Tierliebe ein leeres Versprechen für die Tiere und das Potential von Freires Konzepten wie Dialog, Lehrer-Schüler und Schüler-Lehrer sowie Gegenkultur, die ja Subjekte voraussetzen, für die CAP unausgeschöpft. Das Lernen *mit* und *von* nichtmenschlichen Anderen (z. B. Lupinacci 2019; Oakley et al. 2010) bedarf eines Subjektivitäts- und Lernbegriffs, der nicht nur auf Menschen anwendbar ist, sondern Lernende über alle Spezies- und Kategoriengrenzen hinweg befreit und einen de-zentrierten Bildungsraum ermöglicht.

Literatur

Abram, David (1996): The Spell of the Sensuous: Perception and Language in a More-Than Human World. New York, NY: Vintage Books.

Acampora, Ralph (2021): Zoögogy of the Oppressed. In: Journal of Critical Animal Studies 18(1), S. 4–18.

Adams, Carol/Donovan, Josephine (Hrsg.) (2006): Animals and Women. Durham, NC: Duke University Press.

Adorno, Theodor W. (1968): Der Autoritäre Charakter. Studien über Autorität und Vorurteil, Bd. 1. Amsterdam, NL: de Munter.

Amir, Fahim (2021): Schwein und Zeit. Tiere, Politik, Revolte. Hamburg, D: Edition Nautilus.

Andrewski, Julie (2003): Teaching animal rights at the university: Philosophy and practice. In: Animal Liberation Philosophy and Policy Journal, 1(1), S. 16–34.

Armstrong, Philip (2002): The Postcolonial Animal. In: Society & Animals 10(4), S. 413–19.

Bekoff, Marc (2002): Minding Animals: Awareness, emotions, and heart. Oxford, UK: Oxford University Press.

Bell, Anne/Russell, Constance (2019): Beyond Human, Beyond Words: Anthropocentrism, Critical Pedagogy, and the Poststructuralist Turn. In: Nocella II, Anthony J./Drew, Carolyn/George, Amber E./Ketenci, Sinem/Lupinacci, John/Purdy, Ian/Leeson-Schatz, Joe (Hrsg.): Education for Total Liberation. Critical Animal Pedagogy and Teaching against Speciesism. New York, NY: Peter Lang, S. 27–42.

Best, Steve (2007): Introduction. In: Journal of Critical Animal Studies, 5(1), S. 2–3.

Best, Steve (2009): The Rise of Critical Animal Studies: Putting Theory into Action and Animal Liberation into Higher Education. Journal for Critical Animal Studies, 7(1), S. 9–52.

Birke, Linda (1994): Zipping up the Genes; Putting Biological Theories Back into the Closet. Perversions, 1, S. 38–51.

Bowers, Chet A./Apffel-Marglin, Frederique (2015): Rethinking Freire. Globalization and the Environmental Crisis. London, UK: Routledge

Cole, Matthew/Stewart, Kate (2014): Our children and other animals: the cultural construction of human-animal relations in childhood. Farnham, UK: Ashgate.

Corman, Lauren (2011): Impossible Subjects: The Figure of the Animal in Paulo Freire's Pedagogy of the Oppressed. In: Canadian Journal of Environmental Education, 16, S. 29–45.

De Giorgio, Francesco (2016): Animal Subjectivity: Evolving Ethics in Animal Studies. In: Olsson, I. Anna S./Araújo, Sofia M./Vieira, M. Fátima (Hrsg.): Food Futures: Ethics, Science & Culture, S. 169–174. Wageningen, NL: Wageningen Academic Publishers.

Fitzgerald, Amy J. (2010): A Social History of the Slaughterhouse: From Inception to Contemporary Implications. In: Human Ecology Review, 17, S. 12–46.

Franklin, Adrian (1999): Animals and Modern Cultures. A Sociology of Human-Animal Relations in Modernity. London, UK: Sage.

Freire, Paulo (1990): Pedagogy of the Oppressed. New York, NY: Continuum.

Gamerschlag, Andre (2011): Intersektionelle Human-Animal Studies. Ein historischer Abriss des Unity-of-Oppression-Gedankens und ein Plädoyer für die intersektionelle Erforschung der Mensch-Tier Verhältnisse. In: Chimaira – Arbeitskreis für Human-Animal Studies (Hrsg.): Human-Animal Studies. Über die gesellschaftliche Natur von Mensch-Tier Verhältnissen. Bielefeld: transcript, S. 151–189.

Goldner, Colin (2015): Zoo. In: Ferrari, Arianna/Petrus, Klaus (Hrsg.): Lexikon der Mensch-Tier-Beziehungen. Bielefeld: transcript, S. 438–440.

Grušovnik, Thomas/Blaznik, Maša (2022): Denied Relationship: Moral Stress in the Vocational Killing of Non-Human Animas. In: Thomas, Natalie (Hrsg.): Animals and Business Ethics. Cham, CH: Palgrave Macmillan, S. 251–270. https://doi.org/10.1007/978-3-030-97142-7_12.

Grušovnik, Thomas/Spannring, Reingard/Lykke Syse, Karen (Hrsg.) (2021): Environmental and Animal Abuse Denial. Averting Our Gaze. Lanham, MD: Lexington.

Gunnarson Dinker, Karin/Pedersen, Helena (2016): Critical Animal Pedagogies: Re-Learning our relations with animal others. In: Lees, Helen E./Noddings, Nel (Hrsg.): Palgrave international handbook of alternative education. London, UK: Palgrave Macmillan, S. 415–430.

Gunnarson Dinker, Karin/Pedersen, Helena (2019): Critical Animal Pedagogy: Explorations Toward Reflective Practice. In: Nocella II, Anthony J./Drew, Carolyn/George, Amber E./Ketenci, Sinem/Lupinacci, John/Purdy, Ian/Leeson-Schatz, Joe (Hrsg.): Education for Total Liberation. Critical Animal Pedagogy and Teaching against Speciesism. New York, NY: Peter Lang, S. 45–62.

Horkheimer, Max/Adorno, Theodor W. (1947/1986): Dialektik der Aufklärung, Frankfurt am Main: Fischer.

Hribal, Jason (2011): Fear of the animal planet: The hidden history of animal resistance. Chico, CA: AK Press.

Illich, Ivan (1970): Deschooling society. New York, NY: Harper and Row.

Joy, Melanie (2011): Why we love dogs, eat pigs and wear cows. San Francisco, CA: Corani Press.

Kahn, Richard (2010): Critical Pedagogy, Ecoliteracy & Planetary Crisis: The Ecopedagogy Movement. New York, NY: Peter Lang.

Kahn, Richard/Humes, Brandy (2009): Marching out from Ultima Thule: Critical counter-stories of emancipatory educators working at the intersection of human rights, animal rights, and planetary sustainability. In: Canadian Journal of Environmental Education 14, S. 179–195.

Lloro, Teresa (2021): Animal Edutainment in a Neoliberal Era. Politics, Pedagogy, and Practice in the Contemporary Aquarium, New York, NY: Peter Lang.

Lupinacchi, Johnny (2019): Teaching to end human supremacy – Learning to recognize equity in all species. In: Nocella II, Anthony J./Drew, Carolyn/George, Amber E./Ketenci, Sinem/Lupinacci, John/Purdy, Ian/Leeson-Schatz, Joe (Hrsg.): Education for Total Liberation. Critical Pedagogy and Teaching Against Speciesism. New York, NY: Peter Lang, S. 81–98.

MacCormack, Patricia (2013): Gracious Pedagogy. In: Journal of Curriculum and Pedagogy, 10(1), S. 13–17.

Marchesini, Roberto (2016): Zoomimesis: animal inspiration. In: Angelaki, 21(1), S. 175–197. doi: 10.1080/0969725X.2016.1163841

McLaren, Peter/Kincheloe, Joe (2007): Critical Pedagogy: Where are we now? New York, NY: Peter Lang.

Meijer, Eva (2020): Stray Philosophy II: Dog/Human Reflections on Education, Boundaries, Care, and Forming Interspecies Communities. In: Journal for Critical Animal Studies, 17(3), S. 3–30.

Menor-Campos, David J./Knight, Sarah/Sánchez-Muñoz, Carolina/López-Rodríguez, Rocío (2019): Human-Directed Empathy and Attitudes Toward Animal Use: A Survey of Spanish Veterinary Students. In: Anthrozoos, 32(4), S. 471–487, doi: 10.1080/08927936.2019.1621518

Mütherich, Birgit (2000): Die Problematik der Mensch-Tier-Beziehung in der Soziologie: Weber, Marx und die Frankfurter Schule. Münster: LIT.

Myers, Gene (2007): The significance of children and animals: Social development and our connections to other species. West Lafayette, IN: Purdue University Press.

Nibert, David (2013): Animal Oppression and Human Violence: Domesecration, Capitalism, and Global Conflict, New York, NY: Columbia University Press.

Nocella II, Anthony J./Drew, Carolyn/George, Amber E./Ketenci, Sinem/Lupinacci, John/Purdy Ian/Schatz-Lesson, Joe (Hrsg.) (2019): Education for Total Liberation. Critical Pedagogy and Teaching Against Speciesism. New York, NY: Peter Lang.

Nocella II, Anthony J./Sorenson, John/Socha, Kim/Matsuoka, Atsuko (Hrsg.) (2014) Defining critical animal studies: an intersectional social justice approach for liberation. New York, NY: Peter Lang.

Noske, Barbara (1997): Beyond boundaries. Humans and Animals. Montreal: Black Rose Books.

Oakley, Jan (2009): Under the Knife: Animal Dissection as a Contested School Science Activity. In: Journal for Activist Science and Technology Education 1(2), 59–67.

Pacini-Ketchabaw, Veronica/Nxumalo, Fikile (2015): Unruly Raccoons and Troubled Educators: Nature/Culture Divides in a Childcare Centre. In: Environmental Humanities, 7, S. 151–168. doi: 10.1215/22011919-3616380

Pedersen, Helena (2010): Animals in schools: Processes and strategies in human-animal education. West Lafayette, IN: Purdue University Press.

Pedersen, Helena (2011): Counting Affects: Mo(ve)ments of Intensity in Critical Avian Education. In: Canadian Journal of Environmental Education, 16, S. 14–45.

Philo, Chris/Wilbert, Chris (Hrsg.) (2000): Animal Spaces, Beastly Places: New geographies of human-animal relations. London, UK: Routledge.

Picciano, Anthony/Spring, Joel (2013): The great American educational-industrial complex: Ideology, technology, and profit. New York, NY: Routledge.

Pratt, Mary Louise (2008): Imperial Eyes. Travel Writing and Transculturation. London, UK: Routledge.

Potter, Will (2011): Green Is the New Red: An Insider's Account of a Social Movement Under Siege. San Francisco, CA: City Lights Books.

Regan, Tom (1983): The Case for Animal Rights. Los Angeles, CA: University of California Press.

Repka, Meneka (2019): Intersecting Oppressions: The Animal Industrial Complex and the Educational Industrial Complex. In: Nocella II, Anthony J./Drew, Carolyn/George, Amber E./Ketenci, Sinem/Lupinacci, John/Purdy, Ian/Leeson-Schatz, Joe (Hrsg.): Education for Total Liberation. Critical Pedagogy and Teaching Against Speciesism. New York, NY: Peter Lang, S. 99–120.

Ritvo, Harriet (1988): The Emergence of Modern Pet-Keeping. In: Rowan, Andrew N. (Hrsg.): Animals and People Sharing the World. Hanover, UK: University Press of New England, S. 13–32.

Roscher, Mieke (2015): Tierschutzbewegung. In: Ferrari, Arianna/Petrus, Klaus (Hrsg.): Lexikon der Mensch-Tier-Beziehungen, Bielefeld: transcript, S. 371–376.

Rowe, Bradley/Rocha, Samuel (2015): School Lunch is Not a Meal: Posthuman Eating as Folk Phenomenology. In: Educational Studies, 51(6), S. 482–496. doi: 10.1080/00131946.2015.1098643

Russell, Constance/Semenko, Keri (2016): We Take "Cow" as a Compliment: Fattening Humane, Environmental, and Social Justice Education. In: Counterpoints, 467, S. 211–220.

Russell, Constance/Spannring, Reingard (2019): So what for other animals? Environmental education research after the animal turn. In: Environmental Education Research, 25(8), S. 1137–1142. doi: 10.1080/13504622.2019.1687639

Ryder, Richard Dudley (2010): Speciesism again: The original leaflet. In: Critical Society, 2(1), S. 2.

Sanbonmatsu, John (Hrsg.) (2011): Critical Theory and animal liberation. Lanham, MD: Rowman & Littlefield.

Sadners, Bas (2020): "Global Animal Slaughter Statistics & Charts: 2020 Update" Faunalaytics, 29. Juli, 2020. https://faunalytics.org/global-animal-slaughter-statistics-and-charts-2020-update/(Abfrage: 7.5.2022).

Selby, David (1995): Earthkind: A teacher's handbook on humane education. Stoke-on-Trent, UK: Trentham Books.

Shukin, Nicole (2009): Animal Capital: Rendering Life in Biopolitical Times. Minneapolis: University of Minnesota Press.

Singer, Peter (1975): Animal Liberation. New York, NY: Ecco.

Smil, Vaclav (2011): Harvesting the Biosphere: The Human Impact. Population and Development Review 37(4), 613–36. doi:10.1111/j.1728–4457.2011.00450.x

Sorenson, John (Hrsg.) (2014): Critical animal studies: Thinking the unthinkable. Toronto, ON: Canadian Scholar's Press.

Sorenson, John/Matsuoka, Atsuko (2021): Political Economy of Denialism: Addressing the Case of Animal Agriculture. In: Grušovnik, Tomaž/Spannring, Reingard/Lykke Syse/Karen (Hrsg.) Environmental and Animal Abuse Denial. Averting Our Gaze. Lanham, MD: Lexington, S. 145–167.

Spannring, Reingard/Schachinger, Karin/Kompatscher, Gabriela/Boucabeille, Alejandro (Hrsg.) (2015): Disziplinierte Tiere? Perspektiven der Human-Animal Studies für die wissenschaftlichen Disziplinen. Bielefeld: transcript.

Spannring, Reingard/Grušovnik, Tomaž (2019): Leaving the Meatrix? Transformative learning and denialism in the case of meat consumption. In: Environmental Education Research, 25(8), S. 1190–1199. https://doi.org/10.1080/13504622.2018.1455076

Spannring, Reingard/Kompatscher, Gabriela (2019): Haustiere: Ambivalenzen einer Freundschaft. In: TIERethik, 11(18), S. 7–37.

Steiner, Gary (2010): Anthropocentrism and its discontents: The moral status of animals in the history of western philosophy. Pittsburgh, PA: University of Pittsburgh Press.

Stibbe, Arran (2001): Language, Power and the Social Construction of Animals. In: Society & Animals, 9(2), S. 145–61.

Timmerman, Nora/Ostertag, Julia (2011): Too Many Monkeys Jumping in Their Heads: Animal Lessons within Young Children's Media. In: Canadian Journal of Environmental Education, 16, S. 59–75.

Twine, Richard (2012): Revealing the 'animal-industrial complex': A concept and method for critical animal studies. In: Journal for Critical Animal Studies, 10(1), S. 12–39.

Weisberg, Zipporah (2009): The Broken Promises of Monsters. In: Journal of Critical Animal Studies, 7(2), S. 22–62.

Forschungsförderung: Dieser Text entstand im Rahmen des Forschungsprojekts „Surviving the Anthropocene" (FWF, I 4342-G, 2019–2022).

Alterität im Anthropozän

Eine Bedingung von Erziehung und Bildung heute

Christoph Wulf

Einführung

Ein Merkmal des Anthropozäns besteht in der Geringschätzung von Alterität. Seit den Anfängen der Moderne wird sie verstärkt im Kapitalismus und dem damit verbundenen Kolonialismus und Rassismus sichtbar. Die Fokussierung von Wachstum und Fortschritt erschwert die Entwicklung alternativer Formen des Lebens und der Kultur. Viele negative Auswirkungen der anthropogenen Dynamik sind Folgen des Verlusts von Alteritäts-Erfahrungen. Um diese Zusammenhänge zu verdeutlichen, bedarf es der Klärung einiger Begriffe, Fragen und Zusammenhänge. Was verstehen wir unter Anthropozän, Bildung für Nachhaltigkeit und „Global Citizenship Education", d. h. einer Bildung für eine ihrer Heterogenität bewusste Weltgemeinschaft? Was bedeutet Alterität in den Globalisierungsprozessen des Anthropozäns? Dazu gilt es inter- und transkulturelle Kontaktzonen zu identifizieren und die Dynamik inter- und transkultureller Prozesse zu untersuchen.

1 Das Anthropozän und seine Entwicklung

Mit dem Begriff „Anthropozän" wird die Tatsache bezeichnet, dass der Mensch eine tellurische Macht geworden ist, die das Schicksal des Planeten wesentlich mitbestimmt (vgl. Wallenhorst/Wulf 2020, 2023). Kaum noch gibt es Bereiche auf unserem Planeten, die nicht vom Menschen beeinflusst und geformt werden. Diese Situation wirft die Frage auf nach einer globalen Verantwortung des Menschen nicht nur für die Angelegenheiten der Menschheit, sondern für alle Formen des Lebens (vgl. Wulf 2020, 2021b, 2021d). Akzeptiert man diese durch vielfältige Forschungen belegte Notwendigkeit, so wird deutlich, dass eine klare Unterscheidung zwischen Natur und Kultur kaum mehr möglich ist. Im Kontext der UNESCO ist daher die Rede von dem gemeinsamen Erbe von Natur und Kultur. Bereits in der UNESCO-Konvention von 1972 werden überragende kulturelle Werke und Naturstätten zum Welterbe gerechnet. Dazu gehören die großen Werke menschlicher Kultur wie Taj Mahal, Machu Picchu, Akropolis, aber auch Naturstätten wie das Great Barrier Reef, der Nationalpark Iguazú, und der Ngorongoro Nationalpark. Besonders deutlich wird die Verflechtung von Natur und Kultur beim menschlichen Körper. Bereits vorgeburtlich wird seine Entwicklung durch die Verbindung physischer und kultureller Faktoren bestimmt (vgl. Kamper/Wulf 1982; Wulf u. a. 2008; Wulf 2009, 2010, 2013a, 2013b). Ein Blick auf die Körperkonzeptionen in verschiedenen Kulturen macht dies ebenfalls deutlich (vgl. Michaels /Wulf 2011; Wulf/Suzuki 2011).

Der Begriff Anthropozän wurde in einem kurzen Artikel von Crutzen und Stoermer im Jahre 2000 mit der Absicht eingeführt, das gegenwärtige Zeitalter nicht mehr als Holozän, sondern als Anthropozän, als Zeitalter des Menschen, zu bezeichnen, da der Mensch zu einer dieses Zeitalter bestimmenden Größe geworden ist (vgl. Crutzen/Stoermer 2000). Trotz erheblicher Zustimmung wird dieser Vorschlag nach wie vor im Rahmen der internationalen Gesellschaften für Geologie diskutiert. Unabhängig davon, ob die Geologen Anthropozän als Begriff zur Bezeichnung eines neuen Zeitalters akzeptieren oder nicht, der Begriff eignet sich, das Verhältnis zwischen dem Menschen, der Natur und der Welt zu bestimmen (vgl. Wulf 2020). Zwar wurden in diesem Zusammenhang auch andere Begriffe wie „Chthulucene" (Haraway 2016) „Capitalocene" (Moore 2016) oder „Plutocene" (Glikson 2017) mit guten Argumenten zur Charakterisierung der Gegenwart vorgeschlagen. Aufgrund seines viele Bereiche menschlichen Handelns durchdringenden Charakters und seiner anthropologischen Komplexität erscheint es mir jedoch sinnvoll, am Begriff des Anthropozäns festzuhalten (vgl. Wallenhorst/Wulf 2023).

Dieser Begriff macht deutlich, dass sich das Verhältnis zwischen Natur und Kultur grundlegend geändert hat. Im Anthropozän lassen sich eine Reihe von negativen anthropogenen Entwicklungen identifizieren (vgl. Gil/Wulf 2015; Suzuki/Wulf 2021), welche die Lebensgrundlagen der Menschheit und des Lebens auf dem Planeten gefährden und die daher dringend verändert werden müssen. Dazu gehören unter anderen: 1) der Klimawandel; 2) die Zerstörung der Biodiversität; 3) die Destruktion der biogeochemischen Kreisläufe; 4) die Versauerung der Meere; 5) die Umweltverschmutzung bzw. Pollution; 6) der Verbrauch nicht-erneuerbarer Energien (vgl. Wulf 2020).

In der Entwicklung des Anthropozäns lassen sich vier Phasen unterscheiden. Eine *erste Phase* des Anthropozäns beginnt vor etwa 12.000 Jahren. Damals erfolgte: der Rückzug des Eises, die Erwärmung der Erde, die Entwicklung der Landwirtschaft, die Entwicklung des Handels und die Ausbreitung des Menschen, des *Homo sapiens*, über die Erde. Eine *zweite Phase* beginnt mit der Entwicklung der Dampfmaschine durch James Watt 1769 und der Industrialisierung. Sie erstreckt sich bis in die Mitte des 20. Jahrhunderts. In dieser Zeit gewinnen Maschinen an Bedeutung, so dass man von einem Zeitalter der Maschinen sprechen kann. Die Weltbevölkerung wächst von einer Milliarde auf über 6 Milliarden Menschen und die Weltwirtschaft und der Energiebedarf um das Fünfzigfache.

Davon lässt sich eine *dritte Phase* unterscheiden. Diese umfasst die Zeit seit 1945. Sie ist gekennzeichnet durch die Explosion der ersten Atombombe und die

Entwicklung der Kernenergie, durch die gewaltige Beschleunigung des Lebens, die damit verbundene wirtschaftliche Expansion, die Erfindung und globale Verbreitung der neuen Medien, die neuartigen Mensch-Maschinen-Verbindungen mit der Herstellung von Cyborgs und der Entwicklung von künstlicher Intelligenz und Robotik (vgl. Wulf 2021a). Hinzukommen die Zunahme der Bevölkerung auf 8 Milliarden Menschen und die neuen Möglichkeiten der Genetik, die Natur zu verändern. die Entdeckung der Doppelhelix der DNA, des Klonens, die Erforschung des menschlichen Genoms sowie die Möglichkeiten der Manipulation der menschlichen Gene durch die CRISPR Cas Methode (vgl. Doudna / Sternberg 2019; Wulf 2020b).

Den Beginn einer *vierten* Phase des Anthropozäns kann man festmachen an der Verabschiedung der 17 Ziele nachhaltiger Entwicklung auf der UN-Generalversammlung in New York. Diese 2015 beschlossene Agenda 2030 betont die Interdependenzen zwischen den Zielen und lässt sich in die folgenden fünf zentralen Bereiche gliedern; *„people"* (Armut und Hunger, Leben in Würde, Gleichheit, gesunde Umwelt), *„planet"* (Schutz der Ökosysteme), *„peace"* (Inklusion, Frieden, Gerechtigkeit), *„prosperity"* (Wohlergehen aller Menschen durch wirtschaftliche und technische Entwicklung), *„partnership"* (Kooperation). Die Realisierung dieser Aufgaben soll sich an den Prinzipien Universalität, Unteilbarkeit, Inklusion, Rechenschaftspflicht und Partnerschaftlichkeit orientieren (vgl. Wallenhorst / Wulf 2022, 2023).

2 Bildung für nachhaltige Entwicklung und die Weltgemeinschaft

Entwicklung ist nachhaltig, wenn sie die Lebensqualität der gegenwärtigen Generationen sichert und gleichzeitig zukünftigen Generationen die Wahlmöglichkeit zur Gestaltung ihres Lebens erhält (vgl. UNESCO 2017). Die sich aus dieser Bestimmung ergebenden Ziele stehen in wechselzeitiger Beziehung mit einer Kultur des Friedens und der Menschenrechte, der kulturellen Vielfalt und der demokratischen Partizipation und Rechtstaatlichkeit. Zur Transformation der Wirtschaft und der Gesellschaft ist eine Kultur der Nachhaltigkeit erforderlich. Für deren Entwicklung bedarf es auf Zukunft ausgerichteter Leitbilder, Vorstellungen, Normen und Wissensformen.

Bei den Bemühungen um die Realisierung der Transformation zu einer nachhaltigen Weltgesellschaft spielen Erziehung, Bildung und Sozialisation eine zentrale Rolle. Das vierte Ziel der 17 Ziele nachhaltiger Entwicklung enthält die Vision einer globalen *inklusiven, gleichberechtigten, hochwertigen und lebenslangen Bildung*. Bildung für nachhaltige Entwicklung sieht die Entwicklung eines zwölfjährigen öffentlichen Schulsystems vor. Die Schulpflicht soll weltweit wenigstens neun Jahre dauern und einen kostenfreien und qualitativ hochwertigen Unterricht in der Primarstufe und in der Sekundarstufe umfassen. Inklusiv meint hier nicht nur die Inklusion von behinderten, sondern auch von marginalisierten Kindern und Jugendlichen. Gleichberechtigung im Zugang und in der Behandlung im Bildungswesen sind die notwendigen Konsequenzen. Besonders für Mädchen und Frauen ist in vielen Regionen der Welt noch viel zu tun. Um das Wissen und die Kreativität der Kinder und Jugendlichen zu fördern, soll die Qualität von Erziehung und Bildung erhöht werden, u. a. durch eine verbesserte Ausbildung der Lehrer und Lehrerinnen. Schließlich gilt es, die Förderung von Erziehung und Bildung nicht nur auf das Schulwesen zu begrenzen. Berufsbildung und lebenslanges Lernen sollen entwickelt und informale und non-formale Bildung gefördert werden. 4–6 Prozent des Bruttoinlandprodukts oder 15–20 Prozent der öffentlichen Ausgaben sollen für Bildung aufgebracht werden (vgl. Wulf 2020, 2021c).

3 Global Citizenship Education oder Bildung für eine auf Diversität basierende Weltgemeinschaft

Eine an nachhaltiger Entwicklung orientierte Erziehung und Bildung bedarf einer planetaren Perspektive, die jedoch nicht dazu führen darf, kulturelle Unterschiede zu übersehen (vgl. Wulf 2006, 2016). In der Verflechtung von Universellem und Partikularem liegt eine der großen Herausforderungen von Erziehung und Bildung im Anthropozän. Ihr muss auch *Global Citizenship Education*, d. h. Bildung für eine auf Diversität basierende Weltgemeinschaft, gerecht werden (vgl. Wulf 2021b). Trotz erheblicher kultureller und sozialer Differenzen zwischen den politischen Systemen der globalen Staatengemeinschaft ist es offensichtlich, dass viele Probleme der Gegenwart, die Auswirkungen auf das Leben der einzelnen Menschen haben, nur unter Berücksichtigung der globalen Perspektiven angemessen verstanden und bearbeitet werden können. „Global citizenship education" trägt bei zu dem Gefühl einer Zugehörigkeit zu der großen Gemeinschaft der Menschen. Sie betont die wechselseitige politische, ökonomische, soziale und kulturelle Abhängigkeit und die Wechselwirkungen zwischen dem Lokalen, dem Nationalen und dem Globalen. Die Bestimmung des Begriffs als eines Gefühls der Zugehörigkeit berücksichtigt, dass der Begriff in den verschiedenen Regionen der Welt gleiche und unterschiedliche Elemente bezeichnet (vgl. Wulf 2021d). Alle Menschen haben Zugehörigkeitsgefühle zu Gemeinschaften. Wie sich diese artikulieren, ist jedoch unterschiedlich. Neben biologischen und individuellen Unterschieden spielen historische und kulturelle Differenzen eine wichtige Rolle. Die *Gleichzeitigkeit des Ungleichzeitigen* zwischen den Ländern und Regionen, den Staaten und ihren politischen Systemen bestimmt die Qualität und Intensität der Gefühle, also auch das Gefühl der Zugehörigkeit zu einer Gemeinschaft. Als solches verbindet die Bildung zu einer Weltgemeinschaft Wünsche und Imaginationen, rationale Erkenntnisse und differierende Empfindungen und setzt

Handlungs- und Verhaltensenergien frei (vgl. Wulf 2006, 2016, 2021b; Wulf/ Merkel 2002). Realisiert werden kann sie nur, wenn sie die kulturelle und soziale Diversität der Weltgemeinschaft und die konstitutive Bedeutung von Alterität angemessen berücksichtigt.

4 Migration als Herausforderung

Aufgrund des russischen Angriffskrieges gegen die Ukraine suchten 2022 ca. eine Million vorwiegend weiblicher Flüchtlinge in Deutschland Asyl. Dadurch entstand eine gesellschaftliche Situation, in der von der deutschen Bevölkerung und dem Staat erhebliche Hilfeleistungen notwendig wurden. Auch wenn die Mehrzahl dieser Asylantinnen nach dem Ende des Krieges in die Ukraine zurückkehren wollen, so erhöhte sich die Zahl der gegenwärtig Unterstützung benötigenden Flüchtlinge erheblich. Viele Deutsche empfinden diese Asylantinnen als weniger „fremd" als die in den letzten Jahren davor nach Deutschland gekommenen meist männlichen Flüchtlinge aus dem Nahen Osten und Afrika und sind stärker zu Hilfeleistungen bereit. Aufgrund fehlender Untersuchungen zu den ukrainischen Asylantinnen beziehen sich die folgenden Ausführungen vorwiegend auf die Zeit vor dem Beginn des Krieges und den zahlreichen Flüchtlingen aus der Ukraine.

Schon seit langem wurde deutlich, dass sich die europäischen Gesellschaften unter dem Einfluss von Asylsuchenden und Zuwanderern verändern. Länder wie Deutschland waren zu Einwanderungsgesellschaften geworden. Damit verloren sie ihre Homogenität und waren neuen Herausforderungen ausgesetzt. Diese Situation spaltete die Gesellschaft. Teile der Bevölkerung standen den neuen Herausforderungen offen gegenüber; andere plädierten dafür, sich diesen Entwicklungen zu widersetzen. In Deutschland leben zurzeit annähernd 20 Millionen Menschen mit einem Migrationshintergrund. Etwa jeder fünfte stammt aus einer Einwanderungsfamilie. Sieht man von den Entwicklungen im Jahr 2022 ab, so spitzte sich die Situation in den Jahren 2015/2016 zu, als mehr als eine Million Flüchtlinge ins Land kamen. Ohne das Grundrecht auf Asyl einzuschränken, wurden 2017 weniger als die Hälfte der Asyl-Antragsteller anerkannt. 56,6 Prozent der Antragsteller (annähernd 350.000 Personen) wurden abgelehnt (vgl. Gauck 2018). Für diese stellte sich das Problem einer zeitnahen Rückführung in ihre Herkunftsländer. Die Bemühungen um den Schutz der Außengrenzen Europas und um die Erarbeitung eines Einwanderungsgesetzes nahmen an Intensität zu. Ziel war eine Begrenzung der Zahl der Asylanten und Einwanderer auf ca. 200.000 jährlich. Vielen Menschen erschienen die aus dem Nahen Osten und Afrika stammenden Menschen in stärkerem Maße fremd als frühere Zuwanderer, die aus dem ehemaligen Jugoslawien, aus Russland oder aus Ländern der Europäischen Union wie Polen, Portugal und Griechenland kamen. Die von den neuen Einwanderern und der deutschen Gesellschaft zu erbringenden Integrationsleistungen waren und sind nach wie vor erheblich.

Trotz des großen Engagements vieler Menschen und der beträchtlichen Unterstützungen seitens des Staates entstanden zahlreiche Probleme, die nur schwer, in manchen Fällen kaum oder auch gar nicht lösbar waren. Dazu gehörte z. B., dass die Kriminalitätsrate unter den Zuwanderern wesentlich höher als ihr Anteil an der Bevölkerung war. Dafür gab und gibt es viele Gründe. Zu diesen gehörte die in der neuen Gesellschaft die Flüchtlinge oft überfordernde Situation. Viele Migranten leben in Auffanglagern und Heimen, haben kein sicheres Aufenthaltsrecht und keine Bleibeperspektive, können nicht arbeiten und haben zum Teil Probleme mit den Werten der liberalen Demokratie. Auch auf Seiten der Mehrheitsgesellschaft gibt es Schwierigkeiten. Sie manifestieren sich in den jährlich mehr als 3000 gewaltsamen Übergriffen gegen Flüchtlinge und Zuwanderer. Die solchen Handlungen zugrundeliegende Xenophobie und der sich in ihnen artikulierende Rassismus machen vielen Menschen Angst.

Trotz aller Bemühungen um eine Integration in die Mehrheitsgesellschaft hatten im Jahr 2016 unter den Arbeitslosen in Deutschland 43 Prozent einen Migrationshintergrund. Mehr als 10 Prozent der Schüler und Schülerinnen mit Migrationshintergrund verließen die Schule ohne Abschluss. Damit einher geht häufig die Bildung von Parallelgesellschaften. In besonderem Maße geschieht dies bei Menschen mit einem arabischen oder türkischen Hintergrund, die manchmal mit der Liberalität der deutschen Gesellschaft Probleme haben. Hier spielen auch Formen des Islams eine Rolle, die dazu benutzt werden, Menschen in Parallelgesellschaften zu sammeln, anstatt ihnen zu helfen, sich in die Mehrheitsgesellschaft zu integrieren. In dieser bilden die Menschenrechte und die Traditionen einer liberalen Demokratie die Basis des Zusammenlebens in Vielfalt. Sie bilden die Grundlage der deutschen Verfassung und der Verfassung der Europäischen Union. Dies gilt auch dann, wenn in den modernen urbanen Gesellschaften Menschen zusammenleben, die mehr als 150 unterschiedliche Migrationshintergründe haben. Umgangssprachlich ist daher seit kurzem häufiger die Rede von einer „Superdiversität". In ihr ist die gesteigerte Vielfalt das bestimmende Merkmal. Um unter diesen neuen Bedingungen leben zu können, bedarf es einer inter- und transkulturellen Bildung, in der sich die Kulturalität der Menschen in der Begegnung mit der Kultur anderer Menschen ändert.

Angesichts dieser Situation finden Erziehung, Bildung und Sozialisation heute häufig in inter- und transkulturellen Prozessen statt, in denen die Grenzen der eigenen Kultur überschritten und neue Formen des Zusammenlebens gelernt werden. Darüber hinaus bedarf es eines kompetenten Umgangs mit den großen Problemen der Weltgesellschaft. Zu diesen gehören u. a. die *Erhaltung des Friedens* (vgl. Damus/Wulf/Saint-Fleur 2017), der *Umgang mit kultureller Diversität* (vgl. Wulf 2006, 2016) und die *Bildung für Nachhaltigkeit* (vgl. Wulf 2020), die eng miteinander verschränkt sind und von deren konstruktiver Bearbeitung die Zukunft der Menschen abhängt. Diese Probleme zeigen sich regional unterschiedlich und erfordern lokal, national und regional verschiedene Formen der Bearbeitung. Bei den drei genannten Problemkonstellationen ist ein inter- und transkultureller Umgang erforderlich. Um seine lokale, nationale, regional und globale Bedeutung zu verdeutlichen, sollen vier für die Konzeptualisierung und Realisierung von Inter- und Transkulturalität wichtige Zusammenhänge untersucht werden:

- Globalisierung und kulturelle Diversität,
- Alterität und Erziehung und Bildung
- Inter- und transkulturelle Kontaktzonen
- Die Dynamik inter- und transkultureller Bildungsprozesse

Zunächst gilt es die Spannung zwischen Tendenzen der Homogenisierung und der Diversifizierung zu untersuchen, aus denen neue Formen von Kultur und Inter- und Transkulturalität entstehen. Dabei kommt es zu Erfahrungen des Fremden und der Alterität, die es möglich machen, den kulturellen Charakter der Handlungen anderer Menschen zu verstehen und sich des kulturellen Charakters des eigenen Handelns bewusst zu werden; dadurch entstehen Möglichkeiten zu inter- und transkulturellen Handlungen. In Kontaktzonen wie innerstädtischen Schulen, in denen Menschen vieler Kulturen zusammenleben, bilden sich zwischen den Kindern und Jugendlichen transkulturelle Kommunikationsformen heraus. Für diese sind der Umgang mit Differenz, die Erzeugung transgressiver Bewegungen und die Bildung transkultureller Hybriditäten von besonderer Bedeutung.

5 Globalisierung und kulturelle Diversität

Die Globalisierung durchzieht in Europa fast alle Bereiche des Lebens, so dass sich krisenhafte Entwicklungen wie die Finanz- und Bankkrisen von 2008 nicht mehr nur national, sondern europa- und weltweit auswirken. Der als Globalisierung bezeichnete gesellschaftliche Wandel der Gegenwart ist ein *multidimensionaler Prozess, der ökonomische, politische, soziale und kulturelle Auswirkungen* hat und der das Verhältnis von Lokalem, Regionalem, Nationalem und Globalem verändert. In diesem Prozess werden unter anderem folgende Veränderungen wichtig (vgl. Wulf/Merkel 2002; Wulf 2016):

- Die Globalisierung internationaler Finanz- und Kapitalmärkte.
- Die Globalisierung der Unternehmensstrategien und Märkte mit global ausgerichteten Strategien der Produktion, Distribution und Kostenminimierung durch Verlagerung.

- Die Globalisierung von Forschung und Entwicklung und Technologien mit der Entwicklung globaler Netzwerke, neuer Informations- und Kommunikationstechnologien sowie die Ausweitung der Neuen Ökonomie.

- Die Globalisierung inter- und transnationaler politischer Strukturen mit der Abnahme des Einflusses der Nationen, der Entwicklung internationaler Organisationen und Strukturen und dem Bedeutungszuwachs von Nicht-Regierungsorganisationen (NGOs).

- Die Globalisierung von Konsummustern, Lebensstilen und kulturellen Stilen mit der Tendenz zu ihrer Vereinheitlichung. Die Ausbreitung des Einflusses der neuen Medien und des Tourismus und die Globalisierung von Wahrnehmungsweisen und Bewusstseinsstrukturen, die Modellierung von Individualität und Gemeinschaft durch die Wirkungen der Globalisierung sowie die Entstehung einer *Eine-Welt-Mentalität* (vgl. Group de Lisboa 1995; Beck 1997, 2017; Münch 1998).

Auch wenn die fortschreitende Globalisierung heute das Leben vieler Menschen beeinflusst, so sind Bewegungen nicht weniger wichtig, die die kulturelle Diversität betonen. Seit der UNESCO-Konvention von 2005, der *Magna Charta* der internationalen Kulturpolitik, haben sich die Anstrengungen verstärkt, das Recht auf kulturelle Diversität durchzusetzen (vgl. UNESCO 2005). Der Schutz und die Förderung kultureller Diversität ermöglichen die Entwicklung kultureller Identität. Angesichts der globalen Homogenisierungsprozesse sind diese zum Teil gegenläufigen Tendenzen besonders wichtig. Im Rahmen dieser von fast allen Ländern in der Zwischenzeit ratifizierten Konvention werden Schutz und Förderung der Vielfalt kultureller Ausdrucksformen ausdrücklich gefordert.

Dabei wird davon ausgegangen, dass kulturelle Vielfalt ein bestimmendes Merkmal und ein gemeinsames Erbe der Menschheit ist, das eine Hauptantriebskraft für ihre nachhaltige Entwicklung darstellt und für Frieden und Sicherheit unabdingbar ist. Diese Vielfalt wird durch die Einzigartigkeit und die Pluralität der Ausdrucksformen der Völker und Gesellschaften geschaffen. Sie ermöglicht den Austausch zwischen den Kulturen und fördert die Lebendigkeit der Kulturen und des Verhältnisses zwischen ihnen. Kulturelle Vielfalt sichert kulturelle Kreativität und erfordert Achtung der Unterschiedlichkeit und Alterität. Dabei versteht es sich von selbst, dass das Recht auf kulturelle Diversität nur insofern Geltung beanspruchen kann, als es die Menschenrechte nicht verletzt (vgl. UNESCO 2005).

Ähnlich argumentiert das *White Paper on Intercultural Dialogue* „Living together as equals in dignity", das von den 47 Mitgliedsstaaten des Europarats 2008 verabschiedet wurde. Der Europarat geht davon aus, dass die kulturelle Vielfalt, die sich in der Geschichte Europas entwickelt hat, den Reichtum des Kontinents darstellt, mit dem gegenwärtige und zukünftige Generationen lernen müssen kreativ umzugehen (vgl. Council of Europe 2008). Es gilt, die Menschenrechte zu schützen und zu entwickeln. Sie wurden nach dem Zweiten Weltkrieg beschlossen und mit dem Beitritt der Europäischen Union zur Europäischen Menschenrechtskonvention (EMRK) am 12. April 1989 bestätigt. Ziel war es, das wechselseitige Verständnis zwischen den Menschen unterschiedlicher Länder und Kulturen zu fördern und Transkulturalität zu ermöglichen. Ausgegangen werden muss dabei von der Menschenwürde des Einzelnen, den miteinander geteilten Werten und dem gemeinsamen kulturellen Erbe; Aufgabe ist es, die kulturelle Diversität des Anderen zu achten. Im inter- bzw. transkulturellen Dialog kommt es darauf an, mit den ethnischen, religiösen, linguistischen und kulturellen Unterschieden demokratisch umzugehen. Nach Auffassung des Europarats ist erforderlich:

> „the democratic governance of cultural diversity should be adapted in many aspects; democratic citizenship and participation should be strengthened; intercultural competences should be taught and learned; spaces for intercultural dialogue should be created and widened; and intercultural dialogue should be taken to the international level" (Council of Europe 2008, S. 3).

Der Europarat empfiehlt folgende fünf Strategien zur Förderung des inter- und transkulturellen Dialogs:

a) Demokratische Regierung und kulturelle Diversität. Ziel ist es, eine politische Kultur zu schaffen, in der im Rahmen demokratischer Werte, des Pluralismus und der Anerkennung kulturelle Diversität geachtet wird; Voraussetzung ist die Anerkennung der Menschenrechte, der Grundfreiheiten und der gleichen Rechte;
b) die demokratische Staatsbürgerschaft und die Partizipation an Rechten und Pflichten;
c) die Vermittlung interkultureller Kompetenzen. Hierzu bedarf es der Fähigkeit, demokratische Bürgerrechte wahrzunehmen sowie sprachliche und historische Kompetenzen zu erwerben;
d) Raum für interkulturelle Dialoge und
e) die Förderung des interkulturellen Dialogs in den internationalen Beziehungen. Schließlich gilt es Perspektiven für zukünftiges Handeln zu entwickeln.

6 Alterität in Erziehung und Bildung

Um die Möglichkeiten der Berücksichtigung von Alterität in Erziehung und Bildung im Anthropozän des 21. Jahrhunderts einzuschätzen, bedarf es zunächst der Vergegenwärtigung dreier wichtiger Gründe dafür, dass es den europäischen Erziehungs- und Bildungssystemen im Laufe ihrer Geschichte häufig schwergefallen ist, sich für die Alterität anderer Menschen und Kulturen zu öffnen und sich mit ihr auseinanderzusetzen. Hypothetisch formuliert liegen die Gründe in einem ausgeprägten *Individualismus*, einem extremen *Rationalismus* und einem exzessiven *Ethnozentrismus* sowie den damit einhergehenden psychologischen, epistemologischen und kulturellen Merkmalen. Im Prozess einer gewaltfreien Annäherung an den Anderen gilt es zu vermeiden, das Fremde bzw. die Alterität zu ontologisieren und zu einem fest gefügten Objekt zu machen. Stattdessen gilt es, Alterität als eine Relation zu begreifen, die sich im Prozess der Begegnung mit den Menschen anderer Kulturen in unterschiedlichen historischen und kulturellen Kontexten bildet und deren spezifischer Charakter jeweils konzeptuell und empirisch bestimmt werden muss.

6.1 Ausgeprägter Subjektivismus

Im Prozess der Moderne spielt die Konstitution des Individuums bzw. des Subjekts eine zentrale Rolle. Technologien des Selbst werden dazu verwendet, Subjekte zu bilden. Die dabei entstehenden ungewollten Nebenwirkungen sind vielfältig. Die erhoffte Selbstbestimmung wird häufig von anderen, sich diesen Ansprüchen nicht unterordnenden Kräften konterkariert. Die Ambivalenz des Subjektivismus zeigt sich darin, dass die Konstitution des Subjekts einerseits als Überlebens-, Aneignungs- und Machtstrategie, andererseits als Reduktions- und Nivellierungsstrategie dient. Der Versuch, den Anderen auf seine Nützlichkeit, seine Funktionalität und seine Verfügbarkeit zu reduzieren, scheint gleichzeitig zu scheitern und zu gelingen. Daraus ergeben sich für den Umgang mit dem Anderen und für die Prozesse der Identitätserzeugung ein neuer Horizont und ein neues Erkenntnis- und Aufgabenfeld (vgl. Fukuyama 2019).

6.2 Extremer Rationalismus

Ein extremer Rationalismus hat dazu geführt, dass häufig vom Anderen lediglich wahrgenommen wird, was rational zugänglich ist. Was nicht rational ist, gerät nicht in den Blick und wird ausgeschlossen. Wer auf der Seite der Rationalität steht, nimmt bereits dadurch für sich in Anspruch, im Recht zu sein. Wenn sich der Andere von dem auf Allgemeinheit bezogenen Charakter der Sprache und der Rationalität unterscheidet, wachsen die Schwierigkeiten, sich ihm anzunähern und ihn zu verstehen. Nietzsche, Freud, Adorno und andere haben die Selbstgefälligkeit extremer Rationalität der Kritik unterzogen und gezeigt, dass Menschen auch in Kontexten leben und in Beziehungen verankert sind, in denen die Rationalität nur eine untergeordnete Rolle spielt.

6.3 Exzessiver Ethnozentrismus

Auch der Ethnozentrismus hat zur Exklusion des Anderen geführt. Todorov (1985) und andere haben die Prozesse der Zerstörung fremder Kulturen durch den Ethnozentrismus der Europäer analysiert. Zu ihren furchtbaren Taten gehörte die Kolonialisierung Lateinamerikas im Namen Christi und der christlichen Könige. Mit der Eroberung des Kontinents ging eine weitgehende Vernichtung der dort lebenden Menschen und Kulturen einher. Bereits beim ersten Kontakt wurde Anpassung und Assimilierung verlangt. Versklavung oder Vernichtung waren die Alternativen. Mit ungezügelten Herrschaftsgesten wurde die eigene Kultur durchgesetzt, als müsse eine Welt ohne kulturelle Differenz, ohne Alterität geschaffen werden. Durch machtstrategisches Verstehen wurde es möglich, die Völker der Eingeborenen zu unterwerfen. Die Indios begriffen nicht, dass sich die spanischen Eroberer skrupellos verhielten und ihre Sprache zur Täuschung einsetzten: Freundlichkeit bedeutete daher häufig nicht, was sie vorgab. Versprechen dienten weniger dazu, etwas zu vereinbaren, sondern eher dazu, den Anderen zu hintergehen. Viele Handlungen zielten auf andere als die vorgegebenen Ziele. Legitimiert wurde dieser Umgang mit den Fremden durch das Interesse der Krone, den Missionsauftrag des Christentums und die Minderwertigkeit der Eingeborenen. Die Europäer nahmen an den Eingeborenen wahr, was sie bereits von ihnen wussten, bevor sie ihnen begegneten. Sie sahen in ihrer Welt Zeichen, die sie auf Bekanntes verwiesen und die sie in Bezug auf ihren Referenzrahmen lasen, einordneten und interpretierten. Ihr Referenzrahmen glich dem Bett des Prokrustes, in das alles Fremde so hineingezwungen wurde, dass es „passte".

6.4 Ich ist ein Anderer

Die immer mehr Lebensbereiche durchwirkende Globalisierungsdynamik führt dazu, dass es häufig schwerer wird, dem Anderen als dem Fremden zu begegnen, der für den Menschen und die Gemeinschaft eine konstitutive Funktion hat. Oft erfordert die Akzeptanz des Fremden Selbstüberwindung. Erst diese erlaubt die Erfahrung des Anderen. Die Fremdheit des Anderen erleben zu können, setzt die Bereitschaft voraus, auch den Anderen in sich kennenlernen zu wollen. Individuen bilden keine Einheit; jeder Einzelne besteht aus widersprüchlichen Teilen mit unterschiedlichen Handlungswünschen. Rimbaud formulierte diese Situation einprägsam: *Ich ist ein Anderer* (vgl. Rimbaud 1990). Durch die Verdrängung der gröbsten Widersprüche versucht das Ich zwar seine Identität herzustellen, doch wird diese immer wieder durch heterogene Triebimpulse und normative Gebote eingeschränkt. Die Einbeziehung ausgesperrter Teile des Ichs in seine Selbstwahrnehmung ist eine notwendige Voraussetzung für einen akzeptierenden Umgang mit dem Fremden (vgl. Wulf 2019).

Die Komplexität des Verhältnisses zwischen dem Ich und dem Anderen besteht darin, dass sich das Ich und der Andere nicht als zwei voneinander abgeschlossene Entitäten gegenüberstehen, sondern dass der Andere in vielfältigen Formen in die Genese des Ichs eingeht. Der Andere ist nicht nur außerhalb, sondern auch innerhalb des Ichs. Aufgrund dieser Konstellation gibt es keinen festen Standpunkt diesseits oder jenseits des Anderen. In vielen Ausprägungen des Ichs ist der Andere immer schon enthalten. Wer der Andere ist, und wie er gesehen wird, ist nicht nur abhängig vom Ich. Genauso wichtig sind die Selbstdeutungen, die sich der Andere gibt. Sie müssen nicht homogen sein, gehen aber in das Bild ein, das sich das Ich vom Anderen macht.

Da die Frage nach dem Anderen die Frage nach dem Eigenen und die Frage nach dem Eigenen die Frage nach dem Anderen beinhaltet, sind Prozesse der Verständigung zwischen dem Fremden und dem Eigenen immer auch Prozesse der Selbstthematisierung und Selbstbildung. Wenn sie gelingen, können sie zur Einsicht in die *Grenzen der Verstehbarkeit des Fremden* führen. Angesichts der auf die Entzauberung der Welt und das Verschwinden des Exotischen zielenden gesellschaftlichen Entwicklung besteht die Gefahr, dass sich die Menschen im Zeitalter des Anthropozäns nur noch selbst begegnen und es ihnen an Erfahrungen des Fremden fehlt, mit denen sie sich auseinandersetzen und weiterentwickeln können. Wenn der Verlust des Fremden eine Gefährdung menschlicher Entwicklungsmöglichkeiten bewirkt, dann käme seinem Schutz, d. h. der „Entfremdung" des Bekannten, und der Bewahrung der Selbstfremdheit Bedeutung zu. Bemühungen um die Erhaltung des Fremden im menschlichen Inneren und in der Außenwelt wären dann notwendige Gegenbewegungen gegen eine alle Differenzen nivellierende Globalisierung.

6.5 Die Nichtidentität des Individuums

Ein Bewusstsein der Nichtidentität des Individuums bildet eine wichtige Voraussetzung für die Offenheit gegenüber dem Anderen. In der Auseinandersetzung mit fremden Kulturen, mit dem Anderen in der eigenen Kultur und dem Fremden im Subjekt soll die Fähigkeit entwickelt werden, vom Fremden bzw. vom Anderen her wahrzunehmen und zu denken. Durch diesen Perspektivenwechsel gilt es, die Reduktion des Fremden auf das Partikulare des Subjekts zu vermeiden. Versucht werden soll, das Subjektive des Partikularen zu suspendieren und es vom Anderen her zu sehen und zu erfahren. Ziel ist die Entwicklung *heterologischen Denkens*. In seinem Mittelpunkt steht das Verhältnis von Vertrautem und Fremdem, von Wissen und Nichtwissen, von Gewissheit und Ungewissheit. Infolge von Enttraditionalisierung und Individualisierung, Differenzierung und Globalisierung sind viele Selbstverständlichkeiten des alltäglichen Lebens fragwürdig geworden und erfordern individuelle Reflexion und Entscheidung. Dennoch entspricht der Gestaltungsspielraum, der dem Individuum in Folge dieser Entwicklungen zuwächst, nicht einem wirklichen Gewinn an Freiheit. Häufig hat der Einzelne nur dort einen Entscheidungsspielraum, wo er die Voraussetzungen der Entscheidungssituation nicht verändern kann. Im Umweltbereich ist dies beispielsweise der Fall, in dem der Einzelne zwar umweltbewusste Entscheidungen fällen kann, die aber auf die gesellschaftlichen Makrostrukturen, die die Qualität der Umwelt wirklich bestimmen, nur wenig Einfluss haben.

Eine wichtige Form der Annäherung an das Fremde, an den Anderen vollzieht sich in mimetischen Prozessen. Diese Annäherung an das Fremde erfolgt mit Hilfe verschiedener Formen der Repräsentation, in denen sich das Eigene und das Andere durchdringen. *Repräsentationen des Anderen* haben auch eine performative Seite (vgl. Wulf/Göhlich/Zirfas 2002; Wulf/Zirfas 2007, 2014). In ihr wird etwas zur Darstellung gebracht; in ihr erfolgt eine Vergegenständlichung bzw. Verkörperung (Kraus/Wulf 2022). Die mimetischen Energien führen dazu, dass eine Repräsentation nicht ein bloßes Abbild eines Vorbildes ist, sondern sich von diesem unterscheidet und eine neue Welt erzeugt. In vielen Fällen bezieht sich die Repräsentation auf eine noch nicht ausgebildete Figuration des Anderen und ist die Darstellung eines Nichtdarstellbaren, seine Vergegenständlichung bzw. seine Verkörperung. Dann erzeugt ein mimetischer Prozess die Figuration der Repräsentation, das Objekt der Nachahmung selbst.

In mimetischen Prozessen wird das Fremde in die Logik und Dynamik der eigenen imaginären Welt eingefügt (vgl. Wulf 2014, 2022). Dadurch wird das Fremde in eine Repräsentation transformiert. Als Repräsentation wird es noch nicht zum Eigenen; es wird zu einer Figuration, in der sich Fremdes und Eigenes mischen, zu einer *Figuration des Dazwischen.* Dem Entstehen einer solchen Figuration des „Dazwischen" kommt in der Begegnung mit dem Anderen außerordentliche Bedeutung zu. Eine mimetisch geschaffene Repräsentation bietet die Möglichkeit, das Fremde nicht festzusetzen und einzugemeinden, sondern es in seiner Ambivalenz als Fremdes und zugleich Bekanntes zu erhalten. Die *mimetische Bewegung* gleicht einem Tanz zwischen dem Fremden und dem Eigenen. Weder verweilt sie beim Eigenen noch beim Anderen; sie bewegt sich hin und her zwischen beiden. Repräsentationen des Anderen sind kontingent. Sie müssen nicht so sein, wie sie sind; sie können sich auch in anderen Figurationen bilden. Zu welcher Figuration die mimetische Bewegung führt, ist offen und abhängig vom Spiel der Fantasie und dem symbolischen und sozialen Kontext. Keine Form der Repräsentation oder Figuration ist notwendig. Viele differente und heterogene Formen sind denkbar. Welche Figuren getanzt werden, welche Formen des Spiels gewählt werden, ergibt sich in der mimetischen Bewegung. Mimesis des Anderen führt zu ästhetischen Erfahrungen; in ihnen kommt es zu einem Spiel mit dem Unbekannten, zu einer Ausweitung des Eigenen ins Fremde. Sie bewirkt eine Anähnlichung an das Fremde. Diese ist sinnlich und kann sich über alle Sinne vollziehen; sie führt nicht zu einem „Hineinfallen" ins Fremde und zu einer Verschmelzung mit ihm. Eine solche Bewegung implizierte die Aufgabe des Eigenen. Sie wäre Angleichung, Mimikry ans Fremde unter Verlust des Eigenen. Mimesis des Fremden beinhaltet Annäherung und Abstand in einem, Verweilen in der Unentschiedenheit des *Dazwischen*, Tanz auf der Grenze zwischen Eigenem und Fremdem. Jedes Verweilen auf einer Seite der Grenze wäre Verfehlung, entweder des Eigenen oder des Fremden, und das Ende der mimetischen Bewegung (vgl. Wulf 2013a, 2013b).

Die mimetische Annäherung an den Anderen ist *ambivalent*. Sie kann gelingen und zu einer Bereicherung des Eigenen werden. Sie kann aber auch fehlschlagen. Die Begegnung mit dem Anderen oszilliert zwischen den Polen des Bestimmten und des Unbestimmten. Wieweit es gelingt, Verunsicherungen durch das Nicht-Identische des Anderen auszuhalten, entscheidet über das Gelingen der Annäherung und des Umgangs mit dem Fremden. Weder das Eigene noch das Andere dürfen als in sich abgeschlossene und voneinander vollständig getrennte Einheiten begriffen werden. Vielmehr bestehen Fremdes und Eigenes aus einer sich in „Fragmenten" konstituierenden Relation. Diese Relation bildet sich in Prozessen der Anähnlichung und Differenz; sie ist historisch und verändert sich nach Kontext und Zeitpunkt.

Mit der Zunahme der *Undurchschaubarkeit der Welt* wächst die *Verunsicherung des Einzelnen*, der die Differenz zwischen sich und dem Anderen aushalten muss. In dieser Situation werden Ungewissheit und Unsicherheit zentrale Merkmale gesellschaftlichen Lebens. Ihren Ursprung haben sie einerseits in der Welt außerhalb des Menschen, andererseits in seinem Inneren und schließlich im Wechselverhältnis zwischen Innen und Außen. Angesichts dieser Situation fehlt es nicht an Versuchen, diese Unsicherheit durch scheinbare Gewissheiten erträglich zu machen. Doch helfen diese Gewissheiten nicht, die verlorene Sicherheit wiederzugewinnen. Ihre Geltung ist relativ und entsteht meistens durch den Ausschluss von Alternativen. Was ausgeschlossen wird, bestimmen einerseits die psychisch-soziale Konstitution des Einzelnen und andererseits die gesellschaftlichen Machtstrukturen und die aus ihnen resultierenden Prozesse des Setzens und Ausschließens von Werten, Normen, Ideologien und Diskursen (Wulf u. a. 2021).

7 Inter- und transkulturelle Kontaktzonen

In der Globalisierung wirken zwei widersprüchliche Tendenzen aufeinander. Die eine ist durch den homogenisierenden, ja uniformierenden Charakter vieler Entwicklungen, die andere durch die Betonung kultureller Diversität bestimmt. Beide Tendenzen stoßen in Kontaktzonen interkulturellen Lernens aufeinander und bieten die Chance zu neuen transkulturellen Lernerfahrungen (vgl. Paragrana 2010). Ein Beispiel für eine Kontaktzone zwischen Menschen verschiedener Herkunft stellt die im Rahmen der Berliner Ritual- und Gestenstudie 12 Jahre lang erforschte innerstädtische Grundschule mit 300 Kindern aus mehr als 20 Migrationshintergründen dar (vgl. Wulf 2008). In dieser Schule machen die Kinder im unterrichtlichen Alltag und bei schulischen Festen wichtige Erfahrungen von Alterität, die pädagogisch gestaltet werden, um zur Entwicklung transkultureller Kompetenz beizutragen.

In dieser Untersuchung wurde herausgearbeitet, dass sich Rituale und rituelle Arrangements dazu eignen, Kinder und Jugendliche mit unterschiedlicher kultureller Herkunft zu befähigen, zusammen zu leben und zusammen zu lernen. Diese bislang wenig bearbeitete Strategie des Lernens enthält ein hohes Potenzial für transkulturelle Bildung. Gemeinsames Lernen, gemeinsames Handeln, Zusammenleben-Lernen von Kindern und Jugendlichen mit verschiedenen kulturellen Hintergründen führt zu neuen Formen ritualisierter Interaktion. Diese können dazu beitragen, kulturelle und soziale Differenzen gewaltfrei und konstruktiv zu bearbeiten. Sie ermöglichen es, durch ihren repetitiven und performativen Charakter neue transkulturelle Kommunikationsformen einzuüben und Kindern auch für das spätere Leben verfügbar zu machen. Als performativ werden Rituale bezeichnet, weil sie Interaktionen inszenieren und aufführen und weil ihr körperlicher Charakter nachhaltige Wirkungen hat. Der repetitive und zugleich dynamische Veränderungen notwendig implizierende Charakter von Ritualen des Lernens sichert Ordnungsstrukturen und fördert transkulturelles Handeln. Rituale bieten Möglichkeiten, in mimetischen Prozessen ein praktisches Wissen für den Umgang mit kultureller Differenz zu erwerben und einzuüben.

Bei den Versuchen, neue Formen transkultureller Bildung zu entwickeln, geht es nicht nur darum, Erfahrungen mit dem Fremden analytisch aufzuarbeiten. Vielmehr führt der performative Charakter von Ritualen dazu, ein praktisches transkulturelles Wissen zu schaffen (vgl. Gebauer/Wulf 1998; Wulf/Zirfas 2004; Paragrana 2010). Dieses entsteht weitgehend in mimetischen Prozessen, in denen „Abdrücke" von sozialen Praktiken genommen werden, in denen die sich mimetisch verhaltenden Kinder und Jugendlichen dazu befähigt werden, später in ähnlichen Situationen kompetent zu handeln. Transkulturelle praktische Handlungen sind kulturelle Aufführungen, die eine körperliche, eine sprachliche und eine ästhetische Dimension haben, welche in mimetischem Verhalten angeeignet wird.

8 Zur Dynamik transkultureller Bildungsprozesse

Transkulturelles Lernen findet in einem „dritten Raum" statt, der nicht einer Kultur zugeordnet werden kann, sondern der zwischen Kulturen, Menschen und unterschiedlichen Vorstellungen entsteht. Dieser „dritte Raum" kann etwa im Fall von Kontaktzonen real sein; er hat aber auch immer eine imaginäre Dimension und bietet daher Spielraum für Bewegung und Veränderung. Die in diesem

„dritten Raum" stattfindenden Lernprozesse führen häufig zur Wahrnehmung von „Differenz", des Öfteren zu Prozessen der „Transgression" und münden manchmal in neue Formen der „Hybridität".

8.1 Differenz

Differenzen erzeugen Grenzen und tragen zu ihrer Dynamisierung bei. Ohne Differenzen ist weder eine kulturelle noch eine transkulturelle Identitätsbildung möglich. Durch die Inklusion und Exklusion z. B. in Ritualen werden Differenzen erzeugt. Bourdieu hat diesen Mechanismus der Differenzerzeugung am Beispiel von Einsetzungsritualen verdeutlicht. Ein solches ist z. B. die Einsetzung eines neu gewählten amerikanischen Präsidenten in sein Amt (vgl. Wulf 2006). Besondere Bedeutung gewinnt die Kategorie der Differenz in der oben erwähnten UNESCO-Konvention zum Schutz kultureller Diversität, in der kulturelle Differenz als ein universelles Menschenrecht angesehen wird, auf dessen Grundlage kulturelle Identitätsbildung möglich ist. In die gleiche Richtung weist die Empfehlung des Europarats über den interkulturellen Dialog. In beiden Fällen spielt die durch diese Differenzierungen erzeugte Diversität eine zentrale Rolle dabei, wie mit Heterogenität und Alterität umgegangen wird.

8.2 Transgression

Transgression erfolgt einmal als Überschreitung von Regeln, Normen und Gesetzen, zum anderen als Überschreitung kulturell erzeugter Grenzen. Durch sie entsteht Transkulturalität. Transkulturelle Überschreitungen können gewaltfrei sein, sind aber oft auch mit manifester struktureller oder symbolischer Gewalt verbunden. Beim Umgang mit kultureller Diversität kommt es häufig zur Transgression tradierter Grenzen, in deren Verlauf aus der Dynamik Neues entsteht, das transkulturell ist. Transgressionen verändern Normen und Regeln, Lebensformen und Praktiken. Sie verschieben Grenzen und erzeugen dadurch neue kulturelle bzw. transkulturelle Relationen und Konstellationen. In der Dynamik transkultureller Lernprozesse lassen sich solche Transgressionsprozesse ethnografisch untersuchen.

8.3 Hybridität

Von besonderem Interesse ist die Entstehung neuer hybrider kultureller Formen infolge von Differenz und transkultureller Transgression. Aufgrund der immer dichter und schneller werdenden Kommunikation und Interaktion zwischen den verschiedenen Kulturen und Gesellschaften der Welt, der Intensivierung des wirtschaftlichen, politischen, sozialen und kulturellen Austauschs entstehen immer mehr transkulturelle, hybride Kulturformen. Der Begriff der Hybridität stammt aus der landwirtschaftlichen Genetik und bezeichnet dort die Kreuzung verschiedener Pflanzenarten. Im 20. Jahrhundert findet der Begriff der Hybridisierung Eingang in viele wissenschaftliche Disziplinen, in denen er vor allem zur Bezeichnung von Zwitter- und Mischbildungen dient. In den 1980er Jahren erfolgt eine immer stärkere Verbreitung des Begriffs in den Kulturwissenschaften. Im Anschluss an Homi Bhabha (2000) dient der Begriff der Hybridisierung dazu, Kulturkontakte nicht mehr nur dualistisch und essentialistisch zu bestimmen, sondern zu zeigen, dass in ihnen transkulturelle Identitäten mit Hilfe eines „third space" entstehen können. Dieser dritte Raum ist liminal; er ist ein Zwischenraum und betont die *in-between-ness*. In diesem liminalen Raum werden Grenzen unterlaufen und umstrukturiert und Hierarchien und Machtverhältnisse verändert. Entscheidend ist die Frage, inwieweit diese Prozesse und ihre Ergebnisse von performativen Praktiken bestimmt werden und *wie* dabei neue Formen transkultureller Hybridisierung entstehen. Diese Formen sind Mischformen, in denen einzelne Elemente aus verschiedenen Systemen und Zusammenhängen in einem mimetischen Prozess ihren Charakter verändern und neue, zum Teil transkulturelle Identitäten entstehen. Diese Identität konstituiert sich nicht mehr in Abgrenzung von einem Anderen, sondern in einer mimetischen Angleichung an den Anderen und einer dynamischen transkulturellen Neuschaffung (vgl. Wulf/ Merkel 2002).

> „Die offenkundigen Zusammenhänge mit Transgression und Performativität erlauben es, Phänomene der Hybridisierung in sozialen Praktiken, theatralen Aufführungen, Ritualen, literarischen Texten und in der Sprache zu untersuchen. Dass dies mit Gewinn möglich ist, zeigen Donna Haraways medientheoretische und feministische Studien zu Maschinenmenschen (*cyborgs*) und den Grenzen zwischen Mensch und Tier. Andererseits ist eine Gefahr der Verwässerung des Begriffsfeldes nicht von der Hand zu weisen, wenn Hybridität als Zauberwort in der Multikulturalismus-Debatte missbraucht oder als logische Folge der Globalisierung verstanden wird. Wenn alle Kulturen hybrid sind, kann Hybridität nicht mehr als Instrument der Analyse benutzt werden, denn das Hybride impliziert ja das Vorhandensein von stabilen Identitäten, Nationen, Kulturen und Ethnien" (Audehm/Velten 2007, S. 35).

Ausblick

Im Anthropozän spielt die Frage eine zentrale Rolle, wie wir uns zu der Alterität der Natur, der Alterität anderer Menschen und der Alterität in uns selbst verhalten, Eine erfolgreiche Bildung für nachhaltige Entwicklung und *global citizenship* ist nicht möglich, ohne dass wir neue Perspektiven hinsichtlich der Natur, Kultur und Gesellschaft gewinnen, in denen Alteritätserfahrungen konstitutiv sind. In der globalisierten Welt des Anthropozäns treffen Tendenzen der Homogenisierung und Uniformierung auf Tendenzen der Diversifizierung und erfordern neue inter- und transkulturelle Verkehrsformen (Wallenhorst/Wulf 2023). Dabei spielt die Fähigkeit zu einem auf der eigenen Kultur beruhenden, sie jedoch transgredierenden inter- und transkulturellen Verstehen und Handeln eine wichtige Rolle. Bildung für ein besser mit Differenz, Transgression und Hybridität umgehendes Verstehen und Verhalten ist dabei von zentraler Bedeutung.

Literatur

Audehm, Kathrin/Velten, Rudolf (Hrsg.) (2007): Transgression – Hybridisierung – Differenzierung: Zur Performativität von Grenzen in Sprache, Kultur und Gesellschaft. Freiburg: Rombach.

Beck, Ulrich (1997): Was ist Globalisierung? Frankfurt am Main: Suhrkamp.

Bhabha, Homi (2000): Die Verortung der Kultur. Tübingen: Stauffenburg.

Council of Europe (2008): White Paper on Intercultural Dialogue "Living together as equals in dignity". Strasbourg: Council of Europe.

Crutzen, Paul. J./Stoermer Eugene F. (2000): The Anthropocene. Global Change Newsletter H. 41, S. 17–18.

Damus, Obrillant/Wulf, Christoph/Saint-Fleur, Joseph P./Jeffrey, Denis (Hrsg.) (2017) : Pour une éducation à la paix dans un monde violent. Paris: L'Harmattan.

Doudna, Jennifer/Samuel Sternberg (2019): Eingriffe in die Evolution. Die Macht der CRISPR-Technologie und die Frage, wie wir sie nutzen wollen. Berlin : Springer.

Fukuyama, Francis (2019): Identität. Wie der Verlust der Würde unsere Demokratie gefährdet. Hamburg: Hoffmann und Campe.

Gauck, Joachim (2018): Das Eigene und das Fremde. Die Zeit, April 2018, N. 17. S. 9.

Gebauer, Gunter/Wulf, Christoph (1998): Spiel, Ritual, Geste. Mimetisches Handeln in der sozialen Welt. Reinbek: Rowohlt.

Gil, Isabel Capeloa/Wulf, Christoph (Hrsg.) (2015): Hazardous Future. Disaster, Representation and the Assessment of Risk. Berlin u. a.: De Gruyter.

Glikson, Andrew Yoram (2017): The Plutocene: Blueprints for a Post-Anthropocene Greenhouse Earth (Modern Approaches in Solid Earth Sciences, 13). Cham: Springer.

Group of Lisboa (1995): Limits of Competition. Cambridge. Mass: MIT Press.

Haraway, Donna (2016): Unruhig bleiben. Die Verwandtschaft der Arten im Chthuluzän. Frankfurt am Main, New York: Campus.

Kamper, Dietmar/Wulf, Christoph (Hrsg.) (1982): Die Wiederkehr des Körpers. Frankfurt am Main: Suhrkamp.

Kraus, Anja/Wulf, Christoph (Hrsg.) (2022): The Palgrave Handbook of Embodiment and Learning. London: Palgrave Macmillan.

Mattig, Ruprecht (2019): Wilhelm von Humboldt als Ethnograph. Bildungsforschung im Zeitalter der Aufklärung. Weinheim und Basel: Beltz Juventa.

Michaels, Axel/Wulf, Christoph (Hrsg.) (2011): Images of the Body in India. South Asian and European Perspectives on Rituals and Performativity. London et al.: Routledge.

Moore, Jason W. (2016): Anthropocene or Capitalocene? Nature, History, and the Crisis of Capitalism. Oakland: PM Press.

Münch, Richard (1998): Globale Dynamik, lokale Lebenswelten. Der schwierige Weg in die Weltgesellschaft. Frankfurt am Main: Suhrkamp.

Wulf, Christoph (Hrsg.) (2010): Kontaktzonen. Dynamik und Performativität kultureller Begegnungen. In: Paragrana. Internationale Zeitschrift für Historische Anthropologie (2010), B. 19, H. 2.

Rimbaud, Arthur (1990): Seher-Briefe/Lettres du voyant, übers. u. hg. von Werner von Koppenfels. Mainz: Dieterich.

Suzuki, Shoko/Wulf, Christoph (2021): Pandemien im Anthropozän/Pandemics in the Anthropocene. In: Paragrana. Internationale Zeitschrift für Historische Anthropologie, B.30, H. 2.

Todorov, Tzvetan (1985): Die Eroberung Amerikas. Das Problem des Anderen. Frankfurt am Main: Suhrkamp.

UNESCO (2005): Übereinkunft über Schutz und Förderung der Vielfalt kultureller Ausdrucksformen. Bonn: DUK.

UNESCO (2017): Education for Sustainable Development Goals. Learning Objectives. Paris : UNESCO.

Wallenhorst, Nathanael/Wulf, Christoph (Hrsg.) (2022) : Humains – un dictionnaire d'anthropologie prospective. Paris : Vrin.

Wallenhorst, Nathanael/Wulf, Christoph (Hrsg.) (2023): Handbook of the Anthropocene. Springer Nature.

Wulf, Christoph (2006): Anthropologie kultureller Vielfalt. Bielefeld: transcript.

Wulf, Christoph (2008): Rituale im Grundschulalter: Performativität, Mimesis und Interkulturalität. In: Zeitschrift für Erziehungswissenschaft, 2008, H.1-08 Grundschulforschung, S. 67–83. Wiesbaden: VS.

Wulf, Christoph (Hrsg.) (2010): Der Mensch und seine Kultur. Hundert Beiträge zur Geschichte, Gegenwart und Zukunft des menschlichen Lebens. 2. Auflage. Köln: Anaconda.

Wulf, Christoph (2009): Anthropologie. Geschichte – Kultur – Philosophie. 2., erweiterte Auflage. Köln: Anaconda.

Wulf, Christoph (2013a): Anthropology. A Continental Perspective. Chicago: The University of Chicago Press.

Wulf, Christoph (2013b): Das Rätsel des Humanen. Eine Einführung in die historische Anthropologie. München: Wilhelm Fink.

Wulf, Christoph (2016): Exploring Alterity in a Globalized World. London, New York, New Delhi: Routledge.

Wulf, Christoph (2020): Bildung als Wissen vom Menschen im Anthropozän. Weinheim und Basel: Beltz Juventa.

Wulf, Christoph (2021a): Digitale Transformation und Künstliche Intelligenz im Anthropozän. In: Bildung und Erziehung H. 74, S. 231–248.

Wulf, Christoph (2021b): Global Citizenship Education. Bildung zu einer planetarischen Weltgemeinschaft im Anthropozän. In: Vierteljahreszeitschrift für Wissenschaftliche Pädagogik 97, S. 463–480.

Wulf, Christoph (2021c): Anthropologie und Nachhaltigkeit. Zwei Visionen und ihre Auswirkungen auf Erziehung und Bildung. In: Carlsburg, Gerd-Bodo/Stroß, Annette, Miriam (Hrsg.): (Un-)pädagogische Visionen für das 21. Jahrhundert. Berlin: Peter Lang, 518–529.

Wulf, Christoph (2021d): Emotion and Imagination: Perspectives in educational anthropology. In: International Journal of African Studies 1, S. 45–53.

Wulf, Christoph (2022): Human Beings and their Images. Imagination. Mimesis. Performativity. London. Bloomsbury.

Wulf, Christoph/Althans, Birgit/Audehm, Kathrin/Engel, Juliane (2021): Learning as a performative social process: Mimesis, ritual, materiality and subjectivation. In: Kress, S. Selander, R. Säjö, and C. Wulf (eds.): Learning as Social Practice. Beyond Education as an Individual Enterprise. London u. a.: Routledge, S. 103–145.

Wulf, Christoph/Merkel, Christine (Hrsg.) (2002): Globalisierung als Herausforderung der Erziehung. Theorien, Grundlagen, Fallstudien. Münster u. a.: Waxmann.

Wulf, Christoph/Suzuki, Shoko/Zirfas, Jörg/Kellermann, Ingrid/Inoue, Yoshitaka/Ono, Fumio/Takenak, Nanae (2011): Das Glück der Familie. Ethnografische Studien in Deutschland und Japan. Wiesbaden: Springer VS.

Wulf, Christoph/Zirfas, Jörg (Hrsg.) (2013): Handbuch Pädagogische Anthropologie. Wiesbaden: Springer VS.

Abseits des Bildungskanons

Esoterik und alternative Formen von Spiritualität

Kocku von Stuckrad

1 Einleitung: (De-)Zentrierung und Hegemonie

Bildungsfragen sind Wissensfragen. Und Bildungspolitik hat stets mit der Organisation von gewünschtem und unerwünschtem Wissen zu tun. Zugleich geht das gesellschaftliche Verständnis von Bildung über schlichte Wissensakkumulation hinaus und stellt Fragen nach der Mündigkeit der Wissenden und der Ausbildung von Urteilskraft. Der Begriff der Bildung, so Jürgen Mittelstraß, verbindet sich mit dem Begriff der Orientierung.

> „Orientierung wiederum ist etwas Konkretes, nichts Abstraktes wie Theorien oder die Art und Weise, wie wir Theorien weitergeben. Die Heimat der Orientierung ist die Lebenswelt, nicht die begriffliche Welt. Nicht der Theoretiker, nicht der Vielwissende und nicht der Experte ist derjenige, der Orientierungsfragen beantwortet, sondern derjenige, der lebensformbezogen die geheimnisvolle Grenze zwischen Wissen und Können, Theorie und Praxis überschritten hat" (Mittelstraß 2019, S. 28).

Und in seiner „These VIII" zur Bildung in Wissensgesellschaften lesen wir bei Mittelstraß: „Bildung ist Urteilskraft, die zwischen dem, was wir wissen, dem, was wir können, und dem, was wir (begründet) wollen, operiert. Darin erweist sie sich als ein Geschwister der Vernunft" (ebd., S. 32; im Original kursiv). So verständlich derartige Auffassungen von Bildung in demokratischen Wissensgesellschaften sind, so zeigen sie doch zugleich das große Problem, mit dem sich theoretische Ansätze zu Bildung und deren politisch-gesellschaftlicher Umsetzung konfrontiert sehen. Was sind denn die Kriterien, so könnte man fragen, nach denen wir urteilen können, „was wir wissen"? Was heißt es, dass wir etwas „(begründet) wollen"? Und wenn die „Heimat der Orientierung [...] die Lebenswelt" ist, in der einige Menschen die „geheimnisvolle Grenze zwischen Wissen und Können" überschritten zu haben scheinen, wie können wir dies prüfen und wer gibt Orientierungen über derartige Geheimnisse?

Solche Nachfragen machen eines deutlich: Bildung ist alles andere als ein neutraler Begriff, und Bildungspolitik ist alles andere als ein unschuldiger gesellschaftlicher Prozess. Über Fragen von Bildung und Wissen werden vielmehr grundsätzliche gesellschaftliche Werte verhandelt, die eng mit kulturellen Identitäten und Programmen verwoben sind. Es geht dabei immer auch um konkurrierende Wissensansprüche, um die Auseinandersetzung zwischen hegemonialem Wissen und solchen Wissenssystemen, die dem hegemonialen – oft auch kanonisierten – Wissen entgegenstehen.

Um diese gesellschaftlichen Aushandlungsprozesse zu analysieren, hilft ein Blick auf Wissenssoziologie und Diskursforschung. Gerade die von Michel Foucault (und davor schon Ludwik Fleck) inspirierte Diskurstheorie, die sich dem Zusammenhang von kollektivem Wissen und hegemonialen Strukturen widmet, ist hier von Bedeutung (vgl. Fleck 1980; Foucault 1981). Mit Franz X. Eder können wir Diskurse als Praktiken definieren, „die Aussagen zu einem bestimmten Thema systematisch organisieren und regulieren und damit die Möglichkeitsbedingungen des (von einer sozialen Gruppe in einem Zeitraum) Denk- und Sagbaren bestimmen" (Eder 2006, S. 13). Dies klingt schon fast wie eine Beschreibung von gesellschaftlicher Kanonbildung, und tatsächlich hebt die Diskursforschung unmittelbar auf Fragen der Inklusion und Exklusion von akzeptiertem Wissen – ja auf die *Möglichkeit* bestimmten Wissens – ab. Bildungspolitik ist eine Form der Wissenspraxis.

Es geht der Diskursanalyse also nicht nur um die textliche und sprachliche Dimension, sondern immer auch um die politischen und gesellschaftlichen Praktiken, die Wissensordnungen tragen oder verändern. Dies schließt die Institutionen mit ein. Wenn man zum Beispiel kein Studienfach „Magie" an deutschen Universitäten findet, oder wenn an Schulen zwar „Werte und Normen", nicht aber „Esoterik" unterrichtet wird, so kann man darin die gesellschaftliche Manifestation einer Wissensordnung erkennen, die im Umkehrschluss bestimmte Überzeugungen in der Gesellschaft legitimiert und verstetigt. Ähnliches gilt für die Schaffung von Vereinen und Gesellschaften, für die Publikation von populären Büchern und Zeitschriften oder auch für juristische und politische Entscheidungen. In der Diskursforschung nennt man solche institutionellen Träger von Diskursen gern „Dispositive" (Bührmann/Schneider 2008). Dispositive sind gewissermaßen die „Infrastruktur", die einen Diskurs trägt und verbreitet. Dispositive verändern sich, ebenso wie Wissensordnungen dem Wandel unterliegen. So ist in den letzten Jahrzehnten durch die Einführung von Internet, digitalen Kommunikationsformen und sozialen Medien das Dispositiv der Algorithmen entstanden, das nun maßgeblich die „Möglichkeitsbedingungen des (von einer sozialen Gruppe in einem Zeitraum) Denk- und Sagbaren" steuert. Manche Forschende sind deshalb sogar der Meinung, wir befänden uns derzeit im „Algorizän" (Val 2021, S. 54–56).

Oft sind sich die Akteure gar nicht davon bewusst, dass sie bestimmten Wissensordnungen folgen. Gerade das unausgesprochene Wissen (im Englischen *tacit knowledge*) ist aber von besonderem Einfluss. In Deutschland gehören zu diesem unausgesprochenen Wissen so plakative Aussagen wie „Naturwissenschaft ist besser als Magie", „Esoterik ist potenziell rechtsradikal" oder „Astrologie ist mit Rationalität unvereinbar". Ohne dass sich die meisten Akteure genauer mit diesen Sachverhalten auseinandersetzen oder irgendwelche Kenntnisse dazu haben müssen, können sie davon ausgehen, dass ihre Kommunikationspartner*innen die entsprechenden Aussagen teilen. Und wenn jemand andere Meinungen – mit oder ohne Kenntnis der Sachverhalte – präsentiert, wird diese Meinung im dominanten Diskurs in der Regel automatisch als absurd oder als „Geschwurbel" apostrophiert und aus dem akzeptierten Wissensbestand ausgeschlossen.

Wenn es um Esoterik, Astrologie und bestimmte Formen von Spiritualität geht, kann man genau einen solchen Automatismus in Gesellschaften Europas und Nordamerikas beobachten. Doch ein genauerer Blick auf diese Gesellschaften zeigt noch etwas anderes: Ganz im Gegensatz zur Erwartung hegemonialer Wissensordnungen scheinen viele Akteure in diesen Gesellschaften Überzeugungen anzuhängen, die dem unausgesprochenen Konsens zuwiderlaufen. So zeigen sozialwissenschaftliche Untersuchungen, dass die Popularität von „esoterischen" Praktiken wie Astrologie, Tarot oder Reinkarnationsdenken in Nordamerika und Westeuropa (einschließlich Großbritannien) in den letzten Jahren zugenommen und in vielen Bereichen die Popularität des Christentums überholt hat (vgl. Gecewicz 2018). Auch wenn man vorsichtig sein muss bei der Beurteilung dessen, was diese Zahlen genau bezeichnen – was heißt es zum Beispiel im Einzelnen, wenn 20–35 Prozent der Bevölkerung Astrologie plausibel findet? – so kann doch kein Zweifel daran bestehen, dass wir es hier mit einem gesellschaftlichen Segment zu tun haben, das im Radar der hegemonialen Wissensordnung nur unzureichend erfasst wird (zur Popularität von Astrologie vgl. Campion 2016, S. 143; Mayer 2020, S. 105–110).

Was Zentrum ist und was Peripherie, hängt also immer auch von den eingesetzten Messinstrumenten und dem jeweiligen Blickwinkel ab. Diskursiv marginalisierte Wissensordnungen (z. B. Esoterik, Astrologie, Naturspiritualität) werden es schwer haben, in ihrer tatsächlichen Bedeutung wahrgenommen zu werden, und Wissensordnungen, die als etabliert gelten (z. B. Christentum, Naturwissenschaft, Schulmedizin), werden unausgesprochen als Norm betrachtet, selbst wenn ihre tatsächliche Anhänger*innenschaft geringer ist als erwartet. Für Fragen von Bildung, Urteilskraft und orientierendem Wissen geht es aber gerade um die Bewusstmachung vorhandener Wissensstrukturen sowie deren Genealogie. Erst dann kann eine selbstreflexive Einschätzung dessen erfolgen, was eine Gesellschaft als akzeptiertes Wissen und als Kriterium von Bildung betrachten möchte.

Schauen wir uns die Sache im Zusammenhang von Esoterik und alternativen Spiritualitäten etwas genauer an.

2 Esoterik: „Mitlaufende Alternativen" und konkurrierende Wissensansprüche

Gerade in Deutschland ist das Stichwort ‚Esoterik' dazu geeignet, überaus negative Reaktionen hervorzurufen. Viel stärker als in anderen Ländern wird hier die Esoterik mit rechtsradikalem oder faschistischem Gedankengut in Verbindung gebracht, seit der Covid-19-Pandemie auch mit „Corona-Leugnern", „Querdenkern" und anderen „Schwurblern", die sich dem gesellschaftlich anerkannten Wissen zu entziehen scheinen. Die Schmuddelecke hegemonialen Wissens beherbergt dabei auch jene, die an Astrologie, übernatürliche Kräfte oder die Wirksamkeit alternativer Heilmittel „glauben" – die Kategorie „Glauben" ist dabei ein Ausgrenzungsinstrument, das die diskursive Randständigkeit dieser Menschen noch einmal unterstreicht.

Wenn man die öffentliche Wahrnehmung mit der seriösen wissenschaftlichen Forschung zur Esoterik vergleicht, stellt man eine große Diskrepanz fest. Viele Wissenschaftler*innen versuchen, die Esoterik gleichsam aus der Schmuddelecke heutiger Wahrnehmungen herauszuholen und sie in den kulturgeschichtlichen Rahmen einzuordnen, in den sie gehört. Bei diesem Unterfangen scheint es durchaus hilfreich, auf andere Begriffe als „Esoterik" zurückzugreifen, zumal es auch in der Wissenschaft keinen Konsens über die angemessene Definition dieses Konzeptes gibt (vgl. von Stuckrad 2016). Was die unterschiedlichen Annäherungen an „Esoterik" jedoch verbindet, ist das Interesse an (oftmals konkurrierenden) Wissensansprüchen in der europäischen Religions- und Kulturgeschichte. Dabei stehen insbesondere jene Wissensansprüche im Mittelpunkt, die auf das vollkommene, letztlich göttliche Wissen des Menschen abheben.[1]

Was nun die Charakteristika der europäischen Religions- und Kulturgeschichte angeht, so hat sich ein Deutungsansatz bewährt, der von einem doppelten Pluralismus ausgeht (ausführlich dazu Kippenberg/Rüpke/von Stuckrad 2009): Auf der einen Seite finden wir einen Pluralismus religiöser Optionen und Traditionen, der seit der Spätantike europäische Diskurse beeinflusst, und das in verstärktem Maße seit dem späten Mittelalter, der kolonialen Expansion Europas und der zunehmenden Globalisierung im zwanzigsten Jahrhundert. Dieser Pluralismus ist ein Pluralismus der Konkurrenz, wie Michael Borgolte festhält:

> „Wer Europa historisch begreifen will, muß anerkennen, daß seine Vielfalt keinen Pluralismus der Gleichgültigkeit hervorgebracht hat, sondern daß sich seine kulturellen Formationen in ständigem Bezug aufeinander anpaßten, wandelten oder auch abstießen" (Borgolte 2006, S. 10).

---

1 Für einen historischen Überblick vgl. von Stuckrad 2004.

Konkurrenz bedeutet auch – ganz im Sinne der lateinischen Bedeutung des Wortes, „zusammen/mitlaufen" –, dass die religiösen Alternativen stets präsent sind und in jeweiligen Kontexten aktualisiert und gleichsam beschworen werden können. Burkhard Gladigow hat hierfür den Begriff der „mitlaufenden Alternativen" in der europäischen Religionsgeschichte geprägt (Gladigow 1995). Wie in einem Palimpsest tauchen die „alten" und „alternativen" Religionen immer wieder auf. Ein gutes Beispiel dafür ist Johann Wolfgang von Goethe, der in einem Brief an F. H. Jacobi am 6. Januar 1813 erläutert:

> „Ich für mich kann, bey den mannigfaltigen Richtungen meines Wesens, nicht an einer Denkweise genug haben; als Dichter und Künstler bin ich Polytheist, Pantheist hingegen als Naturforscher, und eins so entschieden als das andere. Bedarf es eines Gottes für meine Persönlichkeit, als sittlicher Mensch, so ist dafür auch schon gesorgt. Die himmlischen und irdischen Dinge sind ein so weites Reich, daß die Organe aller Wesen zusammen es nur erfassen mögen" (Goethe 1846, S. 261).

In Goethes Ausführung taucht bereits die zweite Form von Pluralismus auf, nämlich ein Pluralismus gesellschaftlicher Systeme. Religion befindet sich immer in kritischer Auseinandersetzung mit den Wissenschaften, den Philologien (man denke an die Textkritik der biblischen Texte), aber auch mit Kunst und Literatur. So kann das Christentum durchaus selber zu einer mitlaufenden Alternative neben und mit den Wissenschaften und Künsten werden. Gladigow konstatiert diesbezüglich für die Renaissance eine neue „Dichte intellektueller Kommunikation in Europa", in deren Kontext

> „nicht nur bildende Kunst, Musik und Literatur ‚flächendeckend' verbreitet werden, sondern auch neue religiöse Entwürfe und Einstellungen. Ein Renaissancefürst, der sich den Ankauf und die schnelle Übersetzung des Corpus Hermeticum angelegen sein lässt – später kanonischer Text für religiöse Strömungen in den unterschiedlichsten Disziplinen – mag als Charakteristikum einer neuen Phase religiöser Optionen in Europa angesehen werden. Nicht nur die ‚positiven', institutionalisierten Religionen erfahren die geschuldete Aufmerksamkeit, sondern auch ‚Unterströmungen', verdrängte Muster, ‚Häresien', ‚Alternativen', die explizit oder implizit mit dem Christentum konkurrieren können" (Gladigow 2006, Abs. 1).

Dies kann man durchaus als Prolegomenon zum Verständnis von ‚Esoterik' betrachten. Das Corpus Hermeticum, zwischen dem zweiten und vierten Jahrhundert entstanden, ist ein gutes Beispiel für universale Wissensansprüche, die als Alternative zu biblischem Offenbarungswissen formuliert werden. Die hermetischen Schriften, die dem Gott Hermes zugeschrieben werden, ebenso wie göttliches Offenbarungswissen von Personen wie Zoroaster (Zarathustra), Platon, Buddha oder einem Jesus, der sich von dem Jesus des Neuen Testaments unterscheidet

– all das sind Inspirationsquellen für religiöse und kulturelle Identitäten in Europa, die sich in vielfältigen Traditionen, aber auch in konkreten Gemeinschaften wie den Rosenkreuzern, den Freimaurern, den magischen Orden des neunzehnten und zwanzigsten Jahrhunderts, schließlich auch in Theosophie und Anthroposophie manifestieren. Auch die vorchristlichen, vor allem die keltischen, germanischen und zentraleuropäischen religiösen Traditionen, sind in Europa immer Teil dieses Palimpsests gewesen und haben die unterschiedlichsten Anknüpfungspunkte für religiöse und kulturelle Identitäten in Europa geschaffen.

Für die esoterische Suche nach vollkommenem, göttlichem Wissen haben sich insbesondere jene Traditionen als bedeutsam erwiesen, die religiös-metaphysische Fragestellungen mit philosophischen Systemen verbanden. Ein einschlägiges Beispiel hierfür ist die komplexe Geschichte der Kabbalah, die sich als eine Form neuplatonischer mystischer Bibelinterpretation im späten Mittelalter im Judentum entwickelte und zu einer tragenden Kraft des Judentums wurde. Im siebzehnten Jahrhundert bekannten sich große Teile des europäischen Judentums zu kabbalistischen Deutungsansätzen. In diesem Denken wird die Torah nicht nur als schriftlicher Text der Hebräischen Bibel betrachtet, sondern als „Textur" des Kosmos, die alles Wissen der Welt in verschlüsselter Form birgt. Es geht dabei also nicht um geheimes, sondern um verborgenes Wissen. Die Dialektik von Verborgenheit und Offenbarung absoluten Wissens ist ein Kernelement esoterischer Diskurse (vgl. von Stuckrad 2010, S. 89–113).

Christliche Intellektuelle haben die jüdischen Formen von Kabbalah – teilweise in antijüdischer Intention – mit Interesse aufgegriffen und in eigener Weise weiterentwickelt. Die naturphilosophische Überzeugung, dass die Grundbestandteile des Kosmos Buchstaben sind, ein ‚Code', der vom Menschen ‚entschlüsselt' und ‚gelesen', aber auch neu ‚geschrieben' werden kann (ein Schöpfungsakt, der mit der Vergöttlichung des Menschen einhergeht), wurde zu einem überaus einflussreichen Element europäischer Philosophie und zieht sich von Leibniz über Schelling und Hegel bis in die Philosophie und die „life sciences" des zwanzigsten Jahrhunderts. Hans Blumenberg nannte das das Paradigma der „Lesbarkeit der Welt" (Blumenberg 1986; von Stuckrad 2010, S. 89–93).

Wenn man in Riesenschritten, und in Absehung von vielen Nuancen und Details, die europäische (und zunehmend globalisierte) Kulturgeschichte seit dem neunzehnten Jahrhundert durcheilt, findet man esoterische Diskurse innerhalb einer immer weiter fortschreitenden Pluralisierung religiöser und weltanschaulicher Optionen. Mit der Diversifizierung und Professionalisierung von Wissensbeständen durch die Etablierung etlicher neuer Studienfächer – von Soziologie, Ethnologie und Religionswissenschaft bis hin zur theoretischen Physik und zur Psychologie – vollzog sich in dieser Zeit auch eine Diversifizierung von gesellschaftlichen Wissensbeständen. Esoterische Fragestellungen manifestierten sich dabei in Gemeinschaften wie der Theosophischen Gesellschaft (mit ihrer großen Faszination für asiatische Wissenstraditionen) und der Anthroposophischen Gesellschaft, die ihrerseits Einfluss in intellektuellen, künstlerischen und politischen Bereichen ausübten. Auch Ereignisse wie der Okkultismus, die Psychologie als Universalwissenschaft bei Carl Gustav Jung oder der Monismus als Einheit von naturwissenschaftlichem und geisteswissenschaftlichem Wissen bei Ernst Haeckel und Wilhelm Ostwald gehören in diesen diskursiven Rahmen des frühen zwanzigsten Jahrhunderts (vgl. von Stuckrad 2019).

Jener pluralistische Innovationsschub ist einer der Gründe, warum es in den 1960er und 1970er Jahren in den USA zu dem Phänomen kam, das man gern „New Age" nennt. Wie in einem Durchlauferhitzer wurden mitlaufende Alternativen, unter Hinzufügung neuer religiöser, politischer, wissenschaftlicher und künstlerischer Optionen, aufgegriffen und dem Lebensgefühl des späten zwanzigsten Jahrhunderts eingeschrieben. Viele der Ansichten des „New Age", vor fünfzig Jahren noch als exzentrisch betrachtet, sind inzwischen in popularisierter Form fester Bestandteil der religiös-spirituellen und weltanschaulichen Überzeugungen der europäischen und nordamerikanischen Bevölkerung – von Reinkarnationsdenken bis hin zu Astrologie und alternativen Heilmethoden.

Hier schließt sich der Kreis zu den oben erwähnten Studien zur heutigen Popularität von Astrologie und anderen Systemen, die dem Radar hegemonialer Wissenspraxis häufig entgeht. Mit Burkhard Gladigow können wir konstatieren, dass mit einem „deregulierten religiösen Markt" eine Pluralisierung verbunden ist,

„die nun nicht nur einen ‚innerkonfessionellen' Pluralismus ermöglicht, sondern auch einen Pluralismus in der Nutzung von Sinnsystemen überhaupt. Dabei wird zunehmend deutlicher, dass sich das Spektrum applizierbarer religiöser Muster erheblich erweitert hat."

Und Gladigow hält fest: „Das dramatisch Neue in der Europäischen Religionsgeschichte ist nicht so sehr ein Pluralismus von Religionen, sondern ein ‚problemloser' Pluralismus von Religionstypen" (Gladigow 2006, Abs. 11). Hier fügen sich esoterische Diskurse nahtlos ein.

3 Alternative Spiritualitäten: Neue Arrangements in säkular-spirituellen Bezügen

„I'm spiritual, not religious." Mit diesem Slogan beschreiben sich unzählige, nicht nur junge, Menschen in Europa und Nordamerika, wenn sie nach ihren religiösen oder weltanschaulichen Ansichten gefragt werden. Es hat sich eine Art Beurteilungsmuster herausgebildet, das ‚Spiritualität' als Gegenfolie zu ‚Religion' konstruiert: Für viele ist ‚Religion' mit institutionalisierten, historisch lang gewachsenen Religionsgemeinschaften verbunden, die ein Regelsystem hervorgebracht

haben, oft unter Verweis auf heilige Schriften, und die von hierarchisch organisierten, oft patriarchalen, Verwaltungen geleitet werden; diese Religionen stehen
häufig auf gespanntem Fuß mit wissenschaftlichen Erkenntnissen. ,Spiritualität'
dagegen wird als weniger dogmatisch und stärker auf das Individuum ausgerichtet dargestellt; statt auf hierarchischen Strukturen gründet Spiritualität auf persönlicher Erfahrung, die auch ohne ,Eintritt' in eine Religionsgemeinschaft und
ohne Rekurs auf lange Traditionen immer wieder neu gefunden werden kann;
wissenschaftliche Erkenntnisse lassen sich mühelos mit solchen Formen von me-
taphysischen Anschauungen vereinen.

Schaut man sich diese populären Einteilungen genauer an, so stellt man
viele Nuancen und Übergänge fest, was eine einfache Unterscheidung zwischen ,Religion' und ,Spiritualität' problematisch macht (vgl. Ammerman 2013).
Dennoch kann man konstatieren, dass auch in der Religionswissenschaft die
,alltagssprachlichen' Auffassungen zu Religion und Spiritualität insoweit ihren
Niederschlag gefunden haben, als man nun den Begriff der Spiritualität in seiner
Bedeutung viel ernster nimmt als das noch vor einigen Jahrzehnten der Fall
war. Das kann auch gar nicht anders sein, denn die Wissenschaftssprache muss
mit der Alltagssprache Schritt halten, zumindest wenn es um die Beschreibung
gegenwärtiger Phänomene geht und sich die derart Beschriebenen auch in der
wissenschaftlichen Darstellung ihrer Ansichten wiedererkennen sollen.

Ein interessantes Merkmal dieses überaus diversen religiös-spirituellen
Feldes ist die Tatsache, dass viele der neu entstandenen Überzeugungen und
Praktiken in direkter Wechselwirkung mit Wissenschaften entstanden, die sich
als säkular betrachten. Es haben sich ,Diskursgemeinschaften' formiert, in denen
wissenschaftliche Narrative – zum Beispiel über eine jahrhundertelange Göttin-
nen-Verehrung durch Frauen oder über den Schamanismus als Grundform des
Zugangs zum Heiligen – von Interessierten in die Praxis umgesetzt werden. Als
Beispiele hierfür lassen sich die neue ,Hexenreligion' (mit Wicca als der größten
Richtung) oder der in Nordamerika und Europa durch nicht-indigene Menschen
praktizierte Schamanismus anführen, aber auch pagane Gruppen insgesamt, die
durch eine animistische Weltauffassung und eine naturbezogene Spiritualität
gekennzeichnet sind (vgl. Harvey 2013).

In vielen Fällen zeigen sich auch direkte Verbindungen zwischen Naturwissenschaften und spiritueller Praxis. Pantheismus, also die Verehrung des
Göttlichen in der natürlichen Welt, war ja schon immer eine attraktive Option
für Naturforschende; neben dem bereits erwähnten Goethe ließen sich hier auch
Albert Einstein und viele andere anführen. In diesen Diskurskontext gehört
zudem die spirituelle Aufladung der Quantenphysik, die im Nachlauf der 1960er
und 1970er Jahre das Phänomen ,Quantenmystik' hervorgebracht hat, die dem
gesamten Kosmos Bewusstsein und lebendige Interaktion attestiert (vgl. Kaiser
2011). Aus der Biologie wiederum kommen wichtige Impulse im Hinblick auf die
Verwandtschaft des Menschen mit anderen Tieren und die komplexe und sensible

Vernetzung aller Ökosysteme – dies kann unmittelbar in eine Verwandtschafts-
ethik (einschließlich Fragen von Veganismus und Tierschutz) münden oder eine
Spiritualität der Relationalität hervorbringen, in der alle Lebensformen auf der
Erde in bewusster Weise miteinander interagieren.

In seinen umfangreichen Forschungen zum Thema hat Bron Taylor diese Form
von Naturspiritualität als „dunkelgrüne Religion" bezeichnet, die wiederum Teil
eines *global greening of religion* ist. Taylor bietet mit dem Begriff der dunkelgrünen
Religion eine Deutungsfolie, die auf einer vierfachen Typologie von „Animismus"
und „Gaia-Religion" aufbaut, die jeweils wiederum in eine naturalistische und eine übernatürliche Form unterschieden werden können (Taylor 2020, S. 19–56).
Die Grenzen zwischen diesen Kategorien sind zwar durchlässig.

> „Der allgemeine Impuls jedoch, die Natur als heilig zu betrachten, als wertvoll in ihrer
> Ganzheit und in ihren Teilen, zugleich aber auch als gefährdet und schutzbedürftig,
> zieht sich quer durch alle Beispiele hindurch" (Taylor 2020, S. 56).

Derartige Auffassungen und rituelle Umsetzungen können sich auch in direk-
ten Umweltschutzaktionen manifestieren (vgl. Taylor 2020, S. 126–130). Man
denke etwa an Julia Butterfly Hill, die am 10. Dezember 1997 auf einen riesigen
Redwood-Baum im Norden Kaliforniens kletterte, der zuvor von Earth-First!-
Aktivist*innen besetzt worden war und „Luna" genannt wurde. Julia Butterfly
Hill, deren mittlerer Name sich auf ihre Liebe für Schmetterlinge während ihrer
Kindheit bezieht, sollte letztlich mehr als zwei Jahre auf dem Baum verbringen,
zwei Jahre, in denen sie eine intensive Beziehung zu Luna aufbaute. Julia Butterfly
Hill wurde zu einer weltweit beachteten Erscheinung, ebenso wie die spirituellen
und animistischen Erfahrungen, von denen sie berichtete. Ursprünglich in Ar-
kansas aufgewachsen, sei sie „von den Geistern" in die Redwoods gesandt worden,
und zwar während einer Visionssuche in der Wildnis. Schon beim Betreten der
Redwoods hatte sie ein spirituelles Erlebnis: „Als ich das erste Mal einen Wald mit
Redwoods betrat [...], sank ich auf die Knie und begann zu weinen, weil der Geist
des Waldes mich einfach überwältigte" (Hill zit. n. Taylor 2020, S. 127). Diese
Bindung wurde während der Baumbesetzung immer stärker.

Richard Powers hat zu diesem Milieu von Umweltaktivismus einen überaus
erfolgreichen Roman geschrieben. *The Overstory* gewann den Pulitzer-Preis 2019
und erhielt zahlreiche weitere Auszeichnungen. Der Roman beschreibt die Natur
und vor allem die Bäume als wirkmächtig und belebt. Die Bäume sind in einen
Kommunikationsraum von Natur und Mensch eingebunden, wobei die Bäume
den suchenden Menschen ein lange vergessenes Wissen bieten, das für die Zukunft des Planeten entscheidend ist (vgl. von Stuckrad 2019, S. 219–222).

The Overstory ist kein Einzelfall. Wenn man sich allein die englischsprachigen
Publikationen der letzten Jahre ansieht, so findet man eine ganze Reihe überaus
erfolgreicher Bücher, die wiederum ein Indiz für ein großes öffentliches Interes-

se und damit auch für die diskursiven Veränderungen sind, die diesem Interesse unterliegen. Zu den einflussreichen Publikationen gehören Max Porter, *Lanny* (2019); Barry Lopez, *Horizon* (2019); David George Haskell, *The Songs of Trees* (2018); Ursula K. Le Guin, *Late in the Day: Poems 2010–2014* (2016); und Robin Wall Kimmerer, *Braiding Sweetgrass: Indigenous Wisdom, Scientific Knowledge and the Teachings of Plants* (2013). Ein deutsches Pendant zu diesen Autor*innen wäre Peter Wohlleben. Sein 2015 erschienenes Buch *Das geheime Leben der Bäume*, mit dem Untertitel *Was sie fühlen, wie sie kommunizieren – die Entdeckung einer verborgenen Welt*, hat den aus dem Rheinland stammenden Förster schlagartig berühmt gemacht. Etliche weitere Bücher und Publikationen in anderen Medien folgten und wurden in mehrere Sprachen übersetzt. Heute ist Wohlleben international einer der bekanntesten Vertreter des *new forestry*, nämlich einer Betrachtung von Wald und Ökologie, die sich reduktionistischen Modellen widersetzt und eine ganzheitliche Idee von Natur propagiert, in der die natürliche Welt insgesamt als Akteurin in einem lebendigen System ernst genommen wird – ganz im Sinne von Richard Powers' Roman (vgl. von Stuckrad 2019, S. 222–223).

Zusammenfassend lässt sich konstatieren, dass es sich bei dem großen Feld von alternativen Spiritualitäten, die sich in der zweiten Hälfte des zwanzigsten Jahrhunderts in Nordamerika und Europa entwickelt haben, um eine breit getragene Veränderung von Wissensordnungen über den Menschen und seine Einbettung in planetarische, ja kosmische Lebenszusammenhänge handelt. Besonders die naturbezogenen Spiritualitäten, einschließlich ihrer literarischen und künstlerischen Manifestationen, nehmen dabei Ansätze aus den Wissenschaften auf, die inzwischen fachübergreifend als *relational turn* verhandelt werden. Viele Elemente dieses Diskursarrangements wiederum haben eine lange Vorgeschichte in naturphilosophischen, künstlerischen und religiös-metaphysischen Traditionen – einschließlich solcher, die man der Esoterik zuordnen kann. Die Pluralisierung von Religionstypen und die weitgehende Deregulierung von mitlaufenden Alternativen hat im Laufe des zwanzigsten Jahrhunderts ein spirituelles Feld hervorgebracht, das sowohl Spiegelung als auch Motor einer sich verändernden Wissensordnung über den Menschen ist. Die Klimakatastrophe und das massenhafte Artensterben haben seit dem Jahrhundertwechsel diesen Fragen weitere Brisanz verschafft – existenzielle Fragen, die traditionell dem Bereich der Religion zugeordnet wurden, heute jedoch (und vielleicht schon immer) systemübergreifend das Denken, Fühlen und Handeln von Menschen bestimmen.

4 Bildung als Subversion: Abschließende Behauptungen

Der Blick auf Esoterik und alternative Formen von Spiritualität kann dabei helfen, Fragen von Zentrum und Peripherie neu aufzurollen und unsere Wissensordnungen gründlich gegen den Strich zu bürsten. Die Analyse zeigt eine Dynamik, die von zwei verschiedenen Strömungen gekennzeichnet ist: Einerseits sehen wir ein hegemoniales Wissenssystem, das den Hauptstrom dessen vorgibt, was als anerkanntes Wissen gilt und in den Kanon des gesellschaftlichen Konsenses aufgenommen wird. Daneben finden wir die vielen Unter- und Gegenströmungen, vielleicht auch Kehrwasser, in denen das hegemoniale Wissen in seiner Wirkung begrenzt, nuanciert und bisweilen auch umgeleitet wird. Und manchmal werden die Kehrwasser und Unterströmungen selber zur Hauptströmung und dominieren fortan die Wissensordnung dynamischer Gesellschaften.

Wie lässt sich dieser Befund auf die Themen Wissen, Bildung und Kanon anwenden? Wenn, wie eingangs erläutert, Bildung mehr ist als Wissensakkumulation, und wenn Bildung auf Orientierungsfähigkeit und die Ausbildung der Urteilskraft zielt, so offenbaren die esoterischen und alternativ-spirituellen Diskurselemente das ganze Ausmaß der Probleme traditioneller Bildungspolitik. Das beginnt schon mit dem scheinbar harmlosesten Bestandteil der Gleichung, nämlich der Wissensakkumulation: Selbst die Auswahl und die Verfügbarmachung von Wissen, das als ‚der Akkumulation für würdig' betrachtet wird, ist ja kein neutraler Vorgang, sondern bereits Ergebnis – und im Umkehrschluss Legitimierung – von Entscheidungen, die im hegemonialen Diskurs gefallen sind. Die Wissensakkumulation ist darum implizit bereits ein Ausschließungsinstrument, das automatisch bestimmte Gegenströmungen als irrelevant oder, noch lieber, als „Geschwurbel" klassifiziert.

Große Teile der historischen Entwicklung dessen, was man als Esoterik oder naturphilosophische Alternativen beschreiben kann, kommen im Zuge dieser Wissensakkumulation gar nicht erst in den Blick, obwohl sie historisch keineswegs irrelevant oder marginal waren. Eine ernst zu nehmende historische Rekonstruktion europäischer Kulturgeschichte kommt um die Einbeziehung der mitlaufenden Alternativen aber nicht herum, und diese Rekonstruktion ist stets auch eine kritische Auseinandersetzung mit den Gründen dafür, dass bestimmte Wissensordnungen in bestimmten Kontexten hegemonial wurden oder aber als Unterströmung und Kehrwasser das hegemoniale Denken nur indirekt beeinflussten.

Wenn Orientierungsfähigkeit und Urteilskraft tatsächlich die Leitsterne von Bildungspolitik sein sollen, dann müssten genau jene Prozesse von Inklusion und Exklusion akzeptierten Wissens Gegenstand und Inhalt von Bildungsprogrammen sein. Dabei muss Bildungspolitik in Kauf nehmen, dass die von ihr propagierten mündigen Bürger*innen zu Urteilen über die Welt kommen, die sich von den Orientierungsvorgaben des hegemonialen Diskurses unterscheiden. Es gilt hier im Grunde dasselbe wie im „Böckenförde-Diktum", das der Staatsrechtler Ernst-Wolfgang Böckenförde schon 1967 wie folgt definierte:

„Der freiheitliche, säkularisierte Staat lebt von Voraussetzungen, die er selbst nicht garantieren kann. Das ist das große Wagnis, das er, um der Freiheit willen, eingegangen ist" (Böckenförde 1967, S. 93).

Analog könnte man sagen, dass eine auf Bildung der Urteilskraft ausgerichtete Bildungspolitik das Überleben der hegemonialen Wissensstrukturen, deren Produkt sie ist, nicht garantieren kann. Stärker noch: Die ständige Überprüfung und die Formulierung von Alternativen sind einer solchen Bildungspolitik inhärent. Vielleicht ist es kein Grund zur Beunruhigung, wenn mündige Bürger*innen sich ihr Horoskop deuten lassen, homöopathische Medikamente nehmen oder sich aus Protest gegen die Umweltzerstörung auf Autobahnen festkleben.

Literatur

Ammerman, Nancy T. (2013): Spiritual But Not Religious? Beyond Binary Choices in the Study of Religion. In: Journal for the Scientific Study of Religion 52, H. 2, S. 258–278.

Blumenberg, Hans (1986): Die Lesbarkeit der Welt. Frankfurt am Main: Suhrkamp.

Böckenförde, Ernst-Wolfgang (1967): Die Entstehung des Staates als Vorgang der Säkularisation. In: Säkularisation und Utopie. Ebracher Studien, Ernst Forsthoff zum 65. Geburtstag. Stuttgart/Berlin/Köln/Mainz: Kohlhammer, S. 75–94.

Borgolte, Michael (2006): Christen, Juden, Muselmanen. Die Erben der Antike und der Aufstieg des Abendlandes 200 bis 1400 n. Chr. München: Siedler.

Bührmann Andrea D./Schneider, Werner (2008): Vom Diskurs zum Dispositiv: Eine Einführung in die Dispositivanalyse. Bielefeld: Transcript Verlag.

Campion, Nicholas (2016): Astrology and Popular Religion in the Modern West: Prophecy, Cosmology and the New Age Movement. London und New York: Routledge.

Eder, Franz X. (2006): Historische Diskurse und ihre Analyse – eine Einleitung. In: Eder, Franz X. (Hrsg.): Historische Diskursanalysen: Genealogie, Theorien, Anwendungen. Wiesbaden: VS Verlag für Sozialwissenschaft, S. 9–23.

Fleck, Ludwik (1980): Entstehung und Entwicklung einer wissenschaftlichen Tatsache. Einführung in die Lehre vom Denkstil und Denkkollektiv. EA 1935. Frankfurt am Main: Suhrkamp.

Foucault, Michel (1981): Archäologie des Wissens. Aus dem Französischen von Ullrich Köppen. Frankfurt am Main: Suhrkamp.

Gecewicz, Claire (2018): 'New Age' Beliefs Common Among Both Religious and Nonreligious Americans. Pew Research Center. www.pewresearch.org/fact-tank/2018/10/01/new-age-beliefs-common-among-both-religious-and-nonreligious-americans/(Abfrage: 23.11.2022).

Gladigow, Burkhard (1995): Europäische Religionsgeschichte. In: Kippenberg, Hans G./Luchesi, Brigitte (Hrsg.): Lokale Religionsgeschichte. Marburg: Diagonal, S. 21–42.

Gladigow, Burkhard (2006): Europäische Religionsgeschichte seit der Renaissance. In: zeitenblicke 5, H. 1. www.zeitenblicke.de/2006/1/Gladigow/index_html (Abfrage: 23.11.2022).

Goethe, Johann Wolfgang von (1846): Briefwechsel zwischen Goethe und F. H. Jacobi, herausgegeben von Max Jacobi. Leipzig: Weidmann'sche Buchhandlung.

Harvey, Graham (2013): The Handbook of Contemporary Animism. London: Routledge.

Haskell, David George (2018): The Songs of Trees. Stories from Nature's Great Connectors. New York: Penguin.

Kaiser, David (2011): How the Hippies Saved Physics: Science, Counterculture, and the Quantum Revival. New York und London: W. W. Norton & Company.

Kimmerer, Robin Wall (2013): Braiding Sweetgrass. Indigenous Wisdom, Scientific Knowledge and the Teachings of Plants. Minneapolis: Milkweed.

Kippenberg, Hans G./Rüpke, Jörg/von Stuckrad, Kocku (Hrsg.) (2009): Europäische Religionsgeschichte – Ein mehrfacher Pluralismus. 2 Bde. Göttingen: Vandenhoeck & Ruprecht/UTB.

Le Guin, Ursula K. (2016): Late in the Day: Poems 2010–2014. Oakland: PM Press.

Lopez, Barry (2019): Horizon. New York: Alfred A. Knopf.

Mayer, Gerhard (2020): Astrologie und Wissenschaft – ein prekäres Verhältnis, Teil 1: Historischer Rückblick auf die deutschsprachige Astrologie im 20. Jahrhundert und gegenwärtige Entwicklungen. In: Zeitschrift für Anomalistik 20, H. 1+2, S. 86–117.

Mittelstraß, Jürgen (2019): Bildung in einer Wissensgesellschaft. In: heiEDUCATION Journal 3, S. 21–36.

Porter, Max (2019): Lanny. A Novel. Minneapolis: Graywolf Press.

Stuckrad, Kocku von (2004): Was ist Esoterik? Kleine Geschichte des geheimen Wissens. München: C. H. Beck.

Stuckrad, Kocku von (2010): Locations of Knowledge in Medieval and Early Modern Europe. Esoteric Discourse and Western Identities. Leiden/Boston: Brill.

Stuckrad, Kocku von (2016): Esotericism Disputed: Major Debates in the Field. In: DeConick, April (Hrsg.): Secret Religion (Macmillan Interdisciplinary Handbooks: Religion). Farmington Hills: Macmillan, S. 171–181.

Stuckrad, Kocku von (2019): Die Seele im 20. Jahrhundert. Eine Kulturgeschichte. Paderborn: Wilhelm Fink.

Taylor, Bron (2020): Dunkelgrüne Religion. Naturspiritualität und die Zukunft des Planeten. Aus dem Amerikanischen von Kocku von Stuckrad. Paderborn: Wilhelm Fink.

Val, Jaime del (2021): The Body is Infinite/Body Intelligence: Ontohacking Sex Species and the BI r/evolution in the Algoricene. In: Journal of Posthumanism 1, S. 53–72.

Wohlleben, Peter (2015): Das geheime Leben der Bäume. Was sie fühlen, wie sie kommunizieren – die Entdeckung einer verborgenen Welt. München: Ludwig.

Global Citizenship Education und Planetarische Bildung im Anthropozän

Konturen einer neuen Anthropologie an den Grenzen der Dezentrierbarkeit

Ruprecht Mattig

1 Einleitung

Der indische Historiker Dipesh Chakrabarty schlägt in seinem vielbeachteten Buch *Das Klima der Geschichte im planetarischen Zeitalter* (2022) vor, für ein besseres Verständnis des Anthropozäns zwischen den Kategorien des Globalen und des Planetarischen zu unterscheiden. Bislang seien weltumspannende Probleme wie ökonomische Gerechtigkeit, Krieg und Frieden oder der Klimawandel im Rahmen der Kategorie des Globalen gedacht und politisch verhandelt worden. Diese Sichtweise werde aber dem Anthropozän nicht gerecht. Um das Anthropozän angemessen reflektieren zu können, bedürfe es der Kategorie des Planetarischen. Vor diesem Hintergrund stellt er die These auf, dass die Kategorie des Planetarischen mit einer über das Globale hinausweisenden Dezentrierung des Menschenbildes verbunden ist. Demnach gilt es, die anthropozentrische Sichtweise, die mit dem Globalen verbunden ist, zu überwinden, um einen Zugang zum Planetarischen zu gewinnen, der letztlich auch einen Denkraum für neue politische Handlungsoptionen öffnen kann. Chakrabarty meint, dass wir am „Scheitelpunkt von Globalem und Planetarischem" (ebd., S. 150) leben. Entsprechend tentativ sind seine Überlegungen. Letztlich entsteht in seinem Buch kein festumrissenes neues Menschenbild. Vielmehr zeichnen sich Konturen einer neuen Anthropologie ab, die einen Weg zu einer Dezentrierung weisen, die in Zukunft noch klarer zu bestimmen sein wird.

In dem vorliegenden Beitrag werden Chakrabartys Überlegungen aufgegriffen und aus erziehungswissenschaftlicher Sicht reflektiert. Dabei steht die Frage im Mittelpunkt, inwiefern mit dem Globalen und dem Planetarischen Dezentrierungen der Bildung verbunden sind. Chakrabartys Kategorie des Globalen lässt sich gut auf das Konzept *Global Citizenship Education* beziehen, das seit einigen Jahren in der Erziehungswissenschaft diskutiert wird (vgl. z. B. Davies et al. 2018). Da die von Chakrabarty ins Spiel gebrachte Kategorie des Planetarischen bislang nicht in der Erziehungswissenschaft aufgenommen wurde, schlägt der Beitrag einen ersten Entwurf für eine ‚Planetarische Bildung' vor.

In einem ersten Schritt wird gezeigt, dass *Global Citizenship Education* bereits eine bedeutende Dezentrierung der lernenden Subjekte erfordert. In mancher Hinsicht stoßen Ansätze der *Global Citizenship Education* sogar an Grenzen der Dezentrierbarkeit. Gleichwohl verbleibt *Global Citizenship Education* aus Chakrabartys Perspektive weitgehend im Rahmen des anthropozentrischen Denkens, auf das die Kategorie des Globalen verweist. Deshalb werden in einem zweiten Schritt Chakrabartys Ausführungen über das Anthropozän und seine Unterscheidung zwischen Globalem und Planetarischem dargestellt, um schließlich in einem dritten Schritt das Konzept einer Planetarischen Bildung zu skizzieren. Der Beitrag entwickelt im Durchgang durch das Globale und das Planetarische die Vorstellung einer schrittweise fortschreitenden Dezentrierung, bei der zunächst das Nationale, dann das Eurozentrische und schließlich das Anthropozentrische überwunden werden sollen. So entsteht ein Bild wie bei den Jahresringen eines Baumes, bei dem jeder weitere Schritt immer weiter fort vom Zentrum führt. Diese Schritte sind aber nicht als eine didaktische Abfolge zu sehen; die Frage, wie die vorgeschlagenen Gedanken didaktisch umgesetzt werden könnten, kann hier nicht bearbeitet werden. Insgesamt macht der Durchgang durch diese verschiedenen Schritte deutlich, dass die Dezentrierbarkeit des Menschen an verschiedene Grenzen zu stoßen scheint, wobei es offenbleibt, ob es je gelingen wird, diese Grenzen zu überwinden.

2 *Global Citizenship Education*: Dezentrierungen einer weltumspannenden Bildung

Der Begriff *Global Citizenship Education* bezeichnet kein feststehendes pädagogisches Konzept. Vielmehr handelt es sich um einen Sammelbegriff, der eine Reihe unterschiedlicher pädagogischer Konzepte umfasst, die mittels Erziehung und Bildung einen Beitrag zu konstruktiven Lösungen für globale Herausforderungen wie Kriegen, Migration, sozialen Ungleichheiten und nicht zuletzt dem Klimawandel leisten sollen. *Global Citizenship Education* versammelt so unterschiedliche Konzepte wie interkulturelles Lernen, kosmopolitische Bildung, globales Lernen, Friedenspädagogik und Bildung für nachhaltige Entwicklung unter sich (vgl. z. B. Wintersteiner et al. 2014, S. 3; Wulf 2021). In den letzten Jahren hat *Global Citizenship Education* auch im Rahmen der 17 Nachhaltigkeitsziele der Vereinten Nationen an Aufmerksamkeit gewonnen: Das vierte Ziel ist „Hochwertige Bildung", wobei *Global Citizenship Education* ein Unterziel dieses vierten Zieles darstellt (vgl. z. B. UNESCO 2017).

Global Citizenship Education speist sich nicht nur aus verschiedenen pädagogischen Konzepten, es gibt auch unterschiedliche, teilweise auch sich widersprechende wissenschaftliche und gesellschaftliche Sichtweisen im Rahmen von Ansätzen der *Global Citizenship Education*. Um diese Ansätze zu benennen und analysieren, sind wiederum verschiedene Typisierungen vorgeschlagen worden. Im Folgenden werden die Typisierungen von Dill (2013), Akkari und Maleq (2020) und Pashby et al. (2020) betrachtet, da sie einander ergänzen und damit einen guten Überblick über das Feld erlauben. Dabei wird insbesondere die Frage fokussiert, inwiefern *Global Citizenship Education* dezentrierende Bildungsbewegungen beinhaltet.

2.1 Globales Bewusstsein und globale Kompetenzen

Jeffrey Dill hat in einer 2013 veröffentlichten empirischen Studie zwei verschiedene Hauptziele rekonstruiert, die im Rahmen der Praxis von *Global Citizenship Education* zu finden sind: erstens *global consciousness* (Dill 2013, S. 37–50) und zweitens *global competencies* (ebd., S. 51–65). Während das erste Ziel eine moralische Stoßrichtung hat und ein Bewusstsein für die globale Verbindung der Menschheit und für die eigene Verantwortung gegenüber der globalen Gemeinschaft zu fördern bezweckt, hat das zweite Ziel einen ökonomischen Hintergrund und versucht den Individuen Kompetenzen zu vermitteln, die in der globalen Wirtschaft nötig sind – und mit denen sie dann auch einen potenziellen Wettbewerbsvorteil gegenüber anderen Individuen hätten. Der zwischen beiden Zielen sich auftuende Widerspruch, den Dill rekonstruiert, ist offensichtlich, geht es doch, kurz gesagt, zum einen um globale Solidarität, zum anderen um globale Konkurrenz. Wie Dill zeigt, sind sich aber viele praktizierende Pädagogys[1] im Bereich von *Global Citizenship Education* dieses Widerspruches nicht bewusst.

Unabhängig von diesem Widerspruch zeigen aber beide von Dill rekonstruierten Ziele, dass es um *das Globale* geht, sei es im moralischen oder im ökonomischen Sinne. Hiermit ist eine Dezentrierung der Bildung verbunden: Wie Dill bemerkt, stehen wir an einem Punkt der Geschichte, an dem Bildung über den Nationalstaat hinausgehend gedacht werden muss:

> „For centuries, schools have been interested in forming the next generation of members for the society to which they belong. In the modern era, the predominant nature of the stories told through schooling have been around ideas of citizen formation for the nation-state" (ebd., S. 3).

Inzwischen gehe es allerdings darum, pädagogische Bemühungen am Globalen auszurichten:

> „The efforts to form global citizens in schools [...] are simply the next logical step in this long development in modern schooling. Our 'society' is now global, so proponents

---

1   Dieser Beitrag verwendet das „Entgendern nach Phettberg" (vgl. Olderdissen 2022, S. 144).

argue, and naturally our schools must begin preparing members – global citizens – for this society" (ebd.).

Im Weltsystem der Nationalstaaten ist Weltbürgyschaft freilich nicht auf einen juridischen Status bezogen, so dass Konzepte von *Global Citizenship Education* sich, wie beschrieben, auf moralische Haltungen sowie ökonomische Kompetenzen beziehen (vgl. ebd.). Wie Wintersteiner et al. (2014, S. 13) herausstellen, stellt das Konzept *Global Citizenship* letztlich ein „utopisches Element" im Rahmen von *Global Citizenship Education* dar. *Global Citizenship Education* lässt sich somit auch als eine Dezentrierungsutopie ansehen.

Fragt man, was unter „globalen Kompetenzen" zu verstehen ist, so findet man insbesondere Fertigkeiten und Wissen, die die zukünftigen Weltbürgys als „psychologische Ressourcen" entwickeln sollen. Nach Dill (2013, S. 55) lassen sie sich in drei Kategorien beschreiben: die Nutzung von Werkzeugen (z. B. Technologie, Sprachfertigkeiten), Interaktion in heterogenen Gruppen (z. B. Kooperation und Empathie) sowie autonomes Handeln (z. B. einen Lebensplan entwickeln, seine Rechte kennen und verteidigen).

> „In order to flourish in the new global society, at least according to these visions, people will need to be flexible and adaptable, able to collaborate and problem-solve. These qualities, educators argue, are not only essential for individual success, but also necessary for making a better world" (ebd., S. 64).

Die „new global society" wird dabei vor allem im ökonomischen Sinne als globalisierter Kapitalismus mit seinen weltumspannenden Handels- und Finanzgeschäften verstanden. Diese Vision hat durchaus einen dezentrierenden Charakter, geht es doch um Interaktion und Kooperation auf internationaler, globaler Ebene – womit der Blick weit über den nationalen Tellerrand hinausgeht. Insofern hier auch die Kooperation mit Weltbürgys aus fremden Ländern gefragt ist, spielen auch interkulturelle Kompetenzen eine Rolle, die das Individuum ebenfalls dezentrieren. Allerdings verbleibt diese Art der Dezentrierung doch im Rahmen der Tendenz einer globalen Homogenisierung. Das lässt sich gut mit Blick auf Ansichten zur Sprachkompetenz erläutern, steht doch hier meist das Erlernen der englischen Sprache als globaler *lingua franca* im Fokus (vgl. z. B. Bosio 2021). Wenn alle Weltbürgys Englisch sprechen können, ist eine ausreichende Grundlage für globale Kommunikation und Kooperation geschaffen, so die Annahme im Rahmen dieses Ansatzes (eine Kritik dazu in Mattig/Mathias/Zehbe 2018). Mit Bezug auf das „globale Bewusstsein" lässt sich feststellen, dass *Global Citizenship Education* darauf gerichtet ist, dass die Schülys enge nationale oder gar nationalistische Bezugsrahmen überwinden und sich mit der globalen Menschheit identifizieren. Dabei ist es wichtig, dass die Schülys fremde Perspektiven kennen- und schätzen lernen (vgl. Dill 2013, S. 39 ff.) und in moralischer Hinsicht ein „globales Gewissen" entwickeln, das auch handlungsleitend sein soll, um die Welt zum Besseren zu verändern (vgl. ebd., S. 47 ff.).

> „The global citizen in this discourse is a moral ideal, a vision of a person who thinks and acts about the world in specific ways: as a universal community without boundaries whose members care for each other and the planet" (ebd., S. 50).

Über Dill hinausgehend ist festzustellen, dass das globale Bewusstsein in der Spannung zwischen einer „ideellen Perspektive", die eine zunehmend verbundene Weltgesellschaft anvisiert und den „engen Grenzen staatlicher Interessen und Zwänge" (Wulf 2021, S. 467) steht. Der UNESCO folgend geht es bei *Global Citizenship Education* darum, „das Gefühl einer Zugehörigkeit zu einer großen menschlichen Gemeinschaft" (zit. n. ebd.) zu fördern. Die angestrebte Dezentrierung in moralischer Hinsicht ist also eher ein diffuser, auf die Gefühle ausgerichteter Wunsch denn ein klar strukturierter Bildungsprozess. Wigger (2019, S. 263 ff.) dagegen kritisiert Ansätze, die in dem genannten Sinn auf ein globales Gefühl abzielen, weil es kaum möglich sei, für alle Menschen auf der Welt Mitgefühl zu empfinden. Stattdessen plädiert er für einen rationalen Ansatz, der die „Notwendigkeit einer diskursiven Auseinandersetzung mit Gründen, Erklärungen und Bewertungen" (ebd., S. 265) betont.

Mit Bezug auf Dill lässt sich *Global Citizenship Education* also als eine Bildung bezeichnen, die eine über die nationalen Grenzen hinausweisende Dezentrierung anvisiert. Gleichzeitig zeichnen sich aber auch erste mögliche Grenzen der Dezentrierbarkeit ab.

Angesichts der in den letzten Jahren zu verzeichnenden De-Globalisierung infolge der Corona-Pandemie, national ausgerichteter Politiken und nicht zuletzt des russischen Krieges in der Ukraine ist zu fragen, welche Aktualität *Global Citizenship Education* überhaupt noch hat. Hierzu ist zu sagen, dass die momentanen Tendenzen der De-Globalisierung sicherlich keinen radikalen Charakter haben werden. Das lässt sich insbesondere mit Blick auf die Klimakrise erkennen, die einen immer drängenderen Charakter annimmt und nicht von einzelnen Staaten im Alleingang gelöst werden kann. Internationale Zusammenarbeit wird auch in Zukunft von hoher Bedeutung sein. Allerdings zeichnet sich doch deutlich ab, dass die naive Hoffnung, lediglich durch Zusammenarbeit auf wirtschaftlicher Ebene auch eine globale Befriedung und Demokratisierung hervorbringen zu können, nicht zu halten ist. Insofern muss darüber nachgedacht werden, die beiden von Dill herausgearbeiteten Zielrichtungen von *Global Citizenship Education* neu zu fassen. Vor allem das Konzept der globalen Kompetenzen, das ja eben vor allem auf den globalen Markt zugeschnitten ist, bedarf einer Neujustierung.

2.2 Politische Bildung, interkulturelle Bildung und Bildung für nachhaltige Entwicklung

Abdeljalil Akkari und Katherine Maleq (2020) knüpfen an Dill an und unterscheiden zwischen „instrumentellen" und „kritischen" Ansätzen der *Global Citizenship Education*. „Instrumentell" bezieht sich vor allem auf den Bereich der ökonomischen Globalisierung, wie Dill ihn mit dem Begriff der globalen Kompetenzen fasst. „Kritisch" dagegen meint Ansätze, die die neoliberale Ausrichtung der globalen Ökonomie skeptisch sehen und stattdessen globale Solidarität, soziale Gerechtigkeit und nachhaltige Entwicklung in den Mittelpunkt stellen (ebd., S. 208). Laut Akkari und Maleq lässt sich eine „Kluft" ausmachen zwischen kritischen Ansätzen, die im akademischen Bereich entwickelt werden, und dem Fehlen ebensolcher Ansätze in Konzepten der Bildungspolitik und Bildungsforschung (ebd., S. 213). Akkari und Maleq entwickeln einen systematisierenden Überblick über verschiedene Konzepte des „kritischen" Ansatzes, indem sie drei „Felder" der *Global Citizenship Education* unterscheiden: politische Bildung, interkulturelle Bildung und Bildung für nachhaltige Entwicklung (ebd., S. 211 ff.). Bei der folgenden Betrachtung dieser drei Felder steht wieder die Frage im Mittelpunkt, inwiefern sie Dezentrierungen der Bildung implizieren.

Politische Bildung: Im Bereich der politischen Bildung geht es darum, dass die lernenden Subjekte sich nicht primär als Bürgys eines bestimmten Staates, sondern als Weltbürgys verstehen. Eine wichtige Rolle spielt hierbei die historisch-politische Bildung, die im Sinne von *Global Citizenship Education* die Fokussierung auf die Geschichte des ‚eigenen' Staates überwinden und sich auf die Weltgeschichte richten sollte (vgl. Wigger 2019, S. 265 ff.). Allerdings ist es unklar, auf welche Weise die Weltgeschichte gedacht und didaktisch vermittelt werden sollte. Ein Vorschlag ist dabei, einzelne historische Entwicklungen und Ereignisse als bedeutsam für die gesamte Menschheit herauszustellen. Beispiele hierfür sind der Holocaust und die Atombombenabwürfe von Hiroshima und Nagasaki (vgl. Wigger 2021). Die Dezentrierung besteht hier darin, dass die Schülys sich mit Themen befassen, die nicht nur in weiter zeitlicher Entfernung liegen, sondern mitunter auch in weiter räumlicher Entfernung. Bildung zielt auf historische Einsichten von universeller Bedeutung für die Menschheit. Zum Bereich der politischen Bildung im Sinne von *Global Citizenship Education* ist auch Menschenrechtserziehung zu zählen. Hier geht es um eine Erziehung, die die Achtung und Einhaltung der universellen Menschenrechte fördert. Nach Wulf (2021, S. 470) umfasst Menschenrechtsbildung

> „[...] die Vermittlung relevanter Informationen, die Sensibilisierung für Unrecht, die Entwicklung reflexiven und kritischen Wissens über die Entstehung von Unrecht, sowie die Unterstützung der Menschen, ihre Rechte wahrzunehmen und anderen dabei zu helfen".

Auch dies beinhaltet wiederum historische Bildung, weil es z. B. auch um die Reflexion von Kolonialismus und das mit ihm verbundene Unrecht geht. Letztlich zielt Menschenrechtsbildung „[...] auf die Entwicklung, Erhaltung und Förderung einer demokratischen Kultur" (ebd.) ab. Weiterhin umfasst politische Bildung auch Friedenserziehung. Diese richtet sich im Sinne der UNESCO auf universelle Werte wie die Achtung vor der Würde des Menschen, gewaltfreie Konfliktbearbeitung, Solidarität, Zivilcourage und demokratische Partizipation (ebd., S. 471). Diese Werte sollen gleichsam ein Fundament darstellen, auf der jede Gesellschaft entsprechend ihres jeweiligen historischen und kulturellen Kontextes ihre spezifische „Friedenskultur" entwickeln soll (ebd.). Insgesamt lässt sich feststellen, dass die Dezentrierung hier darin besteht, in politischer Hinsicht die universelle Dimension des Menschlichen zu verstehen, die vor allem im Sinne der Demokratie und der Selbstbestimmung diskutiert wird.

Interkulturelle Bildung: Auch, wenn es unterschiedliche Konzepte der interkulturellen Bildung gibt, lässt sich doch als gemeinsame Perspektive die Förderung von Toleranz und Interesse gegenüber ,fremden' Kulturen ansehen. Vorurteile sollen abgebaut, das Bemühen um ein Verständnis des Fremden soll gefördert werden (vgl. z. B. Wulf 2006). Interkulturelle Bildung versucht, Fremdenfeindlichkeit entgegenzuwirken und einen positiven Umgang mit Alterität zu fördern (vgl. z. B. Glaser/Rieker 2006; Wulf 2016). Ansätze interkultureller Bildung gehen davon aus, dass alle Menschen in einer bestimmten Kultur aufwachsen und sich diese Kultur durch Prozesse der Enkulturation aneignen. Auch wenn man den aktuellen Kulturverständnissen folgend Kulturen nicht als homogene und statische, sondern als vielfach differenzierte und sich wandelnde Gebilde versteht, eignen sich Heranwachsende durch Enkulturationsprozesse doch bestimmte Strukturen des Denkens, Handelns, Wahrnehmens und Bewertens an, die als zumeist unbewusste Orientierungen wirken. Eine zentrale Stellung nimmt im Rahmen der interkulturellen Bildung das Erlernen von Fremdsprachen ein. Auf Wilhelm von Humboldt geht die Formulierung zurück, dass in einer Sprache eine spezifische „Weltansicht" zum Ausdruck komme und dass jede Sprache ihre je eigene Weltansicht habe (vgl. z. B. Trabant 2012). In diesem Sinne sind Menschen, auch wenn sie eventuell mit zwei oder mehr ,Muttersprachen' aufgewachsen sind, in einem bestimmten kulturellen Muster zentriert. Interkulturelle Bildung zielt auf Prozesse der Dezentrierung ab: Eine fremde Sprache zu lernen beinhaltet nicht nur das Lernen und Übersetzen von fremden Vokabeln, sondern führt in eine bislang nicht gekannte Weltansicht hinein. Wenn es um das Erlernen von Fremdsprachen geht, lassen sich allerdings wiederum die beiden von Dill (2013) beschriebenen Zielrichtungen feststellen. So gibt es, wie bereits angesprochen, Ansätze von Global Citizenship Education, die sich auf das Erlernen des globalen Englisch beziehen, weil Englisch als ,Weltsprache' auch die entscheidende Sprache der globalen Elite ist. Fremdsprachenlernen steht hier im Zeichen der „globalen Kompetenzen". Andererseits gibt es Ansätze der interkulturellen

Bildung, die dieses globale Englisch kritisch sehen, weil es eine hegemoniale Einschränkung der Denkmöglichkeiten bedeutet, und die stattdessen Wert auf die Vielfalt der Sprachen legen. Hier geht es eher um das Moralische im Sinne von „globalem Bewusstsein" nach Dill – beispielswiese wenn Trabant (2018) das Erlernen fremder Sprachen als vielseitige „Befreundung" mit unterschiedlichen Kulturen versteht. Wir können hier also von einer interkulturellen Dezentrierung der Lernenden sprechen. Die meisten Ansätze interkultureller Bildung gehen davon aus, dass interkulturelle Dezentrierung ihre Grenzen an inkorporierten habituellen Dispositionen der Lernenden hat. Das typische Beispiel ist der Akzent, der beim Sprechen einer erlernten Fremdsprache kaum zu überwinden ist (vgl. z. B. Mattig 2017).

Bildung für nachhaltige Entwicklung: Im Begriff der Nachhaltigkeit kommt die Einsicht zum Ausdruck, dass die Menschheit in ihrem Verbrauch von natürlichen Ressourcen über ihre Verhältnisse lebt, so dass die Sorge besteht, dass zukünftige Generationen schlechtere Lebensbedingungen haben werden als die gegenwärtigen. Konzepte der nachhaltigen Entwicklung streben eine intergenerative Gerechtigkeit an, indem sie fordern, dass die Befriedigung der Bedürfnisse der jetzt lebenden Menschen nicht auf Kosten der Befriedigung der Bedürfnisse der zukünftigen Generationen gehen darf. Neuere Überlegungen zur Nachhaltigkeit differenzieren diese Idee hinsichtlich ökologischer, sozialer und ökonomischer Aspekte und fordern vor diesem Hintergrund nicht nur einen schonenden Umgang mit der Umwelt, sondern auch eine politisch-ökonomische Entwicklung, die globale soziale Gerechtigkeit ermöglichen soll (vgl. z. B. Herzog 2021). Das Bundesministerium für Bildung und Forschung (BMBF) schreibt beispielsweise auf seiner Internetseite:

> „Entwicklung ist dann nachhaltig, wenn Menschen weltweit, gegenwärtig und in Zukunft, würdig leben und ihre Bedürfnisse und Talente unter Berücksichtigung planetarer Grenzen entfalten können."

Vor diesem Hintergrund zielt Bildung für eine nachhaltige Entwicklung darauf ab, „Menschen zu einem zukunftsfähigen Denken und Handeln" zu befähigen (ebd.). Das Konzept der Bildung für nachhaltige Entwicklung läuft damit auf eine temporale Dezentrierung in Richtung auf die Zukunft hinaus. Die pädagogischen Bemühungen richten sich nicht nur an der aktuellen jungen Generation aus, sondern nehmen auch noch die konkreten Lebensbedingungen der erst in weiter Zukunft auftretenden Generationen antizipierend in den Blick. Die Lernenden sollen dabei ein Bewusstsein davon erhalten, welche Auswirkungen ihr eigenes Handeln in einer weiten zeitlichen und räumlichen Perspektive hat. Sie sollen sich beispielsweise die folgende Frage stellen: „Wie beeinflussen meine Entscheidungen Menschen nachfolgender Generationen in meiner Kommune oder in anderen Erdteilen?" (ebd.) Die jetzt lebende, gerade in die Welt gekommene junge Generation soll sich also bereits darüber klarwerden, dass sie auf Kosten späterer Generationen lebt und deshalb Handlungsweisen entwickeln, die sich am Wohl dieser späteren Generationen orientieren. Da das Wohl der späteren Generationen insbesondere davon abhängt, dass wir ihnen einen lebensfähigen Planeten hinterlassen, geht es bei Bildung für nachhaltige Entwicklung zentral um ein neues Verhältnis zur Natur:

> „Ziel ist es heute, die Natur nicht länger als Objekt zu betrachten und zu behandeln, über das Menschen beliebig verfügen können, sondern Natur als Mitwelt zu begreifen, sie zu schonen und für zukünftige Generationen zu bewahren" (Wulf 2021, S. 468).

Hier geht es um eine Dezentrierung der Sorge, die sich nicht mehr nur auf Menschen bezieht, sondern auch auf die nicht-menschliche Welt.

Wir finden hier bereits einen ersten Schritt hin zu dem, was Chakrabarty unter dem Planetarischen versteht, insofern in Wulfs Aussage nicht nur der Mensch, sondern auch die „Natur" Aufmerksamkeit und Sorge verdient. Gleichwohl verbleiben Konzepte der Nachhaltigkeit im Rahmen eines anthropozentrischen Denkens, das sich zentral auf die Bedingungen richtet, die zukünftige Generationen zum Leben brauchen. Die Schwierigkeiten, Nachhaltigkeit politisch zu implementieren, mögen wiederum auf mögliche Grenzen der Dezentrierbarkeit menschlichen Denkens und Handelns verweisen. Wie wir sehen werden, schlägt Chakrabarty ein Denken vor, das über Nachhaltigkeit hinausweist.

2.3 Postkoloniale Kritik und der weiße Fleck der Global Citizenship Education

Den Abschnitt über *Global Citizenship Education* abschließend wird eine Studie von Karen Pashby et al. (2020) angesprochen, die eine weitere, heuristische Typisierung unterschiedlicher Ansätze von *Global Citizenship Education* vorstellt. Auf der Grundlage einer Untersuchung verschiedener einschlägiger Texte aus dem Bereich *Global Citizenship Education* rekonstruieren die Autorys in heuristischer Perspektive „kritische", „liberale" und „neoliberale" Ansätze. Ohne hier auf diese verschiedenen Typen im Einzelnen einzugehen – wieder lassen sich Bezüge zu Dill feststellen –, ist mit Blick auf Fragen der Dezentrierung von Interesse, dass die Typen, so verschieden und unvereinbar sie teilweise auch sind, aus postkolonialer Perspektive doch eine Gemeinsamkeit darin aufweisen, dass sie auf dem westlichen, „modernen/kolonialen Imaginären" basieren. Die Autorys führen dies wie folgt aus:

> „[T]he heuristic [...] identifies the ways that neoliberal, liberal, and even critical discursive orientations are generally framed, and thus limited, by a common metanarra-

tive: the modern/colonial imaginary. This metanarrative naturalises a Western/European standpoint and corresponding set of colonial and capitalist social relations, projecting a local (Western/European) perspective as a global design. The effect is to present as universal and inevitable an economic system organised by (racialised) capitalist markets, a political system organised by nation-states, a knowledge system organised by a single (European) rationality, and a mode of existence premised on autonomy and individualism" (Pashby et al. 2020, S. 3).

Dieser Überlegung folgend lässt sich feststellen, dass der globale Anspruch der verschiedenen Ansätze von *Global Citizenship Education* also nicht eingelöst wird, solange diese lokale westliche Perspektive vorherrschend ist und diese Herrschaft kaum wahrgenommen und damit auch nicht kritisch hinterfragt wird. Insofern lässt sich mit Pashby et al. sagen, dass die Ansätze von *Global Citizenship Education*, so weit sie auch über das Nationale hinausgehen und in die Welt auszugreifen versuchen, letztlich einem Eurozentrismus verhaftet sind. Will man *Global Citizenship Education* also wirklich global ausrichten, bedarf es einer entsprechenden Dezentrierung.

Pashby et al. halten sich aber mit konkreten Vorschlägen, wie eine solche Dezentrierung aussehen könnte, zurück. Ohne Frage bräuchte es andere Denkmuster, doch diese würden unverständlich scheinen, „because most people are overly socialised in neoliberal, liberal, and critical discursive orientations" (ebd., S. 14). Den Denkraum außerhalb des kolonialen/modernen Imaginären markieren sie deshalb bis auf Weiteres nicht als eine eigene Kategorie, sondern als „absence", also gleichsam als einen weißen Fleck (ebd.). Dezentrierung hieße in diesem Zusammenhang also, aus tief eingegrabenen Denkmustern auszubrechen, was kaum zu realisieren ist:

> „[T]here is a hesitancy to prescribe predetermined alternatives because one risks projecting colonial desires and entitlements onto those alternatives if trying to imagine them from within our colonial system" (ebd.).

Anders gesagt: Hier kommt *Global Citizenship Education* an eine kaum überwindbare Grenze der Dezentrierbarkeit. Pashby et al. beschließen ihren Artikel dementsprechend mit den folgenden Worten: „It may be that only once we have understood the difficulty and even the impossibility of transcending this imaginary that something different can become possible" (ebd., S. 18).

Einen etwas hoffnungsvolleren Ausblick gibt uns Wintersteiner (2022), der, mit Bezug auf den Artikel von Pashby et al., den Weg des „Dialogs" vorschlägt, der vor allem zwischen dem globalen Norden und dem globalen Süden zu entwickeln sei. Allerdings bleibt bei ihm offen, wie dieser Dialog konkret realisiert werden könnte. Wintersteiner geht auch nicht ausführlich genug auf das Argument von Pashby et al. ein, wonach ja auch ein solcher Dialog letztlich im Rahmen der noch immer wirksamen kolonialen Strukturen stattfinden würde. Ein möglicher Raum außerhalb dieses Rahmens bleibt deshalb auch bei Wintersteiner ein weißer Fleck.

Die Dezentrierung, die hier anvisiert ist, betrifft nicht eigentlich die Adressaten von *Global Citizenship Education*, sondern die Lehrenden. Bevor die Adressaten angeregt werden können, eine solche Dezentrierungsbewegung zu vollziehen, müssen zunächst einmal die Lehrenden eine Dezentrierung vollziehen, die nötig ist, um solche Anregungen überhaupt geben zu können. Hier ist wiederum auch die Forschung gefragt. Eine Hilfe könnten dabei ethnographische Studien sein, die über Kulturen und Völker berichten, die noch kaum mit der westlichen Moderne in Kontakt gekommen sind (vgl. z. B. Hoelle / Kawa 2021).

3 Das Anthropozän, das Globale und das Planetarische

Vor dem Hintergrund des bisher Gesagten kann nun der Vorschlag Chakrabartys betrachtet werden, angesichts des Anthropozäns zwischen dem Globalen und dem Planetarischen zu unterscheiden und so eine neue Anthropologie und eine neue Sicht auf politische Handlungsoptionen zu gewinnen. Als ein postkolonialer Historiker würde Chakrabarty sicherlich den bis hier verfolgten Weg bis hin zu den Ausführungen von Pashby et al. mitgehen. Allerdings lässt sich mit seinen Ausführungen sagen, dass die bisherigen Bemühungen um Dezentrierung, so schwierig sie auch sein mögen, letztlich nicht ausreichen: Ihm geht es um eine Dezentrierung mit planetarischer Dimension. Anders gesagt, nun kommt die Überwindung des Anthropozentrismus in den Blick. Chakrabarty entwickelt mit Bezug auf sehr verschiedenartige Forschungen aus Geologie, Geschichte, Philosophie, Postkolonialismus und anderen Gebieten ein Bild des Menschen im Anthropozän, das hier nicht in all seinen Facetten wiedergegeben werden kann. Im Folgenden werden nur solche Punkte zusammengefasst, die für die hier zugrundeliegende Frage nach der Dezentrierung der Bildung von Relevanz sind.

3.1 Das Anthropozän als Krise

Der Begriff des Anthropozäns ist Anfang des Jahrtausends von dem Chemiker Paul Crutzen und dem Meeresforscher Eugene Stoermer geprägt worden (vgl. Chakrabarty 2022, S. 63 ff.). Anthropozän bezeichnet ein neues Erdzeitalter, dessen zentrales Merkmal darin besteht, dass es durch *anthropos*, also den Menschen, geprägt wird. Inzwischen hat sich eine vielgestaltige und unter Beteiligung unterschiedlicher wissenschaftlicher Disziplinen geführten Debatte um die von Crutzen und Stoermer dargelegten Thesen entwickelt (vgl. z. B. Folkers 2020). Ein breiter Konsens besteht darüber, dass die Menschheit den Planeten im Anthropozän bislang nicht zum Besseren, sondern, im Gegenteil, zum Schlechteren ,gestaltet'. Eines der wichtigsten Kennzeichen des Anthropozäns ist demnach der menschengemachte Klimawandel infolge der Freisetzung klimawirksamer Emissionen. Aber auch Verschmutzung (z. B. durch Mikroplastik), die Versauerung der Meere und der Verlust von Biodiversität werden als Merkmale des Anthropozäns angesehen (vgl. z. B. Wulf 2021, S. 465 ff.). Wie Chakrabarty ausführt, hat sich der ökologische Fußabdruck des Menschen in den letzten 10.000 Jahren immer schneller vergrößert, von der Erfindung des Ackerbaus über die Vermehrung der Menschen und ihre zunehmende Verbreitung auf dem Planeten bis hin zu den Kolonisierungen vor 500 Jahren, der industriellen Revolution und der ,großen Beschleunigung' seit Ende des zweiten Weltkrieges (vgl. Chakrabarty 2022, S. 237 f.).

In der Forschungsliteratur wird kontrovers diskutiert, wann der Beginn des Anthropozäns anzusetzen sei. Auch ist der Begriff des Anthropozäns selbst in der Geowissenschaft nicht unumstritten. Diese Fragen sind für Chakrabartys Anliegen aber nachrangig, denn der Begriff des Anthropozäns macht für ihn deutlich, dass wir Menschen uns unseres Einflusses auf den Planeten bewusst werden:

> „Die auf planetarischer Ebene angesiedelte Krise sickert in vermittelter Form in unser Alltagsleben ein und man könnte die These vertreten, dass sie sogar teilweise auf Entscheidungen zurückgeht, die wir in unserem Alltagsleben treffen (wie etwa ob wir fliegen, Fleisch essen oder anders mit Energie aus fossilen Brennstoffen umgehen)" (ebd., S. 20 f.).

Von Beginn an, so Chakrabarty, hatte die Anthropozän-Debatte zwei Seiten, zum einen eine deskriptive, die auf Messungen und Daten zum Einfluss des Menschen auf die Erde beruht, zum anderen eine moralische, die nach Schuld und Verantwortung für die krisenhaften Entwicklungen fragt (vgl. ebd., S. 269). Oft werden die zerstörerischen Einflüsse des Menschen auf die Erde mit dem globalen Kapitalismus in Verbindung gebracht (vgl. z. B. ebd., S. 19; 68 ff.). Dabei wird deutlich, dass man zwar einerseits davon sprechen kann, dass der Mensch als Spezies die anthropozäne Krise verursacht, dass dabei aber innerhalb der Menschheit erhebliche Unterschiede bestehen. So verbraucht der wohlhabende globale Norden den Großteil an fossilen Brennstoffen, während der globale Süden, der im Vergleich sehr viel weniger verbraucht, am stärksten von den Folgen des Klimawandels betroffen sein wird. Das Anthropozän ist damit auch aufs Engste mit Fragen der Ökonomie und der globalen Gerechtigkeit verbunden (vgl. z. B. Padovan/Alietti 2019).

Menschliche Freiheiten, die seit der Aufklärung errungen wurden, müssen aus der Perspektive des Anthropozäns eng mit dem Verbrauch fossiler Energien zusammengedacht werden: „Der überwiegende Teil unserer Freiheiten hat sich als energieintensiv erwiesen" (Chakrabarty 2022, S. 62). Mehr noch: „Global gesehen, war der Sprung ins Anthropozän auch die Geschichte von langersehnter sozialer Gerechtigkeit, zumindest im Konsumbereich" (ebd., S. 111). Gleichzeitig muss aber aus postkolonialer Perspektive bemerkt werden, dass eine globale Gerechtigkeit freilich noch lange nicht hergestellt ist. Der Versuch, Gerechtigkeit herzustellen, ist allerdings mit dem Problem konfrontiert, dass dies wiederum mit der Ausbeutung von Ressourcen und der Freisetzung von CO_2 verbunden ist. Aus ökologischer Sicht ist es also fraglich, ob „[...] wir jemals ein Stadium erreichen, in dem jeder Mensch zu gleichen Teilen von den Modernisierungsgewinnen profitieren wird" (ebd., S. 182; vgl. auch S. 192).

3.2 Auf dem Weg zu einer neuen Anthropologie: Das Globale und das Planetarische

Chakrabarty betont, dass das Anthropozän die Geistes- und Kulturwissenschaften vor erhebliche Herausforderungen stellt. Seiner Auffassung nach ist nichts weniger gefragt als eine neue philosophische Anthropologie, denn die Wissenschaften vom Menschen haben bislang nichts zum menschengemachten Klimawandel zu sagen (vgl. ebd., S. 50). Ihm geht es um „[...] die Suche nach einer Neubestimmung der menschlichen Beziehung zum Nichtmenschlichen, einschließlich des Planeten" (ebd., S. 41). Sein Buch zielt insofern nicht darauf ab, praktische Vorschläge zur Lösung der Klimakrise zu formulieren, vielmehr möchte er neue Perspektiven entwickeln, um so „indirekt" zur Linderung der durch das Anthropozän angezeigten Krisen beizutragen (ebd., S. 41 f.). Chakrabarty hält es also für nötig, mögliche politische Strategien gegenüber dem Anthropozän auf einem den Herausforderungen angemessenen begrifflich-gedanklichen Fundament zu entwickeln.

Um dieses Fundament zu legen, schlägt er vor, die Kategorie des Planetarischen zu entwickeln und gegen die Kategorie des Globalen abzugrenzen. Der Planet soll zu einer Kategorie anthropologischen Denkens werden (vgl. ebd., S. 126). Freilich räumt er ein, dass die Unterscheidung zwischen Globalem und Planetarischem ein neuer Vorschlag ist, der „[...] weiter erkundet werden muss, um eine Perspektive zu entwickeln, welche Bedeutung(en) globale Erwärmung und Anthropozän für den Menschen haben" (ebd., S. 94). Insofern lassen sich seine Überlegungen als ein dezentrierendes anthropologisches Tasten angesichts der intellektuellen und politischen Herausforderung des Anthropozäns für die Wissenschaften vom Menschen verstehen.[2]

---

2 Ohne dies hier weitergehend ausführen zu können, wäre als eine weitere Stufe der Dezentrierung das Kosmische anzusehen (vgl. Mattig / Römer 2021). Im Kosmischen könnte der Planetozentrismus des Chakrabary'schen Ansatzes adressiert werden.

Mit Blick auf die Geschichtsschreibung bemerkt Chakrabarty, dass Geschichte bislang als *menschliche* Geschichte gedacht und erzählt wurde. Der Planet, auf dem die Menschen als historische Akteure leben, gibt nur den Hintergrund, also die weitgehend von der menschlichen Geschichte unabhängige und kaum veränderliche Kulisse, ab (vgl. ebd., S. 56 ff.). So stellt sich die Geschichte als eine Reihe von Konflikten, Kriegen, Unterdrückungen etc. *zwischen Menschen* dar. Diese, nicht nur die Geschichtsschreibung prägende, Sichtweise, in der menschliche Handlungen, Ereignisse und Entwicklungen im Mittelpunkt stehen, fasst Chakrabarty mit der Kategorie des Globalen. Das Globale ist also eine anthropozentrische Kategorie.

Mit dem Begriff des Anthropozäns gerät nun aber in den Blick, dass nicht nur die Menschheit eine Geschichte hat, sondern auch der Planet Erde. Chakrabarty spricht hier von „Tiefenhistorie". Die Geschichte des Planeten läuft allerdings in Zeitmaßstäben ab, die weit über den Erfahrungshorizont und auch über die Vorstellungskraft des Menschen hinausgehen. So sind die Vorkommen der fossilen Energien, die wir zurzeit verbrauchen, im Laufe der letzten Hundert Millionen Jahre entstanden. Das bei diesem Verbrauch durch den Menschen in die Atmosphäre ausgestoßene CO_2 ist für die Erde eigentlich kein ‚Problem‘, denn der Kohlenstoffkreislauf der Erde wird es wieder abbauen – allerdings wiederum erst in für menschliche Zeitvorstellungen unfassbar weiter Zukunft (vgl. ebd., S. 92). Die Perspektive, die die Erde in den Blick nimmt, fasst Chakrabarty mit der Kategorie des Planetarischen.

Im Anthropozän greifen menschliche Geschichte und planetarische Tiefenhistorie ineinander. Chakrabarty schlägt deshalb vor, „[...] diese langfristigen Erdsystemprozesse als Ko-Akteure im Drama der globalen Erwärmung zu betrachten" (ebd., S. 119). Geschichte muss also anders gedacht werden als bisher:

„Das bedeutet, dass man die Geschichte der menschlichen Imperien – von kolonialer, rassistischer und geschlechtsbedingter Unterdrückung – in Verbindung mit der weiter ausholenden Geschichte erzählt, wie es dazu gekommen ist, dass eine bestimmte Spezies, Homo sapiens, deren Technosphäre und andere Arten, die sich gleichzeitig mit dem bzw. in Abhängigkeit vom Homo sapiens entwickelt haben, Biosphäre, Lithosphäre und Atmosphäre dieses Planeten dominieren" (ebd., S. 20).

Aus anthropologischer Sicht implizieren diese Überlegungen, dass der Mensch nicht mehr so gedacht werden kann, wie bisher. Chakrabarty zufolge gewinnt der Mensch nun eine doppelte Gestalt: zum einen als Mensch der „humanistischen Geschichtsschreibung" (dies ist die Sichtweise des Globalen), zum anderen als „geologischer Handlungsträger" (dies ist die Sichtweise des Planetarischen) (ebd., S. 12). In dieser zweiten Perspektive erscheint der Mensch als eine „unpersönliche, unbewusste geophysische Kraft", die als „Folge kollektiven menschlichen Handelns" gedacht werden muss (ebd., S. 13).

Diese Überkreuzung von Globalem und Planetarischem erfordert ein neues Denken, welches darin besteht, die Zentrierung auf den Menschen, die sich im Globalen ausdrückt, zu überwinden und eine Sichtweise des Planetarischen zu entwickeln. Es bedarf einer Dezentrierung:

„Der Globus [...] ist eine humanozentrische Konstruktion; der Planet bzw. das Erdsystem dezentriert den Menschen. Die Doppelgestalt des Menschen verlangt mithin, dass wir darüber nachdenken, wie verschiedene Lebensformen – unsere eigene und die anderer Wesen – in historische Prozesse verwickelt sein können, in denen Globus und Planet sowohl als Entitätsprojektionen als auch als theoretische Kategorien zusammenkommen, sodass der begrenzte Zeitmaßstab, mit dessen Hilfe moderne Menschen und humanistische Historiker:innen die Geschichte betrachten, sich mit den unmenschlich weit ausholenden Zeitmaßstäben der Tiefenhistorie vermischt" (ebd., S. 14).

Zum einen bezieht sich das Planetarische auf Größenordnungen, die für Menschen unvorstellbar groß sind, zum anderen aber auch auf so kleine, dass auch diese wiederum kaum zu begreifen sind, wie Chakrabarty mit Bezug auf die Mikroben deutlich macht, die den menschlichen Körper besiedeln (vgl. ebd., S. 252).

Am Scheitelpunkt vom Globalen zum Planetarischen zu stehen bedeutet, dass die Menschen zwar in das Planetarische hineinwirken, aber weitgehend unkontrolliert und unbewusst:

„Die heutigen Menschen sind insofern zu einer planetarischen Kraft geworden, als sie in einige dieser sehr langfristigen Prozesse eingreifen können, sie aber mit technischer Hilfe ‚wieder in Ordnung zu bringen', übersteigt unsere gegenwärtigen Fähigkeiten nach wie vor beträchtlich" (ebd., S. 152).

Eine der zentralen Fragen des Anthropozäns lautet deshalb, ob die menschlichen Fähigkeiten in Zukunft so weit entwickelt werden können, dass die Erdprozesse wieder in Ordnung gebracht werden können.

Bislang allerdings, so Chakrabartys These, wurde der Klimawandel als ein „globales" Problem angesehen, auf das politisch auch nur mit globalen Steuerungsmitteln zu reagieren versucht wurde (ebd., S. 28). Der Mensch steht in diesen Strategien im Mittelpunkt, was angesichts des Anthropozäns nicht mehr angemessen erscheint:

„Die planetarische Umweltkrise fordert uns nun aber dazu auf, unsere Vorstellungen von Politik und Gerechtigkeit auf nichtmenschliche Wesen auszuweiten, und zwar sowohl auf lebendige als auch auf nichtlebendige. Je deutlicher wir dies erkennen, desto stärker realisieren wir, wie unwiderruflich humanozentrisch alle unsere politischen Institutionen und Begriffe sind" (ebd., S. 30).

3.3 Alterität und Ehrfurcht in Bezug auf das Planetarische

Chakrabarty sieht vor dem Hintergrund der Unterscheidung zwischen Globalem und Planetarischem zwei grundsätzlich verschiedene Wege für einen zukünftigen bewussten Umgang mit der Krise des Anthropozäns:

> „Zum einen wird gefordert, die Herrschaft des Menschen über den Planeten auszuweiten und aus diesem Planeten einen ‚intelligenten' Planeten zu machen, indem sichergestellt wird, dass sogar dort, wo (nach menschlichem Dafürhalten) einmal ‚Natur' gewesen ist, nur noch Technologie und menschliche Gerechtigkeit walten. Dies würde bedeuten, das Werk des Globalen fortzusetzen, zu intensivieren und zu versuchen, das Planetarische auf seine Reichweite herunterzubrechen" (ebd., S. 343).

Allerdings, so Chakrabarty, darf man von technologischen Herangehensweisen an das Anthropozän nicht zu viel erwarten, weil die Zeitmaßstäbe hier andere sind als unsere gewöhnlichen (vgl. ebd.). Zudem ist es nicht ausgemacht, ob wir Menschen je ein angemessenes ‚technisches' Verständnis der Erdsystemprozesse entwickeln werden, da viele dieser Prozesse – wie der sogenannte Kipp-Punkt des Klimas (vgl. ebd., S. 94 ff.) – schlicht unverständlich zu sein scheinen. Dieser Weg bedeutet also keine über das Globale hinausgehende Dezentrierung.

Der zweite, von Chakrabarty ausdrücklich favorisierte Weg besteht in der

> „[...] Forderung, auf einen Planeten hinzuarbeiten, der nicht länger Teil der von Menschen dominierten Ordnung ist, die von europäischen Imperien, postkolonialen und sich modernisierenden Nationalismen und dem globalisierten Kapitalismus und Konsum in den letzten 500 Jahren geschaffen wurde" (ebd., S. 343).

Dieser Weg läuft also auf eine Dezentrierung hinaus, die das Planetarische ernst nimmt. Chakrabarty ist es um eine Ethik zu tun, die nicht die menschlichen Belange in den Mittelpunkt stellt, sondern das Wohl der Erde (vgl. ebd., S. 116). Hier zeigt sich dann allerdings die Unzulänglichkeit des momentanen menschlichen Wissens und Könnens:

> „Bisher wissen wir nicht, wie ein globales Klimaregierungssystem zusammengesetzt sein soll, das auch Vertreter:innen von ‚Tieren und künftigen Generationen' einbezieht – ganz zu schweigen von nichttierischen Lebensformen oder gar der unbelebten Welt" (ebd., S. 221).

Wiederum zeichnet sich eine Grenze der Dezentrierbarkeit ab, denn letztlich können wir uns immer nur aus der Sicht des Menschen in ein Verhältnis zur Welt setzen.

Chakrabarty plädiert vor diesem Hintergrund unseres so weitgehenden Nichtwissens in Bezug auf den Planeten für die Anerkennung der Erfahrung der

Alterität sowie die Entwicklung von Ehrfurcht. „In der Klimakrise geht es darum, dass man sich völlig schockiert der Andersheit des Planeten bewusst wird" (ebd., S. 121). Und:

> „Wenn wir eine neue Tradition des politischen Denkens begründen wollen, in der es nicht bloß um die Herrschaft des Menschen über die Erde geht, müssen wir Wege finden, wie wir gegenüber den Orten, die wir bewohnen, ein Verhältnis eingehen können, das Elemente sowohl des Erstaunens als auch der Ehrfurcht kombiniert" (ebd., S. 339).

3.4 Nachhaltigkeit versus Bewohnbarkeit

Vor dem Hintergrund der Unterscheidung von Globalem und Planetarischem kritisiert Chakrabarty auch das Konzept der Nachhaltigkeit. Es sei dem Anthropozän nicht angemessen, da es anthropozentrisch sei und ihm der konsequente Bezug auf das Planetarische fehle. Zwar schwingen bei der Nachhaltigkeit immer auch Fragen nach den Erdprozessen mit. Das hatten wir oben bei Wulfs Ausführungen, Natur als „Mitwelt" zu begreifen, gesehen. Aber: „Menschliche Belange stehen beim Nachhaltigkeitsgedanken an erster Stelle" (ebd., S. 144). Das zeigen auch die oben zum Thema der Bildung für nachhaltige Entwicklung wiedergegebenen Zitate. Aus der Sicht des Planetarischen muss also nach einem dezentrierenden Konzept gesucht werden, das den Anthropozentrismus der Nachhaltigkeit überwindet. Chakrabarty schlägt im Anschluss an Langmuir und Broecker vor, von „Bewohnbarkeit" (*habitability*) zu sprechen:

> „Den Schlüsselbegriff des planetarischen Denkens, den man der Idee der Nachhaltigkeit im globalen Denken entgegensetzen könnte, ist *Bewohnbarkeit*. Bewohnbarkeit bezieht sich nicht auf den Menschen. Ihr zentrales Anliegen ist das Leben – komplexes vielzelliges Leben im Allgemeinen – und was *dieses*, nicht Menschen allein, nachhaltig und zukunftsfähig macht" (ebd., S. 146 f., kursiv im Original).

Beim Konzept der Bewohnbarkeit steht der Mensch nicht im Zentrum der Überlegungen; gleichzeitig ist aber Bewohnbarkeit von zentraler Bedeutung für das Überleben der Menschen auf der Erde. Es geht Chakrabarty in diesem Sinne auch darum, auch das politische und ethische Denken zu dezentrieren. Doch er kann das letztlich nur feststellen und versuchen, mit dem Konzept des Planetarischen Anregungen zu neuem Denken zu geben. Wohin das letztlich führen mag, vermag er nicht abzuschätzen:

> „Bisher ist das politische Denken humanozentrisch gewesen; es hat die ‚Welt' stets aus den menschlichen Belangen herausgehalten oder ihr Hereinbrechen über die Zeit der menschlichen Geschichte als Einmischung von ‚außen' behandelt. Ein solches

‚Außen' gibt es nicht mehr. [...] Bei unserer Sorge um Gerechtigkeit darf es nicht mehr allein um den Menschen gehen, aber wir wissen noch nicht, wie wir dieses Anliegen auf das Universum nichtmenschlicher Wesen (d. h. nicht gerade weniger Arten) ausweiten sollen" (ebd., S. 302).

Diese Ausweitung, die an anderen Stellen des Buches nicht nur nichtmenschliche Wesen, sondern auch die nichtbelebte Welt einschließt, stellt eine Dezentrierung der anthropozentrischen Perspektive dar – wobei deutlich wird, dass auch Chakrabarty selbst diese Bewegung der Dezentrierung erst mal nur abstrakt entwerfen, aber nicht in konkrete Vorschläge übersetzen kann. Die Dezentrierung stößt also schon allein beim Versuch, sie zu denken, an Grenzen. Das heißt freilich nicht, dass diese Dezentrierung nicht auch irgendwann konkreter werden kann, dass die Grenzen also nicht fix sind, sondern verschoben werden können.

4 Perspektiven Planetarischer Bildung

Wir hatten gesehen, dass *Global Citizenship Education* den lernenden Subjekten enorme Bewegungen der Dezentrierung abverlangt und dass einige der im Rahmen von *Global Citizenship Education* geforderte Dezentrierungen an Grenzen stoßen. Mit Bezug auf Chakrabarty fällt gleichzeitig aber auch auf, dass *Global Citizenship Education* weitgehend im Rahmen der Kategorie des Globalen verbleibt. Das Planetarische wird zwar gelegentlich wörtlich genannt – z. B. wenn Wulf (2021) von der „Bildung zu einer planetarischen Weltgemeinschaft im Anthropozän" spricht – erhält dann aber letztlich nicht die begriffliche Trennschärfe gegenüber dem Globalen wie bei Chakrabarty. Somit ist festzuhalten, dass *Global Citizenship Education*, so sehr dieses Konzept auch auf Dezentrierung abzielt, letztlich einen anthropozentrischen Charakter hat. Folgen wir Chakrabarty, so muss angesichts des Anthropozäns eine weitere Dezentrierung bedacht werden, die mit der Kategorie des Planetarischen angesprochen ist. Abschließend seien deshalb versuchsweise einige Eckpunkte einer Planetarischen Bildung formuliert. Die Unterscheidung von Globalem und Planetarischem soll dabei nicht als eine Gegenüberstellung verstanden werden. Wie Chakrabarty ausführt, bleibt die Relevanz des Globalen erhalten, auch wenn ihm das Planetarische ergänzend an die Seite gestellt wird. Es geht also um eine notwendige Ergänzung des Globalen durch das Planetarische. In diesem Sinne sind die hier nachverfolgten Schritte der Dezentrierung wie die Ringe eines Baumes zu verstehen, die sich übereinander lagern und so einen immer größeren Abstand zum Zentrum gewinnen.

Chakrabartys Ausführungen zur „doppelten Gestalt" des Menschen können dazu anregen, über den Menschen als Adressat von Erziehung und Bildung nachzudenken. Mit der dezentrierenden Kategorie des Planetarischen kommt der

Mensch als eine „planetarische", aber sich selbst in dieser Hinsicht noch kaum bewusste „Kraft" in den Blick. Aus pädagogischer Sicht ist, daran anknüpfend, zu fragen, ob nicht auch dieser planetarische Mensch Adressat von Erziehung und Bildung werden kann. Freilich ist es zweifelhaft, ob und inwiefern eine kollektive Kraft direkt pädagogisch adressiert werden kann. Hier muss der Weg wohl über die Individuen genommen werden. Erinnern wir uns mit Chakrabarty daran, dass die planetarische Krise ja auch „[...] auf Entscheidungen zurückgeht, die wir in unserem Alltagsleben treffen" (Chakrabarty 2022, S. 20 f.). Eine Planetarische Bildung müsste sich dementsprechend darauf ausrichten, dass Individuen ein reflektiertes Bewusstsein über ihr individuelles wie auch kollektives Verhältnis zum Planeten entwickeln. Als Fernziel könnte hier anvisiert werden, dass der Mensch sich seiner selbst als einer planetarischen Kraft zunehmend bewusst wird und damit auch ein anderes, an der Ethik der Bewohnbarkeit orientiertes, Handeln gegenüber dem Planeten gewinnt. Es geht somit um eine Dezentrierung des Selbst- und Weltverhältnisses in planetarischer Perspektive.

Die pädagogische Reflexion über das Verhältnis des Menschen zum Planeten Erde sollte über die Vermittlung von und Auseinandersetzung mit Wissen angeregt werden. Geht es um Schulbildung, kämen so die Lehrpläne in den Blick. Allerdings müsste das Wissen, das hier zu vermitteln wäre, erst hervorgebracht werden. Das hat Chakrabarty mit seiner Sicht auf das ‚Fach' Geschichte eindrucksvoll gezeigt. Bei der Hervorbringung entsprechenden Wissens darf, den Überlegungen zu *Global Citizenship Education* folgend, auch nicht der Fehler gemacht werden, allzu schnell zum Planetarischen zu springen. Auch das Globale muss unbedingt beachtet werden, gerade wenn es um Fragen wie Menschenrechte oder Postkolonialismus geht. Ein Wissen über das Globale *und* das Planetarische, didaktisch für Lehrpläne aufbereitet, ist bislang noch weitgehend ein Desiderat. Chakrabarty weiter folgend wäre es auch eine Aufgabe dieses Wissens, die Alterität des Planeten deutlich zu machen. Ob dadurch auch in Chakrabartys Sinne „Ehrfurcht" pädagogisch hervorgebracht werden kann, sollte angesichts des Technologiedefizits in der Erziehung freilich mit Skepsis gesehen werden.

So wie Ansätze interkultureller Bildung den Versuch machen, Fremdenfeindlichkeit zu bekämpfen (vgl. z. B. Glaser/Rieker 2006), sollte eine Planetarische Bildung Planetenfeindlichkeit entgegenzuwirken versuchen. Hier geht es um die Hervorbringung einer Haltung, die nicht nur eine Wissenskomponente hat, sondern auch emotionale Qualitäten umfasst und sich letztlich in Handlungsdispositionen niederschlagen soll. In Anlehnung an Dill gesprochen, bedarf es also der Entwicklung nicht nur eines planetarischen Bewusstseins, sondern auch von planetarischen Kompetenzen. Hierzu ist fraglos eine „kritische" Perspektive nötig. Diese darf aber eben nicht nur auf das Globale gerichtet sein – also auf Ungerechtigkeiten und Ausbeutungen zwischen Menschen zentriert –, sondern sie muss, auf der Basis der Auseinandersetzung mit Wissen, eben auch vermehrt in die dezentrierende Diskussion um planetarische Ungerechtigkeiten und Ausbeutungen einsteigen.

Schließlich kann man aus Chakrabartys Überlegungen zur planetarischen Bewohnbarkeit folgern, dass der Adressat der Bildung letztlich gar nicht allein der Mensch, sondern auch der Planet sein sollte. Bildung wird seit Humboldt als Wechselwirkung zwischen Mensch und „Welt" verstanden (vgl. z. B. Mattig 2019, S. 115–120), allerdings bislang im Rahmen dessen, was Chakrabarty das Globale nennt – also anthropozentrisch gedacht. Das heißt, bislang ging es bei der Betrachtung der Wechselwirkung von Mensch und Welt immer einseitig um die Bildung des Menschen. Die Welt blieb aus diesem Denken ausgeklammert, sie lieferte nur das Material, an dem sich der Mensch entfalten kann. Im Licht des Anthropozäns ist diese Einseitigkeit nicht mehr haltbar, denn es wird deutlich, wie sehr der Mensch nicht nur seine eigenen Kräfte entfaltet, sondern auch, wie sehr er dabei – als planetarische Kraft – auch die Welt formt. Diese ‚Formung', bisher unbewusst und in erschreckendem Maße destruktiv, sollte aus bildungstheoretischer Sicht in den Blick genommen werden. Dann kann die Vision einer bildenden Wechselwirkung zwischen Mensch und Welt entwickelt werden, die diesen Namen wirklich verdient. Aus dieser Sicht erscheint die bisherige Geschichte der Wechselwirkung zwischen Welt und Mensch wohl eher nicht als eine Geschichte der Bildung, sondern der Verformung und Deformierung. Wenn wir am Scheitelpunkt vom Globalen zum Planetarischen stehen, muss das Bildungsdenken auch in dieser Hinsicht dezentriert werden.

Literatur

Akkari, Abdeljalil/Maleq, Kathrine (2020): Rethinking Global Citizenship Education: A Critical Perspective. In: Akkari, Abdeljalil/Maleq, Kathrine (Hrsg.): Global Citizenship Education. Critical and International Perspectives. Cham: Springer International Publishing, S. 205–217.

Bosio, Emiliano (2021): Global human resources or critical global citizens? An inquiry into the perspectives of Japanese university educators on global citizenship education. In: Prospects. https://doi.org/10.1007/s11125-021-09566-6 (Abfrage: 26.10.2022).

Bundesministerium für Bildung und Forschung (o. J.): BNE-Portal. Was ist BNE? www.bne-portal.de/bne/de/einstieg/was-ist-bne/was-ist-bne_node.html (Abfrage: 22.09.2022).

Chakrabarty, Dipesh (2022): Das Klima der Geschichte im planetarischen Zeitalter. Aus dem Englischen von Christine Pries. Berlin: Suhrkamp.

Davies, Ian; Ho, Li-Ching; Kiwan, Dina; Peck, Carla L.; Peterson, Andrew; Sant, Edda; Waghid, Yusef (Hrsg.) (2018): The Palgrave Handbook of Global Citizenship and Education. London: Palgrave Macmillan.

Dill, Jeffrey (2013): The Longings and Limits of Global Citizenship Education. The Moral Pedagogy of Schooling in a Cosmopolitan Age. New York & London: Routledge.

Folkers, Andreas (2020): Was ist das Anthropozän und was wird es gewesen sein? Ein kritischer Überblick über neue Literatur zum kontemporären Erdzeitalter (review essay). In: Zeitschrift für Geschichte der Wissenschaften, Technik und Medizin, S. 589–604.

Glaser, Michaela / Rieker, Peter (2006): Interkulturelles Lernen als Prävention von Fremdenfeindlichkeit. Ansätze und Erfahrungen in Jugendbildung und Jugendarbeit. Halle: Deutsches Jugendinstitut e. V.

Herzog, Sonja (2021): Nachhaltigkeit – Ein planetarischer Generationenvertrag. In: Herzog, Sonja (Hrsg.): Das Thema Nachhaltigkeit – Eine Leerstelle in Biografien? Ein Generationenvergleich. Weinheim und Basel: Beltz Juventa, S. 13–29.

Hoelle, Jeffrey / Kawa, Nicholas C. (2021): Placing the Anthropos in Anthropocene. In: Annals of the American Association of Geographers 111(3), S. 655–662.

Mattig, Ruprecht (2017): Transkulturelles Lernen. In: Kraus, Anja; Budde, Jürgen; Hietzge, Maud; Wulf, Christoph (Hrsg.): Handbuch Schweigendes Wissen. Erziehung, Bildung, Sozialisation und Lernen. Weinheim und Basel: Beltz Juventa, S. 759–770.

Mattig, Ruprecht (2019): Wilhelm von Humboldt als Ethnograph. Bildungsforschung im Zeitalter der Aufklärung. Weinheim und Basel: Beltz Juventa.

Mattig, Ruprecht; Mathias, Miriam; Zehbe, Klaus (Hrsg.) (2018): Bildung in fremden Sprachen? Pädagogische Perspektiven auf globalisierte Mehrsprachigkeit. Bielefeld: transcript.

Mattig, Ruprecht; Römer, Stephanie (2021): Körper und Kosmos. Das astrologische Menschenbild aus pädagogisch-anthropologischer Sicht. In: Westphal, Kristin; Stenger, Ursula; Bilstein, Johannes (Hrsg.): Körper denken. Erfahrungen nachschreiben. Weinheim und Basel: Beltz Juventa, S. 116–126.

Olderdissen, Christine (2022): Genderleicht: Wie Sprache für alle elegant gelingt. Berlin: Dudenverlag.

Mattig, Ruprecht / Römer, Stephanie (2021): Körper und Kosmos. Das astrologische Menschenbild aus pädagogisch-anthropologischer Sicht. In: Westphal, Kristin / Stenger, Ursula / Bilstein, Johannes (Hrsg.): Körper denken. Erfahrungen nachschreiben. Weinheim und Basel: Beltz Juventa, S. 116–126.

Padovan, Dario / Alietti, Alfredo (2019): Geo-capitalism and global racialization in the frame of Anthropocene. In: International Review of Sociology 29(2), S. 172–196.

Pashby, Karen / da Costa, Marta / Stein, Sharon / Andreotti, Vanessa (2020): A meta-review of typologies of global citizenship education. In: Comparative Education 56, S. 144–164.

Trabant, Jürgen (2012): Weltansichten. Wilhelm von Humboldts Sprachprojekt. München: Beck.

Trabant, Jürgen (2018): Befreundung. Für eine gebildete europäische Mehrsprachigkeit. In: Mattig, Ruprecht; Mathias, Miriam; Zehbe, Klaus (Hrsg.): Bildung in fremden Sprachen? Pädagogische Perspektiven auf globalisierte Mehrsprachigkeit. Bielefeld: transcript, S. 171–193.

UNESCO (2017): Education for Sustainable Development Goals: Learning Objectives. Paris: UNESCO. https://learningportal.iiep.unesco.org/en/library/education-for-sustainable-development-goals-learning-objectives (Abfrage: 26.10.2022).

Wigger, Lothar (2019): Kosmopolitismus – Anmerkungen zu einem Ideal historisch-politischer Bildung. In: Vierteljahrsschrift für wissenschaftliche Pädagogik 95, S. 247–271.

Wigger, Lothar (2021): Werden ‚Hiroshima' und ‚Nagasaki' vergessen? Eine Analyse der Atombombenabwurfe 1945 in Schulbüchern für den Geschichtsunterricht. In: Geschichte für heute. Zeitschrift für historisch-politische Bildung 14(4), S. 57–76.

Wintersteiner, Werner / Grobbauer, Heidi / Diendorfer, Gertraud / Reitmair-Juárez, Susanne (2014): Global Citizenship Education. Politische Bildung für die Weltgesellschaft. Wien: Österreichische UNESCO-Kommission.

Wintersteiner, Werner (2022): Kritisch-dialogischer Kosmopolitismus: Fundament einer postkolonial orientierten Global Citizenship Education. In: Knobloch, Phillip / Drerup, Johannes (Hrsg.): Bildung in postkolonialen Konstellationen. Bielefeld: transcript, S. 23–45.

Wulf, Christoph (2006): Anthropologie kultureller Vielfalt. Interkulturelle Bildung in Zeiten der Globalisierung. Bielefeld: transcript.

Wulf, Christoph (2016): Exploring Alterity in a Globalized World. London & New York: Routledge.

Wulf, Christoph (2021): Global Citizenship Education. Bildung zu einer planetarischen Weltgemeinschaft im Anthropozän. In: Vierteljahresschrift für wissenschaftliche Pädagogik 97, S. 464–480.